일제의 독도·울릉도 침탈 자료집(1)
－통서일기(1883~1895)
統理交涉通商事務衙門日記

일제침탈사
자료총서 02

일제의 독도·울릉도 침탈 자료집(1)

–통서일기(1883~1895)

統理交涉通商事務衙門日記

동북아역사재단 편

동북아역사재단
NORTHEAST ASIAN HISTORY FOUNDATION

| 책머리에

해방 이후 수십 년이 지났지만 한국과 일본의 외교 문제는 크게 개선될 기미가 보이지 않았다. 식민지 기간보다 더 많은 시간이 흐른 만큼 해방 당시와 지금의 양국 내부 사회는 매우 많은 변화를 보였지만, 역사 인식만큼은 달라지지 않았다. 오히려 일본은 자국의 역사 인식을 더욱 강화하면서 한일 역사 문제에 대한 다양한 자료를 축적하면서 자신의 논리를 매우 강화해 나갔다.

반면 한국에서는 식민사관을 극복하는 과정 속에서 한일 역사 문제를 접근하였다. 그러나 1990년대 이후 식민지 근대화론이 새롭게 부각되면서 그것은 단지 한국 내에서의 문제만은 아니라는 공감대가 역사 연구자들과 대중들 사이에서 형성되었다. 그것은 결국 동북아역사재단과 같은 정부 기구의 설립으로 이어졌고, 여러 대학 연구소와 민간 기구에서 이 문제의 접근을 다시 인식하게 되었다. 그러한 면에서 『일제의 독도 · 울릉도 침탈 자료집』의 간행은 어쩌면 매우 기초적인 작업이라고 말할 수 있다. 한일 역사 문제를 접근하는 초기에 진행되었어야 하는 작업을 우리는 이제 시작했다는 아쉬움을 지울 수가 없다.

한일 역사 문제에서 기본 사료의 수집은 일찍이 진행되었으나 그것은 매우 파편적이고 분산적이었다. 그러므로 자료 수집을 통해 대응 방안을 구축하는 작업은 지난하면서도 어려울 수밖에 없다. 많은 역사 연구자들이 다양한 형태의 연구 논문을 작성하면서도 정작 자료를 쉽게 접근하고 다양하게 제공하는 문제에 관심을 두지 못했던 것도 여기에서 기인했다고 생각된다.

이 자료집은 많은 침탈 관련 자료 중에서 『통서일기』를 다루었다. 『통서일기』는 통리교섭통상사무아문이라는 외교 관청이 1883~1895년까지의 작성된 일기로 그 중에는 다수의 울릉도와 독도 관련 기록들이 남아 있다. 이 자료를 통해 19세기 말 동남개척사 김옥균의 울릉도 자원 활용 방안, 울릉도 목재를 판매하고자 영국 상인과 미국 상인을 끌어들이려는 모습, 불법으로 울릉도 목재를 벌목하려던 일본인 처리 문제 등과 같은 다수의 외교 문제를 확인할 수 있었다.

특히 이 자료에서는 일본인들이 자원이 풍부했던 울릉도를 지속적으로 침범했다는 사실, 울릉도 목재가 매우 상품성이 좋아 조선 정부가 영국과 미국 상인을 통해 판로를 개척하려고 했던 사실, 울릉도 문제에 있어서 조선 정부가 여러 국가들을 상대로 국제법을 적용하면서 외교적으로 문제를 해결하려던 사실 등을 시계열로 살펴볼 수 있었다. 이러한 일들은 당시 조선 정부가 울릉도 문제에 대하여 매우 구체적으로 목소리를 내고 있었고, 울릉도에 침투하려던 일본인에 대해서는 적극적인 외교로 문제를 해결하려 했다는 점을 알 수 있다.

다만, 번역자는 조선 후기 전공이기 때문에 번역을 하는 데 매우 어려움을 겪었다는 사실을 먼저 고백하지 않을 수 없다. 첫 번역물이 전공과 거리가 있는 『통서일기』였다는 사실은 또 다른 인연이라고 생각했다. 그래서 많은 분들의 도움을 받지 않을 수 없었다. 원문의 입력은 공주대 사학과 석사과정을 다니는 최지영과 경성대 사학과를 졸업한 최진에게 많은 도움을 받았다. 지난한 입력 작업을 부탁했음에도 이를 마다하지 않아 매우 미안했다. 기사의 상당수가 일본과의 외교 문서이기 때문에 다수의 일본인 이름과 용어를 번역하는 데 많은 애를 먹었다. 이 문제는 고려대 한국사학과 박사과정 도주경과 재단의 박한민 선생님에게 빚을 졌다. 검수 작업을 진행해 주신 선지수 선생님과 이 모든 과정을 이끌어주신 신효승 선생님께 진심으로 감사드린다. 번역자의 시대사 이해에 대한 소양 부족에도 불구하고 1년 동안 결과물을 낼 수 있도록 인도해 주신 것은 모두 신효승 선생님 덕분이다. 그 외 도움을 주신 모든 분들께 이 자리를 빌려 감사의 마음을 드린다. 번역의 오류는 모두 번역자의 시대 이해 부족에 따른 것이니 많은 질정을 바란다.

2021년 2월

공주대학교 사학과

조교수 **박범**

차례

책머리에 4
통서일기 해제 9

1883년
9월 15일 16
12월 13일 20

1884년
1월 11일 24
6월 8일 28
6월 15일 32
9월 4일 36
12월 27일 38

1885년
3월 27일 45
4월 23일 49
5월 29일 56
6월 7일 61
7월 8일 64
7월 9일 68
7월 10일 75
7월 12일 79
7월 14일 83
7월 15일 87
7월 29일 92
7월 30일 97
8월 2일 103
8월 14일 106
8월 15일 110
8월 16일 114
8월 17일 118
9월 11일 122
10월 25일 126
11월 3일 132
11월 8일 139

1886년
1월 14일 147
3월 19일 150
6월 13일 154
6월 15일 158
6월 18일 164
6월 19일 168
6월 20일 172
6월 24일 177
7월 6일 180
8월 7일 184
8월 8일 192
8월 24일 195
8월 30일 198

1887년
3월 28일 205
4월 26일 208
4월 29일 212
8월 19일 216
10월 8일 220
12월 11일 223

1888년
1월 9일 226
1월 11일 230
1월 16일 238
1월 18일 241
1월 22일 246
1월 27일 249
2월 4일 252
2월 15일 259
6월 30일 266
7월 14일 270
8월 4일 275

8월 6일 278
8월 29일 284
10월 13일 289
10월 21일 295
12월 16일 299
12월 24일 303

1889년
3월 12일 311
3월 29일 315
4월 25일 321
7월 27일 328
8월 11일 333
9월 19일 349
9월 26일 357
10월 24일 361
11월 11일 367
11월 14일 372

1890년
4월 26일 379
7월 23일 383
8월 7일 388
8월 17일 391
9월 13일 395

1891년
4월 14일 401
11월 14일 407
12월 19일 410

1892년
2월 1일 416
2월 16일 422
2월 23일 425
7월 13일 428
7월 24일 431
7월 28일 436
7월 30일 439
8월 1일 444
8월 9일 447
8월 16일 451
8월 23일 454
8월 27일 458
9월 2일 462
10월 13일 468
10월 24일 472
12월 4일 474
12월 6일 477
12월 9일 481
12월 17일 485

1893년
2월 10일 489
3월 12일 497
5월 10일 502
9월 21일 506
11월 8일 511

1894년
1월 6일 515

1895년
5월 20일 521
5월 21일 525
5월 30일 531
윤5월 2일 538

색인 543

통서일기 해제

박범

통서일기는 1883~1895년 사이에 존재한 통리교섭통상사무아문(統理交涉通商事務衙門)에서 작성한 관청 일기이다. 모두 44책으로 되어 있었으나 그 중에서 제26책은 없다. 책의 표지는 통서일기(統署日記) 혹은 통기(統記)라고 되어 있다. 1888년부터 1894년 사이에 같은 아문에서 작성한 통연일기(統椽日記)와 구분하기 위하여 통서일기라고 보통 지칭한다.

통리교섭통상사무아문은 통리기무아문(統理機務衙門)의 후신으로 사대(事大), 교린(交隣), 군무(軍務), 변정(邊政), 통상(通商)의 업무를 담당했던 대외기구였다. 통리기무아문에서는 이를 12개 관청으로 나누어 소관 업무를 담당하였으나 이후에 다시 7개 관청으로 통합 개편되었다. 임오군란으로 일시 폐지되기도 하였으나 대원군이 물러난 뒤에 기무처라는 이름으로 다시 설치되었다. 이후 곧 통리아문이라고 개칭되어 1882년에 통리교섭통상사무아문으로 이름하였다. 갑오개혁으로 폐지될 때까지 산하에 6개 관청을 두었는데 총무사, 통상사, 교섭사, 번역사, 기록사, 회계사가 그것이다.

통서일기의 기재 방식은 여느 관청의 일기와 크게 다르지 않다. 일자(日字), 일진(日辰), 요일(曜日), 일기(日氣)를 기록한 뒤에 당일 출근 관원의 명단을 열거하였다. 각 일자별 기사의 마지막에는 입직자(入直者)를 기록하였다. 내용의 기재 방식은 통리교섭통상사무아문과 왕래한 공문서의 내용을 간략하게 서술하기도 하고 중요한 내용의 경우에는 전문(全文)을 거의 그대로 수록하기도 하였다.

통서일기에서 다룬 울릉도와 독도 관련 내용을 추려 보면 몇 가지 주제로 나누어서 살펴볼 수 있다. 첫째, 김옥균이 개척사로 있을 당시에 고용된 미국 상인과의 거래로 인하여 발생한 문제이다. 1883년 12월 13일 자 기사를 보면 개척사 김옥균은 상선을 고용하고 당시 울릉도에서 생산된 물품을 판매하기로 약정을 한 것으로 보인다. 그것은 이후의 기사 내용을 보면 목재였다는 것을 알 수 있다. 그런데 문제는 목재 수송을 위하여 고용된 사람들은 거의 대부분 일본인이었다. 그러자 문제가 발생했는데 이들에게 지급해야 할 비용을 마련하지 못했던 것이다.

이를 둘러싸고 몇 가지 외교적인 사안이 발생하였다. 대표적인 사안 중 하나는 당시 김옥균과 계약을 맺은 미국 상인은 계약을 맺은 증빙 문서에 대하여 신뢰를 가지고 울릉도에서 몇 차례에 걸쳐 운송할 수 있는 계약이라고 주장한 반면, 조선 정부는 이를 인정하려 들지 않은 것이다. 이를 둘러싸고 통리교섭통상사무아문과 조선 주재 외국 공사관 사이에 주고받은 문서들이 확인된다. 공사관에서는 개척사 김옥균이 발행한 증빙이기 때문에 이를 조선 정부에서 인정해 주어야 한다고 주장한 반면, 조선 정부에서는 개척사 김옥균이 갑신정변 이후에 행방이 묘연하기 때문에 이를 인정할 수 없다는 입장이었다. 공사관에서는 증빙의 재발급을 요구하였고 조선 정부는 재발급을 하지 않겠다는 입장이었다. 개척사 김옥균이 모습을 드러내지 않았기 때문에 서로 주고받은 공문에서는 주로 당시 수행원이었던 탁정식이 등장한다.

또 다른 사안은 미국 상인에게 고용된 일본인 문제이다. 미국 상인 타운젠드는 상선과 인부를 모두 일본인으로 채웠다. 당시 울릉도에는 일할 사람을 구할 수 없었기 때문이다. 본래의 목표는 울릉도에서 실은 목재를 청국 상하이로 가서 판매하고 인천으로 돌아와 결재를 마감한 뒤에 다시 울릉도에서 싣고 오고자 했다. 그런데 판매가 제대로 이루어지지 못하고 고용된 일본인 인부의 인건비가 제대로 지급되지 못하자 일본의 항구에 정박한 이후 그곳에 그대로 목재를 적재하게 되어 문제가 된 것이다. 결국 조선 정부는 일본 항구에 적재된 목재의 판매를 독일 회사 세창양행을 통해 해결하고자 했다. 결국 조선 정부는 세창양행에 모든 판매를 일임시키고 그로 하여금 일본인 인부와 일본인 선박에게 지급하지 못한 대금을 지불하도록 하고 남은 금액은 조선 정부에 납부하도록 하였다.

둘째, 개척사 김옥균과는 다르게 통리교섭통상사무아문은 울릉도 목재의 벌채와 운송, 판매를 영국 상인이었던 미첼과 협상하고자 했다. 통서일기에는 이와 관련하여 영국공사관과 주고받은 다수의 문서들이 확인된다. 이때 아문에서는 영국인 미첼이 동래부에서 하계록과 함께 울릉도에 가서 목재의 벌목과 운송, 판매를 진행하도록 하였다. 그러나 영국인 미첼은 당시 울릉도 목재에 대한 증빙 문제로 아문과 갈등을 빚고 있었다. 영국공사관에서는 아문에 미첼의 목재 증빙에 대하여 재확인을 요청하였으나 아문에서는 재확인이 굳이 필요하지 않다는 입장을 지속적으로 고수하고 있었다. 이 과정에서 울릉도장이 아문에 보낸 다수의 공문서가 확인된다. 울릉도장은 영국인 미첼이 울릉도에 들어온 이후 어떻게 이 문제를 처리해야 하는가에 대하여 강원감영을 통해 아문에 지속적으로 확인 작업을 거쳤다.

당시 조선 정부의 입장은 미첼에게 발급된 허가 증빙은 이미 3년이 경과된 것이었고, 또한 첫 번째 목재 운송 이후 돌아오는 날에는 반드시 반납하여 폐기해야 하는데 그렇게 하지 않았다는 것이다. 반면 영국공사관의 입장은 한번 발급된 증빙은 지속적인 허락을 받을 수 있는 것이기 때문에 다시 발급을 허가해 주어도 문제가 되지 않는다는 것이었다. 아마도 조선 정부는 균역청에서 어선에게 발급하는 것과 동일한 형태로 한년(限年)을 두어서 발급한 것으로 보이며 영국공사관은 영구 허가쯤으로 인식했던 것으로 생각된다. 그러므로 울릉도장은 조선 정부의 인식과 동일하게 햇수가 오래된 증빙이기 때문에 벌목을 인정하려 하지 않았던 것이다.

셋째, 울릉도에 들어와 몰래 벌목하고 불법으로 운송해 간 일본인 처리 문제가 다수를 차지하고 있다. 당시 조선 정부는 울릉도 목재 문제는 오로지 영국인 미첼을 통해서만 진행하였는데, 많은 일본인들이 몰래 울릉도에 들어와 벌목을 하고 있었다. 1886년 6월 15일 자 기사를 보면 일본의 에히메현 백성들이 들어와 벌목한 목재에 대한 벌금 162환과 목재 공매 대금 445환을 도로 납부하도록 요청한 기사를 확인할 수 있다. 일본인의 벌목은 국제법과 관련된 문제였기 때문에 일본공사관에서는 마쓰야마 재판소에서 결정된 사항을 별도로 보내 주기도 하였다.

앞서와는 반대로 조선 정부가 일본에 직접 소송을 제기한 경우도 확인된다. 1888년 1월 9일 아문에서 일본공사관에 보낸 조회에 따르면 나가사키에 거주하는 일본인이 울릉도에서 모두 71그루의 나무를 몰래 베어갔다. 이에 울릉도 금벌감관(禁伐監官)이었던 배규주가 일본의 법원에 공소(控訴)를 한 것이다. 배규주는 직접 나가사키로 가서 울릉도에서의 불법적인 상황을 확인하였다. 이에 일본 정부와 영국 정부에 공소를 했다. 이를 일본공사관에서도 확인하고 관련 사실을 아문에 통보하기도 하였다. 이때 조일통상장정의 규정에 따라 미통상 항구에서의 해당 문제에 대한 벌금 50만 문(文)과 더불어 해당 목재의 판매 대금에 대한 강제 징수를 요구하였다.

넷째, 다수의 일본인들이 울릉도에 몰래 들어와 거주하면서 울릉도의 해산물을 채취하는 문제에 대한 갈등을 볼 수 있다. 1888년 6월, 조선 정부는 울릉도장의 보고에 근거하여 일본인 30명이 울릉도에 와서 집을 짓고 기를 세운 정황을 확인하였다. 이들은 이후에 일본 잠수회사에서 고용된 사람들로 울릉도 인근에서 전복을 채취하던 사람들이었다. 첨사와 울릉도장은 이들을 모두 잡아들여 심문하였다. 그러나 이들은 외국인이었기 때문에 우선 일본공사관에 통보하여 이들을 모두 일본으로 귀국시킬 것을 요청했다. 이에 일본공사관에서는 일본 외무성의 보고를 인용하면서 울릉도 근처의 영사관에서 조치하도록 하고 그렇지 않을 경우 아문에서 파견한 관원과 더불어 일을 처리할 수 있도록 요청했다. 당시 잠수회사는 어선 4척과 잠수기 2기를 가지고 와서 울릉도 지방 인근에서 어획 활동을 벌이고 있었다. 당연히 이들은 조선 정부의 허락을 받지 않았기 때문에 그들이 잡은 해산물은 모두 조선 정부에서 몰수하도록 하였다.

통서일기에는 울릉도와 관련된 다수의 내용이 확인된다. 우선 외국 공사관과 주고받은 공문을 통해서 당시 울릉도에 대한 조선 정부의 국제법적인 이해가 어느 정도인지를 살펴볼 수 있다. 영국공사관과 일본공사관이 보내온 공문을 보면 모두 자국민에 대한 권리와 보호가 주된 내용을 이루고 있어서 이에 반박하는 조선 정부의 통보는 국제법상 정부의 권리가 무엇인지를 밝히고 있다. 이를 통해 당시 조선 정부와 다른 국가들이 어떻게 외교 문제를 이해했는가를 확인할 수 있다.

또한 울릉도를 둘러싼 주된 초점이 무엇이었는가를 볼 수 있다. 조선 정부는 울릉도 목재를 판매하여 수익을 얻고자 외국 상인을 활용하는 모습이 확인된다. 그러나 문제는 그 권리를 어떻게 보장하는가에 대해서는 조선 정부와 외국 간의 서로 다른 견해가 있다는 사실을 알 수 있다. 조선 정부는 그동안 국내법으로 이어지는 관습을 적용하고자 하였고, 외국의 경우에는 중앙 정부의 절대 보증을 통한 증빙 문서를 요구하였다.

한편 일본인이 울릉도에 범월한 것에 대해서는 매우 강경하게 대처하는 노력도 확인된다. 일본인들은 회사를 활용하여 울릉도의 목재와 수산물을 약탈하고자 했다. 이에 대하여 울릉도장과 울릉도수 등은 모두 정부에 일일이 보고하고, 나아가서는 일본에 직접 가서 재판소에 소송을 제기하는 활동도 볼 수 있다. 그러므로 국제법에 대한 일정한 이해를 가지고 있었다고 해석할 수 있다.

통서일기의 원문과 번역

1883년 9월 15일

十五日晴, 夜雷雨即止, 督辦閔·協辦金掌交·金掌教·李掌交·穆征榷·叅議李郵程·卞征榷·主事南廷哲·徐相雨·鄭憲時·尹起晋·鄭萬朝·李源兢·丁大英·朴齊純·李建鎬仕進, …… 又以元山港日本領事公翰內, 欝陵島福岡縣管民早瀨巖平, 幷其徒刷還, 及他浮浪漁樵者, 將派船差員盡捕以去, 處以國律, 先此照會云, 故以將此意報我政府, 爲荅事牒報, ……. 入直南廷哲

15일, 맑았다. 밤에 천둥이 치고 비가 내렸으나 곧 그쳤다. 독판(督辦) 민(閔), 협판(協辦) 장교사(掌交司)의 김(金), 장교사(掌交司)의 김(金), 장교사(掌交司)의 이(李), 정각사(征榷司)의 목(穆), 참의(叅議) 우정사(郵程司)의 이(李), 정각사(征榷司)의 변(卞), 주사(主事) 남정철(南廷哲), 서상우(徐相雨), 정헌시(鄭憲時), 윤기진(尹起晋), 정만조(鄭萬朝), 이원긍(李源兢), 정대영(丁大英), 박제순(朴齊純), 이건호(李建鎬)가 출근하였다. …… 원산항의 일본영사 공한(公翰) 안에 울릉도에 있는 후쿠오카현(福岡縣)의 관민(管民)인 하야세 이와헤이(早瀨巖平)와 그의 무리를 쇄환(刷還)하는 것[1]과 다른 부랑아와 어부, 나무꾼은 장차 선차원(船差員)을 파견하여 모두 잡아가는 것을 국률(國律)로 처리하도록 먼저 이와 같이 조회(照會)한다고 한다. 그러므로 장차 이러한 뜻으로 우리 정부에 알리고 이 일에 답하는 일로 첩보(牒報)한다. …… 입직자는 남정철이다.

---

1 『일본외교문서』에 따르면 1883년 4월 18일부터 울릉도에 건너간 일본인 하야세 이와헤이 문제가 언급되어 있다. 일본 외무성에서는 원산 주재 일본영사를 통해서 원만하게 문제를 해결하려는 시도가 보인다. 원산 주재 일본영사는 문제 해결을 위해 덕산부사와 조회를 하였다(『사료 고종시대사』 11, 1883년 4월 18일; 『사료 고종시대사 11』 1883년 5월 16일).

是日下午六點鍾齊赴泥峴館

入直尹起晉

十四日晴督辦閔 協辦金 掌交李 掌交穆征權 主事南廷哲 徐相雨 仕進以仁川港監理事務將以今月二十二日到本港商辦據租界約條公拍日期五日前佈告日本領事官事發関于仁川府

入直徐相雨

十五日晴夜雷雨卽止督辦閔 協辦金 掌交金 掌敎李 掌交穆征權 叅議李鄉程[?] 卞征權 主事南廷哲 徐相雨 鄭憲時 尹起晉 鄭萬朝 李源兢 丁大英 朴齊純 李建鎬

仕進 以本衙 賜牌龍津柴山収税依前設鎮時例頃免
事移關典牲署 德源府使以日本東京往美公使書記
官加日道與其友博士官斐斤老欲一見我內地風俗附艇
來泊而以無衙門許憑不許從陸又以元山港日本領事
公翰內鬱陵島福岡縣管民早瀨嵓巖平并其徒刷還
及他浮浪漁樵者將派船差員盡捕以去處以國律先此
照會云故以將此意報我政府爲荅事牒報 箕伯濬尹
以賚咨官尹奎燮賚來請曆咨一道查對後到江入去事
牒報 又有賚咨官尹奎燮手本一道 下午六點鍾堂
上諸公邀日本公使及吉田川上美公使及其參賛司古

統理交涉通商事務衙門 第 道

德設酌于池堂夜深始散
入直南廷哲
十六日晴督辦閔 協辦金掌交金掌教叅議李鄭
程主事南廷哲鄭憲時徐相雨尹起晉鄭萬朝李源
兢丁大英朴齊純李建鎬仕進 日本公使照會內丁
抹國大北部電信會社自九月中旬先於肥前地與工
設電要以此知照釜山地方官事准此知委該府之意
答覆即以此由發關東萊府 京畿監司謄報本
月十五日日本船吉正丸一隻直出八尾島外洋事
北伯以大同商會持憑票賣買貨物者所到地方

1883년 12월 13일

十三日晴寒, 督辦閔·協辦洪郵程·主事鄭憲時·尹起晋·高永喆·鄭萬朝·李源兢·李鶴圭·丁大英·朴齊純仕進, 前因署理公使函問, 大坂府商會, 與開拓使金玉均, 約定雇用商船及販賣欝陵島所産諸物等, 果否由該政府委任於金氏之事云云, 以曾奉我政府委任, 該使辦理, 如雇用船隻等項, 自應據通章商程施行, 再無用政府准單之意, 函覆于日館, ……. 入直尹起晋

13일, 맑고 추웠다. 독판(督辦) 민(閔), 협판(協辦) 우정사(郵程司)의 홍(洪), 주사(主事) 정헌시(鄭憲時), 윤기진(尹起晋), 고영철(高永喆), 정만조(鄭萬朝), 이원긍(李源兢), 이학규(李鶴圭), 정대영(丁大英), 박제순(朴齊純)이 출근하였다. 전에 서리공사(署理公使)의 함문(函問)에 따라, 오사카상회(大坂府商會)[2]와 개척사(開拓使)[3] 김옥균(金玉均)[4]이 상선(商船)을 고용하고 울릉도에서 생산되는 여러 물품을 판매하기로 약정하였다.[5] 과연 해당 정부가 김옥균에게 일을 위임하였는지 아닌지를 물었다고

---

2 오사카상회는 협동회사가 조선의 부산에 진출하여 무역을 시작할 목적으로 설립된 회사를 가리킨다. 이 회사의 사장은 다카스 겐조였다. 관련 연구 성과는 김광옥, 2000, 「근대 일본의 협동상회와 조선무역」, 『동아시아역사연구』 7 · 8이 있다.

3 개척사의 전체 명칭은 '동남제도개척사 겸관포경사(東南諸島開拓使兼管捕鯨事)'이다. 울릉도와 독도 등에 일본인들이 들어오기 시작하자 정부에서는 남부 지역을 중심으로 울릉도에 이주할 주민을 모집하고 이를 후원하였다. 또한 울릉도에 들어온 일본인들을 철수시키는 일도 담당했다. 또한 개척사에게는 고래잡이를 개척하는 것과 더불어 동해안의 여러 고을을 살펴보고 백성을 구제하고 이익 사업을 일으키는 일도 처리하도록 하였다(『승정원일기』 고종 20년 4월 20일). 개척사는 1883년 3월 16일에 김옥균을, 1884년 12월 22일에 이규원을 각각 임명하였다(『승정원일기』 고종 20년 3월 16일; 『승정원일기』 고종 21년 12월 22일).

4 김옥균(金玉均, 1851~1894)은 개화파 정치인이다. 본관은 안동이다. 김병태(金炳台)의 장남으로 태어났으나 당숙이었던 김병기(金炳基)에게 입양되어 서울에서 자랐다. 1872년에 문과에서 장원 급제를 하고 1874년에 홍문관교리가 되어 정치적으로 입신하였다. 임오군란을 수습한 뒤에는 요직을 거쳐 근대화 사업을 주장했다. 갑신정변 실패 이후 일본으로 망명하였으나 일본 정부에 의해 추방당했다. 청국 상하이로 망명 중에 암살되었다.

5 1883년(고종 20) 12월, 일본 외무성이 독판교섭통상사무에 보낸 공문에 따르면 동남개척사 김옥균과 오사카상회가 울릉도에 미곡을 실어 나르고 울릉도에서 생산되는 여러 물산을 판매하기로 약정을 하였다고 한다(『구한국외교문서』 1, 일안 1, 고종 20년 12월 11일). 이에 따르면 김옥균은 울릉도의 미곡 문제 해결을 위하여 자신의 권한으로 일본 상인을 통해 울릉도 토산물을 판매하려 했던 것으로 보인다.

한다. 일찍이 우리 정부의 위임을 받아서 개척사가 일을 처리하였다. 선척을 고용하는 등의 사항은 통상장정에 의거하여 응당 시행하고 해당 정부가 비준문서를 재작성할 뜻이 없다는 내용으로 일본공사관에 함복(函覆)을 보냈다. …… 입직자는 윤기진이다.

量裝船定限事 陳總辦照會請速撥渡於青島擱淺
船中漂民帶還仁川事
入直 高永喆
十三日晴 署督辦閔 協辦洪 鄭程 主事鄭 憲時 尹
起晉 高 永喆 鄭 萬朝 李 源兢 李 鶴圭 丁 大英 朴 齊純 仕
進 前因署理公使函問大坂府商會與開拓使金玉
均約定雇用商船及販賣鬱陵島所產諸物等果否
由該政府委任於金氏之事云云以曾奉我政府委任該
使辦理如雇用船隻等項自應據通章商程施行毋
無用政府准單之意函覆于日館 以本月初六日接

第 道

到忠清道觀察使呈報據該地方官業經救護領付
仁川口理事委員等因申飭該地方官將該船及該難
民作何景象即行飛報之意修覆於陳總辦 以擱
淺華商七人宜將校送付于仁川後形止馳報之意關
飭洪州牧 北伯以元山監理通商事務官制度通事知
委列邑俾各遵守之意呈報 亥時量督辦大人自
閣下送人要覓西北經略使賦稅冊子二卷入送又要
稅官另擇啓原本持來而四求無有故以送隸問知
於鄭校理後更報之意修書入送

入直尹起晉

1884년 1월 11일[6]

十一日晴, 協辦·金掌交·穆征権·洪郵程·主事鄭憲時·尹起晋·高永喆仕進, 因駐日東南開拓使報稱, 欝陵島所有木材, 多被日本人偸斫船運, 至被我隨員執留, 詰其犯禁之由, 則該日人稱, 有欝陵島長給票, 以米錢換來云, 本島係是未通商口岸, 則各國商船, 原不准駛入, 況越境潛斫, 擅行載運, 有違公例, 該島長全錫圭, 非有官守之權, 而擅許違法之事, 由我政府, 另行懲辦, 至貴國民犯禁情節, 理合遵照通商章程罰款辦理, 實屬公允等情, 照會于署理公使, ……. 入直 尹起晋

11일, 맑았다. 협판(協辦) 장교사(掌交司)의 김(金), 정각사(征権司)의 목(穆)[麟德; P. G. Von Möllendorf], 우정사(郵程司)의 홍(洪), 주사(主事) 정헌시(鄭憲時), 윤기진(尹起晋), 고영철(高永喆)이 출근하였다. 주일동남개척사(駐日東南開拓使)[7]의 보고에 따르면, 울릉도에 있는 목재는 일본인들에 의해 허가 없이 몰래 베어져 배로 운반한 것이 많아 우리가 파견한 관원이 압류 조치를 하였다. 금령을 범한 이유를 힐문하니 해당 일본인은 말하길, 울릉도장(欝陵島長)[8]이 지급한 표(票)가 있어서 쌀과 동전으로 바꾸어 왔다고 하였다. 본 섬은 통상의 항구에 관계한 것이 아니니 각 나라의 상선(商船)이 처음부터 허가받지 않고 들어왔으며, 국경을 넘어 몰래 나무를 베었고 멋대로 실어 운반했으니 공례(公例)를 어긴 것이다. 해당 도장(島長) 전

---

6 『고종실록』 권21, 고종 21년(1884) 1월 11일 자 기사와 『비변사등록』 265책, 고종 21년(1884) 1월 11일 자 기사에 의정부에서 올린 동일한 내용의 기사가 확인된다. 해당 기사에 인용된 조회의 원문은 『구한국외교문서』 1, 일안 1, 고종 21년 1월 11일(민영목→嶋村久)에 있다.

7 주일동남개척사(駐日東南開拓使)는 동남제도개척사(東南諸道開拓使)를 가리킨다. 주일(駐日)이라는 명칭은 주된 상대가 일본이었기 때문에 붙인 것으로 생각된다.

8 울릉도장은 자료에 따르면 1882년(고종 19) 8월부터 확인된다. 영의정 홍순목은 검찰사가 울릉도를 조사하기는 하지만, 성실하게 도맡아 다스릴 사람이 없으면 잡다한 폐단을 막을 방도가 없다고 하였다. 도장(島長)을 울릉도에 파견하여 규모를 가늠해 보고 후일에 진(鎭)을 설치할 수 있도록 했다(『고종실록』 고종 19년 8월 20일). 그러나 1888년(고종 25) 2월, 도장을 두어 개척했으나 아직 규제가 갖추어져 있지 않아 강원도 평해군 소속의 월송진만호(越松鎭萬戶)가 울릉도장을 겸대하도록 하였다(『승정원일기』 고종 25년 2월 6일).

석규(全錫圭)[9]는 관리로서 임무의 권리가 있지 않은데 멋대로 위법(違法)한 일을 허락하였다.[10] 우리 정부에서 처벌을 행하고자 하니 귀국민이 금령을 범한 사정에 대해서는 당연히 통상장정 벌관을 따라 처리해야 한다. 실로 속공(屬公) 등의 사정은 서리공사에게 조회(照會)를 보냈다. …… 입직자는 윤기진이다.

9 울릉도장 전석규는 해당 기사에서만 확인되는 인물로 구체적인 행적은 알 수 없다.

10 독판교섭통상사무 민영목이 서리대신에게 보낸 공문에 따르면 울릉도장의 '도장'은 이정(里正)의 보갑(保甲)에서 연원한 것으로 애초에 관수(官守)의 권한을 가지고 있지 않기 때문에 표(票)를 발급한 것은 법을 위반한 것이라고 설명했다(『구한국외교문서』 1, 일안 1, 고종 21년 1월 11일).

前經事 海尹牒報平安兵使牒報並同 元寶三

塊計重一千四百九十六兩六戔一分令主簿奉植領去

丁大英受由還鄉 入直高永喆

十一日晴協辦金掌交穆征權洪鄉程主事鄭憲時

尹起晋高永喆仕進 因駐日東南開拓使報稱

欝陵島所有木材多被日本人偷斫船運至被我

隨員執留詰其犯禁之由則該日人稱有欝陵島

長給票以米錢換來云本島係是未通商口岸則

各國商船原不准駛入況越境潛斫擅行載運有

違公例該島長全錫圭非有官守之權而擅許違

法之事由我政府另行懲辦至貴國民犯禁情節
理合遵照通商章程罰款辦理實屬公允等情照
會于署理公使 總辦公署送來於青島飄到華
船代墊支帆檣食物錢九十五兩二錢五分及賞
銀一十五兩當即関飭洪州牧分別充賞之意照
覆于陳總辦 因陳總辦照會賞銀一十五兩代
墊支帆檣食物錢九十五兩二錢五分下送于洪
州並以分別歸還充賞事関飭該牧使
入直尹起晉
十二日晴協辦金掌交洪郵程李掌交主事鄭憲時尹起晉

1884년 6월 8일

初八日, 朝雨晩晴, 署理督辦金·協辦閔·金翠堂·金雲養·主事鄭憲時·李鶴圭·李建鎬·李種元·尹顯求·趙秉承, 照會日館, 照得, 本年正月十一日, 以貴國奸民, 犯入敝國蔚陵島, 潛伐材木, 運到貴國愛媛縣伊豫地方, 爲開拓使隨員卓挺埴及雇人甲斐軍治所執留者, 宜自貴政府還付該使等事, 業經備文, 照會貴署理公使在案, 開拓使現已歸國, 惟材木事尙無明覆, 不禁訝惑, 愛媛縣巡査處保留木材數爻及犯人姓名, 玆又另開以送, 該犯之罪, 應照兩國約規處辦, 至所有木材, 望即轉報貴政付, 飭令照數還付于開拓使隨員或甲斐軍治處, 迅速辦理事, 計附送今治執留木材標證抄錄一件. 入直 尹顯求

8일, 아침에 비가 오고 오후 늦게 개었다. 서리독판(署理督辦) 김(金), 협판(協辦) 민(閔), 취당(翠堂) 김만식(金晩植), 운양(雲養) 김윤식(金允植), 주사(主事) 정헌시(鄭憲時), 이학규(李鶴圭), 이건호(李建鎬), 이종원(李種元), 윤현구(尹顯求), 조병승(趙秉承)이 출근하였다. 일본공사관에 조회(照會)를 보냈다. 살피건대, 올해 1월 11일, 귀국의 간민(奸民)이 저희 울릉도에 몰래 들어와 재목(材木)을 벌채하고 귀국의 에히메현(愛媛縣) 이요(伊豫) 지방에 운반하였다.[11] 개척사(開拓使) 수행원(隨員) 탁정식(卓挺埴)[12]과 고용

---

11 에히메현은 일본 시코쿠 섬의 북서부 지역에 위치한 현(縣)이다. 이요(伊豫) 지방은 지금의 이요시(伊予市)를 가리킨다.

12 탁정식은 유홍기의 영향을 받은 불교 승려로서 이동인(李東仁)과 더불어 일찍이 개화사상을 배워 개화파에 가담한 인물이다. 그는 수신사 김홍집이 『조선책략』을 가지고 입국한 직후에 밀사로 발탁되어 일본에 파견되어 미국과의 수교 주선을 요청하는 업무를 맡기 위해 주일청국공사관 등을 방문하기도 하였다. 김옥균이 개척사에 임명되자 백춘배와 탁정식을 수행원으로 삼아 일본으로 건너가 차관 교섭을 시도하기도 하였다. 한편 1881년(고종 18) 신사유람단의 일원으로 일본에 다녀온 이헌영은 요코하마에 있던 청국 이사(清國理事) 범석붕(范錫朋)을 만난 자리에서 범석붕이 조선인 탁정식이 현재 요코하마에 와 있는데 혹시 알고 있던 인물인지 묻자 이헌영은 요코하마에 와 있는 것은 알지만 서로 아는 사이가 아니라고 답했다. 범석붕이 어떤 인물인지에 대해 묻자 이헌영은 "별다른 사람은 아닙니다."라고 답변을 피했다. 범석붕이 묻는 것을 보면 이미 일찍이 탁정식이 일본에서 어떤 작업을 진행하고 있었던 것으로 생각된다(『일사집략』 인, 문답록).

인 가이 군지(甲斐軍治)[13]가 압류한 것은 마땅히 귀국 정부에서 해사(該使) 등에게 돌려주는 일로 벌써 글을 갖추어 귀국 서리공사에게 조회한 문서가 있다. 개척사가 이미 귀국하였으니, 비록 목재의 일은 오히려 명백하게 답장할 것이 없으며 의혹을 금할 수 없으니, 에히메현의 순사(巡査)에게 남겨진 목재의 수효와 범인의 성명을 따로 기록하여 보내고, 해당 범인의 죄는 양국의 약규(約規)를 마땅히 살펴 처리한다. 소유한 목재에 대해서는 곧 귀 정부가 보고하여 주기를 바라며 개척사 수행원 혹은 가이 군지에게 수에 따라서 돌려주도록 명령하여 신속하게 일을 처리하기를 바란다. 압류한 목재의 표증(標證) 초록 1건을 별도로 보낸다. 입직자는 윤현구이다.

---

13 개척사 김옥균에 의해서 일본에서의 일을 처리하기 위해 고용된 일본인이다. 그는 나가사키현(長崎縣)의 평민(平民)이었다(『고종시대사』 고종 26년 10월 3일). 일본에서 차관 교섭을 할 때에도 대동했던 인물이다. 자료에 따르면 이후 그의 급료가 지급되지 못하여 일본공사관에서는 여러 번 조선 정부에 이 문제를 해결하도록 공문을 보냈다(『구한국외교문서』 1, 일안 1, 고종 24년 10월 10일). 『개벽』에 따르면 김옥균 사후, 그가 김옥균의 남은 머리카락과 시의(屍衣)를 훔쳐서 도쿄 진정사(眞淨寺)에 매장했다고 한다(「忠達公 金玉均 先生」, 『개벽』 3, 1920년 8월 25일). 서울대 규장각한국학연구원에는 『갑비군지색채안건(甲斐軍治索債安件)』(奎26295)이 남아 있는데 일본공사관에서 1889년(고종 26)에 편찬한 것으로 김옥균의 울릉도 개척 사업 중 삼림(森林) 벌채에 대한 문서를 담고 있다.

不考

陵向安邊湯德等地剋日回還事 關八道四都及

萊伯釜山監理日本電線罰例謄送事

入直尹顯求

初八日朝雨晩晴署理督辦金 協辦閔 金翠堂

金雲養 主事鄭憲時 李鶴圭 李建鎬 李種元 尹顯求

趙秉承 照會日館照得本年正月十一日以貴國奸民犯入

敝國蔚陵島潛伐材木運到貴國愛媛縣伊豫地方

爲開拓使隨員卓挺埴及僱人甲斐軍治所執留者冝自

貴政府還付該使等事業經備文照會貴署理公使在

案開拓使現已歸國惟材木事尙無明覆不禁訝惑憂

媛縣巡查處保留木材數交及犯人姓名茲又另閱以送該
犯之罪應照兩國約規處辦至所有木材堅以轉報貴政
府飭令照數還付于關拓使隨員或甲斐軍治處迅速辦
理事計附送令治執留木材標証抄錄一件
入直尹顯求

初九日陰 協辦金 掌交金 主事鄭憲時 李鶴圭
丁大英 李建鎬 李種元 尹顯求 趙秉承 仕進 照覆
陳館爲華商和興順舖被盜派勘訊驗一案更爲飭
知捕廳嚴行詷捉事 完伯牒報二度內一美國大兵
船一隻留泊湖西長巖鎭前洋乘小艇一隻以測水

1884년 6월 15일

十五日晴, 署理督辦金·協辦閔·金翠堂·金古愚·金雲養·主事鄭憲時·尹起晋·李鶴圭·丁大英·李建鎬·李種元·尹顯求·趙秉承仕進, …… 照會日館, 濟州·蔚陵兩島孤懸海外居民, 無耕食之土, 除漁採一業, 更無生利, 再査漁採章程, 貴國通漁地方共有六處, 似宜於六處海濱, 指定島嶼或港灣, 量其大小, 可與濟州·蔚陵島相當者, 即可不准本國民人前往漁採, 並飭貴國民人, 不准前往濟州蔚陵海濱漁採, 以爲互相酬報之美意事, ……. 入直 尹起晋

15일, 맑았다. 서리독판(署理督辦) 김(金), 협판(協辦) 민(閔), 취당(翠堂) 김만식(金晩植), 고우(古愚) 김옥균(金玉均), 운양(雲養) 김윤식(金允植), 주사(主事) 정헌시(鄭憲時), 윤기진(尹起晋), 이학규(李鶴圭), 정대영(丁大英), 이건호(李建鎬), 이종원(李種元), 윤현구(尹顯求), 조병승(趙秉承)이 출근하였다. …… 일본공사관에 조회(照會)를 보냈다. 제주도와 울릉도 두 섬은 해외에 떨어져 있어서 거주하는 백성들이 갈아먹을 땅이 없다. 고기잡는 일을 제외한다면 이익을 내 살아갈 방도가 없다. 어채장정(漁採章程)[14]을 다시 조사하니 귀국과 통어(通漁)하는 지방이 모두 6곳이다. 6곳의 바닷가가 마땅한 듯하니, 도여(島嶼)와 항만을 지정하고 크고 작은 것을 헤아리니 제주도와 울릉도에 상당하다. 즉 본국의 백성들이 앞으로 가서 고기잡이하러 가는 것을 허락하지 않을 것이다. 아울러 귀국의 백성들에게도 앞으로 제주도와 울릉도의 바닷가에 가서 고기잡이하는 것을 허락하지 않도록 신칙하는 것이 상호 보답하는 아름다운 뜻으로 삼을 일이다. …… 입직자는 윤기진이다.

---

14 1883년 7월 25일에 체결된 『처판일본인민재약정조선국해안어채범죄조규(處辦日本人民在約定朝鮮國海岸漁採犯罪條規)』로 생각된다. 이날 『조일통상장정(朝日通商章程)』이 체결되었는데 이와 같이 부수 조약으로 조선의 어장으로 진출한 일본 어민들이 불법으로 상륙하는 것을 방지하고 단속하기 위하여 체결하였다. 관련 연구는 김희연, 2015, 「1892년 조일 어업관련 조약개정 교섭과 국제관계」, 『한국사연구』 170가 있다.

事　一本港甲申閏五月一朔出入口收稅實數修成冊三
件上送事　統制使李元會謄報本營下東堂峯洞居
蘇守權被打於日本人致死事　金城縣令牒報礦
師工役等許用本地民人關文到付事
入直尹顯求

十五日晴署理督辦金　協辦閔　金翠堂金
古愚金雲養主事鄭憲時尹起晉李鶴圭丁大英
李建鎬李種元尹顯求趙秉承仕進　日館來函
隨員渡邊述及武田甚太郎磯林真三上野茂一
郎並清輝艦長護照三紙繳回事　照會日館濟

州蔚陵兩島孤懸海外居民無耕食之土除漁採一業更無生利再查漁採章程貴國通漁地方共有六處似宜於六處海濱指定島嶼或港汊量其大小可與濟州蔚陵島相當者即可不准本國民人前往漁採並飭貴國民人不准前往濟州蔚陵海濱漁採以為互相酬報之美意事　閔仁港監理以濟州漁採事照會一節業以依日本通商章程第四十一款施行之意知委於濟牧矣以此答覆該領事宜當事　函覆日館繳回護照三紙謹已領受事　清牧牒報本衙門閱擾華商二負來

統理交涉通商事務衙門　第　道

英館來函仁川口
岸濒海堅築堤
岸及碼頭一道請
將嗣後如何辦理
之法從便示明事

統理交涉通商事務衙門

到本州時牛皮數百斤搶去來歷查實牒報牛皮
限二百斤照數寄庫緣由事　開城經歷牒報英
國條約冊一件祗受各別知委於中營及各鎮事
水原留守牒報英國訂定條約移謄一本分送
各鎮堡郵牧等官俾為一體知照事　仁港監理
牒報節奉本衙門關以日本填補條銀洋二萬伍
千元怡和洋行滙票二紙具由照會日本領事官
小林其照覆並以謄附上送事　慶尚道布木商
會社章程准許　入直尹起晉
十六日晴署理督辦金　協辦閔　金　金　(金)

1884년 9월 4일[15]

初四日晴, 協辦金雲養·主事丁大英·李建鎬·李種元·尹顯求·趙秉承·丁學敎仕進, 日館照會, 欝陵島斫木一事, 當俟不日處斷之後, 移送該案一宗文卷事, 以均已閱悉事照覆, ……. 入直 李建鎬

4일, 맑았다. 협판(協辦) 운양(雲養) 김윤식(金允植), 주사(主事) 정대영(丁大英), 이건호(李建鎬), 이종원(李種元), 윤현구(尹顯求), 조병승(趙秉承), 정학교(丁學敎)가 출근하였다. 일본공사관이 조회(照會)를 보내왔다. 울릉도에서 나무를 벌목하는 일에 대하여 하루도 기다리지 않고 처단한 후에 해당 안건을 한 종류의 문권으로 이송(移送)하는 일에 대하여 모두 확인하였다는 일로 조복(照覆)하였다. …… 입직자는 이건호이다.

---

15 본 기사의 내용은 『구한국외교문서』 1, 일안 1, 고종 21년 9월 4일 자 기사에 수록되어 있다. 외무성의 공문을 일본공사관이 조선 정부에 보내온 것으로 개척사 수행원이 고소한 사안과 내무 서기관의 압송 사안이 모두 마쓰야마 재판소에서 심사되고 있기 때문에 판결이 나오면 두 안건의 판결을 한 번에 보내주겠다는 내용이다.

函覆德總領事
附送仁川各國租
界章程漢英文
各一件

初四日晴協辦金雲養 主事丁大英李建鎬李種元尹顯求
趙秉承丁學教仕進 日館照會欝陵島斫木一事當俟
不日處斷之後移送該案一宗文卷事以均已閱悉事照覆 內
衙門主事南廷弼奉
御押冊子二冊而來 英總領事阿須頓文憑 英副領事賈禮士文憑 主事李建鎬陪往英館傳授
入直 金 李 建鎬
初五日朝大霧電風雨協辦金雲養 主事鄭憲時高永喆
李建鎬李種元尹顯求丁學教仕進
答知事金 疏曰屢懇既如是督辦之任依施仍
傳曰督辦交涉通商事務有闕之代協辦金宏集陞差

統理交涉通商事務衙門 第 道

1884년 12월 27일

二十七日晴, 督辦金·協辦申·朴·叅議金·鄭·主事李鶴圭·丁大英·李建鎬·呂圭亨·李種元·尹顯求·趙秉承·丁學教·秦尙彥·李琠仕進, …… 關東萊府, 我政府與英國人米鐵, 相約雇船, 前往欝島, 載該島所有木料, 轉賣上海, 回到仁川算賑, 分其利息爲約矣, 自我國, 宜派員同往, 而此船將自上海, 直向釜山, 勢難自京派員, 故玆以發關, 預擇邑中士人或將吏中明白勤幹人等, 併該船若到釜港, 必有通奇, 即送所定之員, 同往欝島, 詳察形止, 照管一切, 仍與同往上海, 回到仁川, 隨其所見, 一一來告事此亦中, 船中盤纒, 該船主想應辦給, 而亦不可專恃他人, 量其所入, 自本府先爲備給, 後報來者, ……. 入直 尹顧求

27일, 맑았다. 독판(督辦) 김(金), 협판(協辦) 신(申), 박(朴), 참의(叅議) 김(金), 정(鄭), 주사(主事) 이학규(李鶴圭), 정대영(丁大英), 이건호(李建鎬), 여규형(呂圭亨), 이종원(李種元), 윤현구(尹顯求), 조병승(趙秉承), 정학교(丁學教), 진상언(秦尙彥), 이전(李琠)이 출근하였다. …… 동래부에 관문(關文)을 보냈다. 우리 정부와 영국인 미첼(米鐵, Mr. Mitchell)[16]은 서로 배를 빌리기로 약조하고 앞으로 울릉도에 가서 섬에 있는 목재를 싣고 상하이(上海)에 가서 판매하고 인천으로 돌아와서 그 이익을 나누기로 약속하였다. 우리나라에서 마땅히 관원을 파견하여 함께 가고 이 배는 장차 상하이에서 부산으로 직접 향한다. 그러나 그 형세가 서울에서 관원을 파견하기 어려워 이에 관문을 보내니 미리 읍(邑) 중에서 사인(士人) 혹은 장리(將吏) 중에서 명백한 근간인(勤幹人) 등을 택하여 해당 배와 함께 만약 부산항에 도착하면 반드시 통지한다. 곧 정해진 관원을 보내면 함께 울릉도에 가서 그 형지를 상세하게 관찰하여 일체 관리한다. 이에 함께 상하이에 가고 인천에 돌아와 도착하면 본 바에 따라서 일일이 일을 보고한다. 또한 이 중에서 배 안의 반전(盤纒)은 해당 선

16 영국 상인으로 『영안(英案)』에는 Mr. Mitchell이라고 표기되어 있다. 조선 정부의 기록에는 미철(米鐵) 혹은 미차니(米車尼)로 기재되어 있다. 모두 동일 인물이다.

주가 상응하여 마련해 지급하나 또한 다른 사람을 믿을 수 없으니, 들어간 바를 헤아려 동래부에서 먼저 준비하여 지급하고 후에 보고하도록 한다. …… 입직자는 윤현구이다.

頒賜食物果品
于日美英
德館
胡桃五斗
乾柿十貼
黃栗五斗
栢子五斗
全鰒二貼
海蔘五貼

訊明遵公辦理俾懲莠習實爲公允 幾識伯騰報今月二
十五日卯時中國揚威兵船康濟兵船普濟商船三隻直出
八尾島外洋事
入直趙秉承
二十七日晴督辦金 協辦申 朴 參議金 鄭 主事
李鶴圭 丁大英 李建鎬 呂圭亨 李種元 尹顯求 趙秉承
丁學教 秦尚彥 李璜 仕進 函復德館仁川口各國租界
章程均有漢英文而画押則只於英文爲之矣爲此奉復 函復英
館脩詢本國之旗一事竊查本國新製旗號須示中外均宜遍插
於本國商船而本國現無商船之載貨出洋惟內河來往之商船

鷄卵五百个
件合七種
數同四舘
主事李鶴圭
往日英舘面
給
主事丁學教
往美德舘面
給

或捕或不捕姑無定例行將申令遍捕爲料 關鐵營現據吳統
領來啓內開馬山浦船頭哨官稟稱十月初旬有貴國民船一隻載
日人吉松到馬山當以吉松係日人恐使身不能俾全因派兵將吉松并該
船水手四名帶進京城剩有空船不能久爲照料等情查吉松早已送還
日本惟水手四名係貴國人必送交貴署業落該船在馬山無人照管
仍請亟至南陽府卽便照収等因玆以發關到卽知委仁川府南陽府査
明該船主出給船隻之地可當者 關東萊府我政府与英國人米鋘
相約雇船前往欝陵島載該島所有木料轉賣上海回到仁川筭賬分
其利息爲約矣自我國宜派員同往而此船將自上海直向釜山勢難
自京派員故玆以發關預擇邑中士人或將吏中明白勤幹人等待該

第 道

船若到釜港必着通商即送所定之員同往鬱島詳察形止照管
一切仍與同往上海回到仁川隨其所見一一來告事 此亦中船中鹽經該
船主想應辦給而亦不可專恃他人量其所入自本府先為備給後報
來者 箕伯灣尹牒報本月二十日申時成貼狀 啓騰報內
大國人五名賫持都京禮部咨一度啟依例拆見則本部據咨
轉奏朝鮮與德國重訂條約通商章程稅則及善後續條
批準互換於光緒十年十一月初五日軍機大臣奉旨前來相應
抄錄原奏知照事 仁港監理牒報 書記官林應鎭賫
為署理了 關別營本衙門負役餼料事既承
處分矣 慈後錄移關到即照湖支發另於後錄啟仍宜

後考俾為遂湖上下之地岔者也　下午一点鐘賈禮士
來署談晤而去　陳館照覆華商王景周捧債於海
州一事云云等因茲據王景周稟稱商被趙元一賒欠貨錢已
踰數月訪知趙元一係赴海州賣貨未回李元琪來告云貨已
賣完尚有未了事件非親身去取不可該商請執照前往海州
此國有案可稽知趙元一貨雖出售買主之錢未交已經興訟遂
務到官署訊明將錢項繳出商即當堂領來何有一語頂撞
而當日如有不合之處該官何不拘商於彼署中查訪而後發
錢或即發錢當飛速行文查訪何商於初五返到漢城遲至
二十餘日始行到查訪之文而且商行之日該官派丁數名護送出境

第　道

何怨兹事所細思無故必係胥吏懲贋唆說伏乞大人代商
洗白此寃等情據此查護商前領執照係赴海州貿易
并未聲明延欠緣由係屬踈忽業批飭以戒將來為此照覆
入直 尹顯求
二十八日晴 督辦金 協辦朴 參議鄭 主
事李 鶴圭 丁 大英 李 建鎬 呂 圭亨 李 種元 尹 顯求 趙
秉承 丁 學教 秦 尚彦 李 璵 張 愽 仕進 照覆陳館
華商公源利陳廣厚被盜延贓一事飭知捕盜衙門嚴
行緝捕事 德館來函 貴處既有買船之意則所賃
之輪船可期以三個月為限倘至限期貴處或自買船

1885년 3월 27일[17]

二十七日晴, 協辦申·叅議鄭·主事丁大英·李建鎬·呂圭亨·丁學教·秦尙彦·朴載陽·李庚種·司事金基駿·吳容默·司官李時濂·康載倫·朴永旒仕進, …… 慶尙左水使牒報, 本月十五日, 英國三帆火輪船艦長甲頓·水夫六十五名, 自謂, 遊覽各港, 今十四日, 自日本長崎發抵, 將向貴國全羅道境海, 又火輪一船, 英署理領事莊, 同米鐵騎來, 而領事向往仁川港, 米鐵欝陵島材木領運事, 今十三日, 自長崎發抵云云, ……. 入直 丁學教

27일, 맑았다. 협판(協辦) 신(申), 참의(叅議) 정(鄭), 주사(主事) 정대영(丁大英), 이건호(李建鎬), 여규형(呂圭亨), 정학교(丁學教), 진상언(秦尙彦), 박재양(朴載陽), 이경종(李庚種), 사사(司事) 김기준(金基駿), 오용묵(吳容默), 사관(司官) 이시렴(李時濂), 강재륜(康載倫), 박영류(朴永旒)가 출근하였다. …… 경상좌수사가 첩보(牒報)를 보냈다. 이달 15일, 영국의 삼범화륜선(三帆火輪船)의 함장 갑돈(甲頓)과 수부(水夫) 65명은 스스로 말하길, '각 항구를 유람하고 오는 이번 14일에 일본의 나가사키(長崎)에서 출발하여 장차 귀국 전라도 경계 바다로 향하였다. 또한 화륜선 1척에 영국 서리 영사 파커(莊)[18]와 미첼(米鐵)이 함께 타고 온다. 영사는 인천항으로 향해 가고 미첼은 울릉도 목재를 운반하는 일로 오는 13일에 나가사키에서 출발했다'고 하였다. …… 입직자는 정학교이다.

---

17 동래부사가 보고한 동일한 내용의 기사가 확인된다(『동래부계록』 9책, 고종 21년 3월 17일). 동래부사가 보고한 기사도 3월 15일에 올린 것으로 경상좌수사가 올린 기사와는 보고 내용에서 조금 차이를 보인다. 동래부사의 보고에는 해당 범선의 화물의 종류의 수량이 매우 구체적으로 기록되어 있는 반면에, 경상좌수사의 보고에는 영사와 미첼의 전후 동향을 수록하고 있다.

18 파커(莊純, Parker, E. H.)로 보인다. 『통리교섭통상사무아문일기』에 따르면 1885년 3월 23일에 부산주재 영국부영사로 파커가 도임하였다고 한다.

綠葉紙還來付在銀會計冊子內 二十七夜

書紙 督辦大袖去 德公使

陛見 督辦 徐協辦入參 先將教使惟抄筆商林力

波牛空價給陪卞好居戈吳乘流莫道觀鄭元奭云者

白地所去之事此保人吳益善崔永順對質而二傳辞

宗形事權宪程更紛爭云云 題以二人放送云云

入直 呂圭亭

二十七日晴 協辦申 參議鄭 主事丁大英 李建鎬 呂圭亨

丁學教 秦尙彦 朴戴陽 李庚稙 司事 金基駿 吳容默 司官

李時濂 康載倫 朴永旒 仕進 德館照會 照得各國租界地段

船內有二十二二十三號 朝鮮順信昌商會地段二千一百六十方米突因査

第 道

章程載明各國租界之內朝鮮商人勿得租買地段以是於甲申九月二十日曾經
函詢貴監理洪謂東萊順信昌屋子作為何項官用已改定名式否擬准覆函
並守本由我外衙門准許及內外稅務司指揮建造係本署設立之先亦當稟經
通商衙門以為據並等因在案惟以本國督辦內外事務大臣札知核查朝鮮租界華
租并公拍地段抄錄何租界地段有朝鮮商人拍買實與章程有不相符之處仰即查明
稟覆等因奉此為特備文照會請煩查照該處屋宇是否歸貴國家作為官用
望切見覆 須稿 嶺營謄報本月 月火輪船一隻艦長海軍中佐國友次郎士官三十
三人水夫二百八十六名自謂周覽於貴國全羅道濟州境海面泊事 慶尚左水使牒
報本月十五日英國三帆火輪船艦長甲頓水夫六十五名自謂遊覽各港今十四日自日本
長崎發抵樽岡貴國全羅道境海又火輪一船英署理領事莊 同來鐵騎來而領事

向往仁川港米鍊鬱陵島材木領運事今十三日自長崎發振云云 儀營謄
報 今二十五日中國丁大人韋隨員六人上京離發轉向水原府事
入直 丁學教
二十八日晴 督辦金 協辦申 徐 參議鄭
主事丁大英 李建鎬 趙秉承 丁學教 秦尚彦 朴戴陽
李庚稙 司事金基駿 吳容默 仕進 照會日館 去年十
一月續約所載填補金中先籌貳萬五千元送交仁川濟物
浦貴國領事館領得收票以來爲此備文照會 函送日館
去年十一月二十四日在議政府續約係是兩國敦好之意乾原
約所載填補金十三萬元內另立私議惟五萬元限三箇月先

1885년 4월 23일[19]

二十三日晴, 署理督辦徐·協辦穆·叅議鄭·主事李建鎬·鄭萬朝·呂圭亨·李種元·尹顯求·趙秉承·丁學教·秦尚彥·李琠·朴載陽·李庚稙·司事吳容默·司官李時濂·康載倫·朴永旒仕進, …… 照會日館, 照會事, 本國欽差大·副臣向在貴國時, 與在神戶德國洋行妥商將我國欝陵島木料一事, 囑該洋行代爲管理, 及欽差一行回到長崎, 得接該行電信內稱, 日本風帆船萬里丸裝載木料, 由欝陵島而來, 現泊在神戶等情, 再於本月初, 我國委派大員協辦穆, 轉到長崎時, 接貴國外務卿井上來電云, 將該萬里丸船, 業由政府收拿查問等因, 續於日前, 貴國輪船, 來泊仁川港, 接該行送信稱, 將該萬里丸已經送歸日本官府收留, 所有裝載木料打算價値計四萬元之右在, 此外又有兩隻風帆船, 已駛往欝陵島, 亦載木料, 回往神戶等語, 本署大臣據歷次前來電信及書緘, 查欝陵島一案, 業由我國欽差【大副】臣, 向在貴國, 會同外務省議定罰款, 及懲辦等事, 尚未接辦理之信, 乃有此次萬里丸裝運欝陵島木料之事, 殊甚駭異, 況未開口岸, 不得潛越, 自有章定, 合施罰鍰, 至貴國人偸運木料, 亦宜照章懲辦, 俱係不可已之事, 應請貴署理公使, 轉稟貴國外務省, 將上項議定之案, 趕速妥辦, 此次裝運之欝陵島木料, 交付在神戶之德國洋行, 以便收回本國, 至潛斫罰鍰, 偸運懲辦一切事件, 迅速辦理, 無或違乖章程, 實屬公允, 爲此備文照會, 計粘抄另開應行事款一紙付送. 入直 李琠

23일, 맑았다. 서리독판(署理督辦) 서(徐), 협판(協辦) 묄렌도르프(穆麟德, P. G. Von Möllendorf), 참의(叅議) 정(鄭), 주사(主事) 이건호(李建鎬), 정만조(鄭萬朝), 여규형(呂圭亨), 이종원(李種元), 윤현구(尹顯求), 조병승(趙秉承), 정학교(丁學教), 진상언(秦尚彥), 이전(李琠), 박재양(朴載陽), 이경직(李庚稙), 사사(司事) 오용묵(吳容默), 사관(司官) 이시렴(李時濂), 강재륜(康載倫), 박영류(朴永旒)가 출근하였다. …… 일본공사관에 조회(照會)를 보냈다. 조회하는 일이다. 본국 흠차대신(欽差大臣)과 부신(副臣)

---

19 본 기사 내용은 『구한국외교문서』 1, 일안 1, 고종 22년 4월 23일 자 기사에 수록되어 있다.

이 귀국에 있을 때, 고베(神戶)에 있던 덕국양행(德國洋行)[20]과 함께 우리나라 울릉도의 목재에 대하여 서로 합의한 일이 있다. 해당 양행에 위촉하여 대신 관리하도록 하였다. 흠차 일행이 나가사키(長崎)에 도착하여 해당 양행의 전신(電信)을 접하였는데 그것에 의하면, '일본 풍범선(風帆船)인 반리마루(萬里丸)[21]가 실은 목재가 울릉도를 경유하여 오는데 현재 고베에 정박해 있다는 사정이었다. 본월 초에 다시 우리나라에서 위임하여 파견한 대원(大員)인 협판 묄렌도르프[22]가 나가사키에 도착할 때에 귀국 외무경(外務卿) 이노우에 가오루(井上馨)[23]가 온다는 전신을 접했다'고 한다. 해당 반리마루는 정부가 나포하여 조사하는 등의 일이 있다. 일전에 귀국 윤선이 인천항에 와서 정박했는데 해당 양행이 보낸 전신을 보니, '장차 해당 반리마루는 이미 돌아가 일본 관부(官府)가 수용하여 싣고 있던 목재를 소유하고 있는데 값어치가 4만원이다'라고 하였다. 이외에 또한 두 척의 풍범선이 있어서 이미 울릉도로 가서 또한 목재를 실었으며 고베 등으로 돌아오고 있다고 말한다. 본서(本署) 대신은 전에 여러 차례 온 전신과 문서에 의거하여 울릉도 하나의 안을 조사하였고, 업무 차[業由] 우리나라 흠차대신과 부신이 귀국에 있을 때, 외무경과 회동하여 벌금과 처벌 등의 일에 대하여 의정(議定)하였다. 처리에 대한 전신을 접하고 이내 이번 반리마루가 실어 나른 울릉도 목재에 대한 일이 있어서 자못 심히 의아하였다. 하물며 미개항된 항구에서는 몰래 넘어올 수 없으니 장정에서 정한 바가 있어서 은으로 벌금을 물어야 한다. 귀국 사람이 훔쳐 운

---

20 세창양행을 가리킨다.

21 반리마루(萬里丸)는 일본의 민간 선박으로 미야자키현(宮崎縣) 사람인 와타나베 스에키치(渡邊末吉)가 반리마루의 선장이었다. 그는 개척사 김옥균의 종사관인 백춘배와 계약을 맺고 울릉도의 목재를 고베로 운송하는 일을 맡았다. 울릉도 목재가 고베로 반출된 이후 갑신정변의 여파로 김옥균이 마면되자 반출된 목재의 처리를 두고 조일 간의 외교문제가 되었다.

22 1848년에 태어나 1901년에 사망한 한국 최초의 서양인 고문관이다. 독일 출신으로 주청독일영사관에서 근무하였고 이후 청국 세관의 관리가 되었으며 임오군란 직후 조선의 통리아문 외무협판이 되어 외교고문 역할을 담당했다. 1885년 부사 자격으로 일본에 가서 러시아와 교관 초빙 문제를 두고 비밀리 협의를 하다가 조선, 청, 일본의 강한 반발을 받자 해임되었다.

23 1836년에 태어나 1915년에 사망한 일본 정치가이다. 1881년 신사유람단이 파견되었을 때 일본에서 그들의 편의를 봐주었다고 한다. 1885년 이토가 총리가 되자 외무상, 내무상, 대장상 등을 지냈다. 4차 이토 내각 이후 내각총리대신의 물망에 올랐으나 스스로 사퇴하였다. 조선 개화파에 많은 영향을 주었다.

반한 목재에 대해서는 또한 마땅히 장정에 따라서 잘못을 밝히는 것이 모두에게 부득이한 일이다. 응당 귀 서리공사에게 청하고 귀국 외무경에게 아뢰어 장차 위 사항의 의정한 문서대로 조속히 온당하게 처리하여 이번에 실어 운반한 울릉도 목재는 고베에 있는 덕국양행이 본국으로 회수하도록 한다. 몰래 벌목하여 벌은(罰銀)한 것에 대하여 훔쳐 운반하여 징벌하는 일체의 사건은 신속하게 처리하여 혹 장정을 어기는 일이 없도록 하는 것이 실로 공정하고 타당한 것이다. 이에 문서를 갖추어 조회를 보냈다. 초록을 붙이니 응당 행할 일을 한 장으로 첨부하여 보낸다. 입직자는 이전이다.

四月

卜數洒不與該民姓名年月上送以海關稅錢中六千四百
二十兩劃下分給該民實爲國家恩澤事 關元山監理
日本租界內民人田畓事殊屬於向者海關收稅中銅
錢六千四百二十兩知照稅司推覓分給該民事 函送仁川
監理日本領事照會內船稅罰款一事爲交涉事昔
呈實否官首尾當其大藤昇一商譯必要高自下函即帰
决須將以此意言明于該領事官事
金直秦 當

二十三日晴署理督辦徐 協辦權 參議鄭 主事
李建鎬 鄭萬朝 呂圭亨 李種元 尹顯求 趙秉承

第 道

丁學教 秦尚彦 李䌷 朴戴陽 李庚稙 司事
吳容默 司官 李時濂 康載倫 朴永旒 仕進

蘭夏日館 玆接来章 天津條約兩國已經批准繳耶与有章為主貴署公文一道當經徐秋堂署閱矣此復

英館来

蘭明日下午二点趨詣台階暢叙一會云々

夏英館 明天恭依盛教在署候光云々

蘭送陳館 今見忠清水使信函 華艇之烟島被掠一事已經查明另録供詞玆以呈覧 深籌示覆以便作答俾得從速歸結至禱

另送録紙四件 一島民等供詞 一忠清水使信函

照會日館 照會事 本國 欽差大副臣向在 貴國時与在神戸德國

四月

洋行安商將我國鬱陵島木料一事囑該洋行代為管理及
欽差一行回到長崎得接該行電信内稱日本風帆船萬里丸裝
載木料由鬱陵島而來現泊在神戶等情再於本月初我國委派
大員協辦穆轉到長崎時接 貴國外務卿井上來電云將該
萬里丸船業由改府牧拿查閲等因續於日前 貴國輪船來
泊仁川港接該行送信稱惟被萬里丸已經送歸日本官府收留所
有裝載木料打算估值計四萬元之右在此外又有兩隻風帆船已
駛往鬱陵島亦載木料回往神戶等語本署大臣接及次前
來電信及書緘查鬱陵島一案業由我國 欽差副大臣向在
貴國外務省議定罰款及總辦等事尚未接辦理之

信乃有次萬里丸船裝運對馬島木料之事殊甚駭異況
未開口岸不得潛越自有章定合施罰鍰至貴國人偷運
木料亦宜照章懲辦俱係不可已之事應請貴署理公使
轉稟貴國外務省將上項議定之案趕速妥辦此次裝運之
對馬島木料交付在神戶之德國洋行以便收回本國至濟所
罰鍰偷運懲辦一切事件迅速辦理毋或違棄章程實
屬公允為此備文照會 計抄粘另開應行事款一紙付送

入直 李琠

二十四日晴 署理督辦 徐 協辦 穆 申 參議 鄭 主事
鄭萬朝 呂圭亨 李種元 尹顯求 趙秉承 丁學教 秦尙彥 李琠

1885년 5월 29일[24]

二十九日, 霏灑晩止, 督辦金·協辦徐·申·參議鄭·主事李鶴圭·丁大英·鄭萬朝·呂圭亨·李建鎬·李種元·尹顯求·趙秉承·丁學敎·李庚稙·司事金基駿仕進, …… 函送日館, 本年二月初三日, 敝署照會貴公使近藤內開, 本國開拓使金玉均罪罷, 以李奎遠, 差代管轄事務等因, 貴公使照覆在案, 查本國鬱陵島木料盜斫查辦一案, 業經貴政府知照, 凡係金玉均所自擅行之事, 自歸罷論, 今聞, 貴國帆船來到馬關, 有玉均開拓使時隨員白春培, 贅言爲我政府所允許, 現欲干涉木料一事, 不勝駭歎, 請即行飭知貴國商民, 該白春培所言概勿聽准事, ……. 入直鄭萬朝

29일, 비가 내리고 오후 늦게 그쳤다. 독판(督辦) 김(金), 협판(協辦) 서(徐), 신(申), 참의(參議) 정(鄭), 주사(主事) 이학규(李鶴圭), 정대영(丁大英), 정만조(鄭萬朝), 여규형(呂圭亨), 이건호(李建鎬), 이종원(李種元), 윤현구(尹顯求), 조병승(趙秉承), 정학교(丁學敎), 이경직(李庚稙), 사사(司事) 김기준(金基駿)이 출근하였다. …… 일본공사관에 함(函)을 보냈다. 올해 2월 3일, 우리 서(署)가 귀 공사 곤도 마스키(近藤眞鋤)[25]에게 조회하였는데, 그것에 의하면, '본국 개척사(開拓使) 김옥균(金玉均)이 죄를 지어 파직되었고, 이규원(李奎遠)[26]이 대신 임명되어[27] 사무를 관할(管轄)하는 등의 일로 귀 공사가 조복(照覆)한 문서가 있다. 본국 울릉도 목재를 몰래 벌채한 사건을

---

24 본 기사의 내용은『구한국외교문서』1, 일안 1, 1885년 5월 29일 자 기사에서 확인할 수 있다.

25 곤도 마스키(近藤真鋤, 1840~1892)는 1870년 일본 외무성에 들어가 1876년 부산항 관리관으로 임명되고 조선 주재 영사와 대리공사 등을 지냈다. 조선 외교에 주로 활동했던 인물이다. 관련 연구는 김성현, 2018,「19세기 말 조선에 대한 일본 외교관의 이미지와 인식: 곤도 마스키(近藤真鋤)의『눌헌유고(訥軒遺稿)』를 중심으로」,『한국학』153.

26 이규원(李奎遠, 1883~1901)의 본관은 전주이고 이면대(李勉大)의 아들이다. 무과에 급제한 뒤에 여러 지방관을 거치고 1881년 울릉도검찰사가 되어 섬을 시찰하였다. 갑신정변 이후에는 해방총관, 제주목사 등을 지냈고 1894년 이후에도 군무아문대신, 중추원의관 등을 지냈다.

27 이규원이 김옥균 대신 동남개척사가 된 것은 1884년(고종 21) 12월이다(『승정원일기』고종 21년 12월 22일).

조사하여 처리하려는 안을 이미 귀 정부에 통지하였다. 무릇 김옥균이 멋대로 행한 일과 관련한 것은 중지되었다. 지금 들으니 귀국의 범선(帆船)이 시모노세키에 도착했는데, 김옥균이 개척사로 있을 때 수행원(隨員) 백춘배(白春培)[28]가 우리 정부가 허락한 것이라고 쓸데없는 말을 하여 현재 목재를 간섭하고자 한 일은 이루 다 놀라지 않을 수 없다. 곧 귀국 상민(商民)에게 알려 주기를 요청하며 해당 백춘배가 말한 것은 대개 듣고 허락하지 말 일이다. …… 입직자는 정만조이다.

---

28 백춘배(白春培, 1844~1887)는 1880년대 전반에 주로 활약한 중인 출신의 인물이다. 1880년대 초반에는 채탐사(採探使)로서 블라디보스토크에 파견되어 정탐활동을 하였고, 1883년에는 동남제도개척사 김옥균의 종사관이 되어 울릉도 관련 일을 담당하였다. 백춘배는 개화 시기 중인의 활동 양상을 잘 보여주는 인물이다. 관련 연구는 노대환, 2013, 「백춘배(1844~1887)의 채탐사 활동과 대러시아 인식」, 『역사문화연구』 46.

本衙門草記
監理仁川港通
商事務洪
淳擇仁川府使
矣依筆山元山

前照會之意當卽禀明本政府事 鐵伯騰報今月
二十六日中國揚威船一隻出往外洋事又二十七日英
國三帆兵船啡呤咩郞一隻留碇於月尾島事
入直丁大英
二十九日霽灑晚亡督辦金 協辦徐 申 參議
鄭 主事李鶴圭丁大英鄭萬朝呂圭亨李
建鎬李種元尹顯求趙秉承丁學敎李庚稙司事
金基駿仕進 鐵伯騰報中國人陳允頤余昌宇弟
延年今二十七日離發上京事 陳允頤余昌宇弟延
年來署暫談而還 函覆美館日前送函已悉

統理交涉通商事務衙門 第 道

港已倣使之意
嵾本港監理事
務之語曾有
批何如
傳見 乙

[illegible]

明奉承 處分茲將着函仰復至稱來教師約束等
事務歸確議條着事 第一條 (設立學校教誨生徒 / 此外另給一屋以設學校)
第二條 (教師居處家 / 舍當為賜給) 第三條 (教師妻一人路 / 費亦賜給) 第四條 (教師期 / 限先以
三年 / 為定) 第五條 (生徒教誨卒業待教 / 師出來後妥議酌定) 右五條有要緊事件已曾
為振之教師通達練明於政治外務等事者由貴公
使轉請貴政府從速派送事 函送日館本年三
月初三日敝署照會貴公使道藤內開本國開拓使金
玉均罷職以李奎遠署代管轄事務本日貴公使
照復在案查本國欝陵島木料盜斫查辦一案業
經貴政府知照民係金玉均所自擅行之事自歸罷撤

論今聞貴國帆船來到馬關有玉均開拓使時隨員白春培聲言為我政府所允許現欲干涉木料一事不勝駭歎請亟行飭知貴國商民該白春培所言概勿聽准事 再昨有仁川貴領事官所送郵便收照一紙由本署已給不足錢四十文更索之繳署寄送天津書函未曾付送郵便收照以呈煩到繳還本署查明示及事

入直 鄭萬朝

六月

晴

六月初一日 曜 督辦 協辦徐 參議鄭 主事李建鎬 鄭萬朝 呂圭亨 李種元 趙秉承 秦

第 道

1885년 6월 7일

初七日大雨, 督辦金·主事李鶴圭·鄭萬朝·李種元·李庚稙仕進, …… 日使高平·英領事阿須頓來署談辦, 以欝陵島木料, 勿聽白春培所言事, 送函日館矣, 高平袖來繳還. 入直 李鶴圭

7일, 비가 많이 내렸다. 독판(督辦) 김(金), 주사(主事) 이학규(李鶴圭), 정만조(鄭萬朝), 이종원(李種元), 이경직(李庚稙)이 출근하였다. …… 일본공사 다카하라 고고로(高平小五郎)[29]와 영국영사 애스턴(阿須頓, Aston, William George)[30]이 본서(本署)에 와서 담판을 하였다. 울릉도 목재에 대하여 백춘배(白春培)가 한 말을 듣지 말라고 하는 일로 일본공사관에 함(函)을 보냈는데 다카하라가 소매에 넣고 와서 돌려주었다. 입직자는 이학규이다.

---

29 다카하라 고고로(高平小五郎, 1854~1926)는 1885년 6월 23일에 임시대리 일본공사로 부임하여 1886년 10월 4일까지 근무한 인물이다.

30 윌리엄 조지 애스턴(William George Aston, 1841~1911)은 영국 외교관이자 학자이다. 그는 1864년 일본 주재 영국공사관에 견습 통역관으로 들어와서 일본어를 공부했다. 1884년 영사 업무를 위한 시험에 통과해 일본 여러 곳에서 영사관 일을 했다. 1884년부터 1885년까지 그는 조선 주재 영국총영사로 근무하고 일본으로 돌아가 일본 주재 영국공사관의 서기관이 되었다.

六月

初七日大雨督辦金 主事李鶴圭 鄭萬朝 李種元 李
庚植仕進 陳館與會 英國金鴻秀亦二人入雲峴亦處
方與章給譯英後解送人亦是否確係朝鮮官民因何至漂
英亦地一俟四國印行見覆事 日館照會英彰兵於本
七月二十日 即中曆六月初十日 金數撤回特來如遇有事再須派兵保衛之
譯函一度咨到北洋來信奉呈事 自駐公館來囑封書一緘並據私函一度 德館
來函木浦或自他處裝米運到俱可否之處請查明核覆
政施行以便知照 敬啓者世昌以德如何辦法照明 花旗條款
暫亦閱 貯至本鎮錫一萬兩輪送本港監理以行事 國
仁港監理與國人行拍賣地段事照經詢館事條款是何妥

[illegible] 第 道

於即約公拍來函更改云云 日使高平 英領事阿須去

來署談 以欝陵島木料勿諭白春培所言事送函日館

矣高平袖來繳還

入直李鶴圭

初八日大雨 出往督辦金 主事李鶴圭 李建鎬 丁

學教李庚植 仕進 函覆德使 爲國商民瑪示詞

等購拍買地段爲要經物知該監理矣 再勞勤務

愧係敢係以茲更爲飾當不日開拍 俟係爲要 再木浦運

一事 照當調察 更爲函佈云云 仁港監理 蹇報接

日署理領事 照會 吉藤昇一郎 船価撥年後 吉屋平

1885년 7월 8일[31]

初八日雨, 督辦金·協辦徐·主事丁大英·鄭萬朝·呂圭亨·李種元·秦尙彦·李琠·李庚稙·司事吳容默·司官康載倫·鄭秉岐·朴永旒仕進, …… 函送美·英兩舘, 爲欝陵島木料一事, 有面商, 請台駕, 於明下午二點光臨事, 函送德舘上同, ……. 入直 李庚稙

8일, 비가 내렸다. 독판(督辦) 김(金), 협판(協辦) 서(徐), 주사(主事) 정대영(丁大英), 정만조(鄭萬朝), 여규형(呂圭亨), 이종원(李種元), 진상언(秦尙彦), 이전(李琠), 이경직(李庚稙), 사사(司事) 오용묵(吳容默), 사관(司官) 강재륜(康載倫), 정병기(鄭秉岐), 박영류(朴永旒)가 출근하였다. …… 미국공사관과 영국공사관에 함(函)을 보냈다. 울릉도 목재에 대한 일로 직접 만나 의논하기 위하여 귀하가 내일 오후 이점(二點)에 왕림하기를 청하는 일이었다. 독일공사관에도 함을 보냈는데 위와 같다. …… 입직자는 이경직이다.

31 본 기사의 내용은 『구한국외교문서』 13, 영안 1, 고종 22년 7월 8일 자 기사에서 확인할 수 있다.

參議鄭 德
源府病親呈
辭入
啓給由
美館照會仁港
往問示草英人鄭
甘蘇查率事令
年六月已該國被
史林賢文件呈
平日國家該人之家
從者曾被史之時
所爲請嚴查不待

初八日兩督辦金 協辦徐 主事丁大英鄭萬朝呂圭
亨李種元秦尚彥李𡊨李庚植司事吳容默司官康載
倫鄭東岐朴永梳仕進 照覆陳館商人陳慶瀾護照
蓋印以送事 關開城電線木料刻期代貰事 關元山監
理日本進口穀免稅以六朔免稅外更展限事 傳令
分院貢人處中國人燔瓷白土與工匠依其言擧行事
函送美英兩館爲鬱陵島木料一事有函商請台駕於
明日下午二點鐘光臨事 函送德館上仝 德館來函本
月二十日即十一時晩七點鐘貴臨率同秦主事事 函覆
英館洋銀六十五元收到事 陳館來函下領事到談

討於立約華商敢
向此事極爲相關
要須自作主見以華
所之權乎望勿見
爲幸

七月

貴處米石準以希化船裝運每千包扣除一百五十包
為則事覆送陳舘運米一事稟商政府今已時晩自
明年定約運來事照會英舘照本年六月二十八日
貴函內開接北京六月六日来函云巨文島相議一事
電報船便俱應絡續而尚無回音本督辦殊深訝慼提
速妥辦事圻報德國兵船一隻留碇月尾島後洋事
元山牒報税務司四月五月下記二件上送事又牒報
日本領事與義州照會內開進口穀免税期滿在近又
請展期叅商處分事貸假都事謄報陳奏使方物先
期入送鳳城事英舘覆函當於明日前往貴署事

入直李庚稙

初九日晴督辦金 協辦徐 申 主事丁大英鄭萬朝呂圭亨李種元趙秉承秦尚彥朴戴陽李庚稙司事金基駿吳容默司官康載倫鄭秉岐朴永疏德館来覆鬱島木料事弟實未知詢穆大人事 美館来覆有来汝之教而他雲仙昨入部所鬱島之說曾略得聞今又曾片隙叨午晉叙為計昊聞他公使會于貴衙門辦鬱島之事僕則未得聞於貴督辦今欲先議其論似好照亮圖處為希事 英館来函約商鬱島木事原擬如命謂叙值美公使来書有事務未便専晤請改日容見先為

1885년 7월 9일[32]

初九日晴, 督辦金·協辦徐·申·主事丁大英·鄭萬朝·呂圭亨·李種元·趙秉承·秦尙彦·朴載陽·李庚稙·司事金基駿·吳容默·司官康載倫·鄭秉岐·朴永旒, 德館來覆, 欝島木料事, 弟實未知, 詢穆大人事, 美館來覆, 有來汝之敎, 而他雲仙昨入鄙所, 欝島之說, 無暇得聞, 今又無片隙, 明午晋叙爲計, 昃聞, 他公使會于貴衙門, 辨欝島之事, 僕則未得聞, 於貴督辦今欲先議其論, 似好照亮圖處爲希事, 英館來函, 約商欝島木事, 原擬如命謁叙, 値美公使來書, 有事務, 未便專晤, 晴改日容見, 先爲示知爲荷事, ……. 入直 朴載陽

9일, 맑았다. 독판(督辦) 김(金), 협판(協辦) 서(徐), 신(申), 주사(主事) 정대영(丁大英), 정만조(鄭萬朝), 여규형(呂圭亨), 이종원(李種元), 조병승(趙秉承), 진상언(秦尙彦), 박재양(朴載陽), 이경직(李庚稙), 사사(司事) 김기준(金基駿), 오용묵(吳容默), 사관(司官) 강재륜(康載倫), 정병기(鄭秉岐), 박영류(朴永旒)가 출근하였다. 독일공사관에서 조복(照覆)을 보냈다. 울릉도 목재에 대한 일은 잘 알지 못하여 묄렌도르프(穆大人)에게 물을 일이라고 하였다. 미국공사관에서 조복을 보냈다. 오라고 하는 교(敎)가 있어서 타운젠드(Walter D. Townsend, 陀雲仙)[33]가 어제 비소(鄙所)에 들어갔으나 울릉도에 대한 말을 전해 듣지 못하였다. 지금 또한 여유가 없으니 내일 정오에 진서(晋叙)할 계획이다. 얼핏 들으니 다른 공사에게도 귀 아문에 모여서 울릉도에 대한 일을 주관한다 하였으나 우리는 들은 바가 없다. 그러므로 귀 독판에게 지금 먼저 의논을 드리고자 하는데 여러 사정을 살펴 보고 이를 알게 하는 것이 좋겠다는 일이다. 영국공사관이 함을 보냈는데, 울릉도 목재의 상거래를 약

---

32 본 기사 내용은 『구한국외교문서』 10, 미안 1, 고종 22년 7월 9일 자 기사에 수록되어 있다.

33 타운젠드(陀雲仙, Walter D. Townsend, 1856~1918)는 미국인으로 1880년대 조선 인천에 들어와 타운젠드 상회라는 회사를 운영하였다. 또한 그는 미국 스탠다드 석유회사의 대리인으로서 조선 내에서 여러 이권을 챙기기도 하였다. 그의 회사는 광산과 철도용 폭약 판매, 금융과 보험, 잡화류의 중개 무역 등 다양했다. 관련 연구는 하지연, 1996, 「타운젠드 상회(Townsend & Co.) 연구」, 『한국근현대사연구』 4.

속하는 일이다. 미국공사가 보내온 편지로 사무가 있어서 만나는 것이 편하지 않다. 날이 맑은 후일에 만나보고 먼저 통지하는 것이 어떠한가에 대한 일이다. …… 입직자는 박재양이다.

入直李庚植

初九日晴督辦金 協辦徐 申 主事丁大英鄭萬朝呂圭亨李種元趙秉承秦尚彥朴戴陽李庚植司事金基駿吳容默司官康載倫鄭秉岐朴永䟽德館來覆欝島木料事弟實未知詢穆大人事 美館來覆有來汝之教而他雲仙昨入鄙所欝島之說豈暇得聞今又豈片隙以午晉叙為計昃聞他公使會于貴衙門辦欝島之事僕則未得聞於貴督辦今欲先議其論似好照亮圖處為布事 英館來函約商欝島木事原擬如命謁叙值美公使來書有事務未便專晤請改日容見先為

七月

示知為荷事 德館来械布化運米每千包水脚一百
五十包之議當即函知世昌行主頂潟霞函遵照施行
惟向来水力每千包實二百包不過一次錯誤至二百
五十包等語接此為特函達貴督辦總祈鼎力措置俾
無間断為幸事 霞德爾昨涎陳美南函致閣下之意
知水脚費每千包扣一百五十包實為便宜但如續用
輪船載来須有先期知照各處約束俾當方無遲悞違
期之弊今年時序已晚所有税米已經各處雇船裝載
不便移裝於輪船往復約束之間動費時月以今年内
不可議到昨已禀明政府自明年春續行前約事 照

統理交涉通商事務衙門　第　道

會陳館照得敝政府欲買紡機茶秧等件及雇用工人
前托內務府參議王 前往上海辦買應請貴總辦備
送公文兩件一与上海道一与九江道囑其照驗放行
無滯柬來事 計上海道紡機四具工人十六名 九江道茶秧六千株工人四名
此王錫鬯在上海 啟請啟本抄錄一紙在中國存案
積 關飭營電桿木料一事前已關飭令聞列邑尚無
擧行之意日子漸晚華工數百不日東渡無一箇木料
辦備何以始役乎別爲關飭該當道邑無論公私養山火速
伐置飛報事 關海營電桿木料如干伐置者長短壅
腫不合式用 廣搜山野或越他道求得可合之材巡弁

七月

巡兵亦以可堪人早為差定事　灣尹謄報七月初二
日巳時大國人五名賫持都京禮部咨二度出來依例
拆見則一度段本部據咨轉奏漂民宋明山由陸回籍
并賞譯學官李應善事一度准軍機處片交北洋大臣李
會同吉林將軍希片奏吉林與朝鮮互市添派商務委
員分設局卡事抄啟轉奏遣使前往日本議交事原奏
上送于承政院抄錄一本來到本衙門　本衙門草記
仁港監理書記官以前主事金嘉鎮差下事　又草記
主事李鶴圭西營軍司馬移去代前司事安宗洙差下
前監役金永完加差下事　平安假都事謄報與灣報

仝 箕假都事牒報陳奏使方物起數先期馳通傳致
鳳城受咨通出來事節使回便先通稱謝咨入送鳳城
事 灣報同
入直朴戴陽
初十日晴 督辦金 協辦徐 申 主事丁大英
李建鎬鄭萬朝呂圭亨李種元趙秉承尹顯
求秦尚彥朴戴陽司事金基駿吳容默司官康
載倫鄭秉岐朴永疏仕進 英械今日之約固當
寄日廨晤李 復函今接美公使書云若大人不
必宗於欝島之議僕不知其故今將往見福公仍

1885년 7월 10일[34]

初十日晴, 督辦金·協辦徐·申·主事丁大英·李建鎬·鄭萬朝·呂圭亨·李種元·趙秉承·尹顯求·秦尙彦·朴載陽·司事金基駿·吳容默·司官康載倫·鄭秉岐·朴永旒仕進, 英椷, 今日之約, 固當容日再晤事, 覆函, 今接美公使書云, 貴大人不必叅於欝島之議, 僕不知其故, 今將往見福公, 仍進貴署譚晤事, …… 美覆, 阿須頓이가欝島事을다아는분인즉, 다시아른쳬안니헌다허오니, 이연유을아슈돈의게기별허옵시고하복허옵쇼셔, ……. 入直 秦尙彦

10일, 맑았다. 독판(督辦) 김(金), 협판(協辦) 서(徐), 신(申), 주사(主事) 정대영(丁大英), 이건호(李建鎬), 정만조(鄭萬朝), 여규형(呂圭亨), 이종원(李種元), 조병승(趙秉承), 윤현구(尹顯求), 진상언(秦尙彦), 박재양(朴載陽), 사사(司事) 김기준(金基駿), 오용묵(吳容默), 사관(司官) 강재륜(康載倫), 정병기(鄭秉岐), 박영류(朴永旒)가 출근하였다. 영국공사관의 함(函)에, 오늘의 약속은 진실로 훗날 다시 만나는 것이 마땅한 일이다. 복함(覆函)으로 지금 미국공사관의 편지를 접하니 이르길, '귀 대인은 울릉도의 논의에 참여할 필요가 없으니 제가 그 이유를 알지 못하여 지금 장차 복공(福公)을 가서 보고 이내 귀서에 가서 만나 이야기할 일입니다.'라고 하였다. …… 미국공사관의 복함에, 애스턴(阿須頓)은 울릉도 일을 다 아는 분인데 다시 알지 못한다고 하니 그 이유를 애스턴에게 기별하고 알려 달라는 일이다. …… 입직자는 진상언이다.

---

34 본 기사 내용은 『구한국외교문서』 13, 영안 1, 고종 22년 7월 10일 자 기사에 수록되어 있다.

仝 箕假都事牒報陳奏使方物起數先期馳通傳致
鳳城受答通出來事節使回便先通稱謝咨入送鳳城
事 灣報同
入直 朴戴陽
初十日 晴 督辦 金 協辦 徐 申 主事 丁大英
李建鎬 鄭萬朝 呂圭亨 李種元 趙秉承 尹顯
求 秦尚彥 朴戴陽 司事 金基駿 吳容默 司官 康
載倫 鄭秉岐 朴永旒 仕進 英械今日之約因當
另日再晤事 復函 令 接美公使書云 若大人不
必於鬱島之議 僕不知其故 今將往見福公 仍

七月

主英署譯照事 陳覆英政府派員在九江等
處採買紗樸茶秋不僱用工人等事 本道慕未該
卷如名圖不從出米嘗有新章不協之處要所需今
別行文一節理合採情洛請查照施行事 美
署防領事이가鬱島事를다안는불린즉다시아른켜
안시헌다하오니이연유를아중도의게긔별하옵시
고하복하옵소件 仁監日本船不載洒烟鎧艪
各種物係是公欲知照税可特為免税事 有名單子
美函須有이가君예철길멀다로봄지금하기須
額이더럽오시ᄂ바되옵고복이일이많음간리관의

第 道

가뵈 著已啓各乞出到다 灣報冬至兼謝恩使臣

回便先通稱訴咨卽爲入送鳳城事 箕狀六日 灣尹狀陳

奏使方物先到馳通入送鳳城事 又巡撫大國人十名

衙狀贈物事 又中江越邊大國人五名責其都京

禮部咨二度監封後上送于承政院事

入直 秦尚彦

十二日晴 督辦金 協辦徐 申 主事丁大英 李建鎬

鄭萬朝 呂圭亨 李種元 尹顯求 趙秉承 丁學教 秦尚彦

李琠 朴戴陽 李庚植 司事金基駿 吳容默 司官

康戴倫 鄭秉岐 朴永流 仕進 月俸來兩本年四月近

1885년 7월 12일[35]

十二日雨, 督辦金·協辦徐·主事丁大英·李建鎬·鄭萬朝·呂圭亨·李種元·丁學教·秦尙彦·李琠·司事吳容默·司官康載倫·鄭秉岐·朴永旒仕進, 美館來函, 再昨日貴督辦光臨ᄒᆞ와欝陵島닐을請ᄒᆞ여ᄌᆞ셔이議論ᄒᆞ왓고, 또只今貴督辦말ᄉᆞᆷᄒᆞ온대로이欝陵島닐마치기로위ᄒᆞ여, 請컨대이關文鈔을呈進ᄒᆞ오니下覽後의, 이러헌關文一度을盖印ᄒᆞ와쥬시기을바라옵내다, 貴督辦이이關文抄을下覽ᄒᆞ시면, 四件事을可히入聆ᄒᆞ시리다, 另有四件條約與關文抄一紙 ……. 入直李琠

12일, 비가 왔다. 독판(督辦) 김(金), 협판(協辦) 서(徐), 주사(主事) 정대영(丁大英), 이건호(李建鎬), 정만조(鄭萬朝), 여규형(呂圭亨), 이종원(李種元), 정학교(丁學教), 진상언(秦尙彦), 이전(李琠), 사사(司事) 오용묵(吳容默), 사관(司官) 강재륜(康載倫), 정병기(鄭秉岐), 박영류(朴永旒)가 출근하였다. 미국공사관이 함(函)을 보내왔다. 그저께 귀 독판이 찾아오셔서 울릉도의 일을 청하여 논의하였고, 또 단지 지금 귀 독판이 말씀한 대로 이 울릉도 일을 마치기 위하여 청하건대 관문(關文) 초록(抄錄)을 드리니 열람한 후에 이러한 관문 1통을 날인하여 주시기를 바란다. 귀 독판이 이 관문 초록을 열람하면, 4건의 일을 볼 수 있다. 4건의 조약과 관문 초(抄)가 종이 1장에 있다. …… 입직자는 이전이다.

---

35 본 기사의 내용은 『구한국외교문서』 10, 미안 1, 고종 22년 7월 10일 자 기사에 수록되어 있다. 영문(英文)과 한역문(漢譯文)이 함께 들어 있다.

可一任延拖致悞大事到即將校一人即刻起送于本
衙門以爲面飭之限輸亂伺面斫賣檜木三十株亦爲
一體出浦事 關 鳳山本郡下鰌子稅事發關 想即到
付尙無回報是何委折 亂行駭嘆玆又發關知胼各面
即刻氣行節目段出給本差人修理鵝趣即上納關到
日時即爲馳報事 統營謄報今初九日英國兵船隨
啡嘚上來留碇於月尾島後洋事 箕營謄報平壤
城操連爲停廢今年段設行當否令廟堂稟處事

入直 丁學教

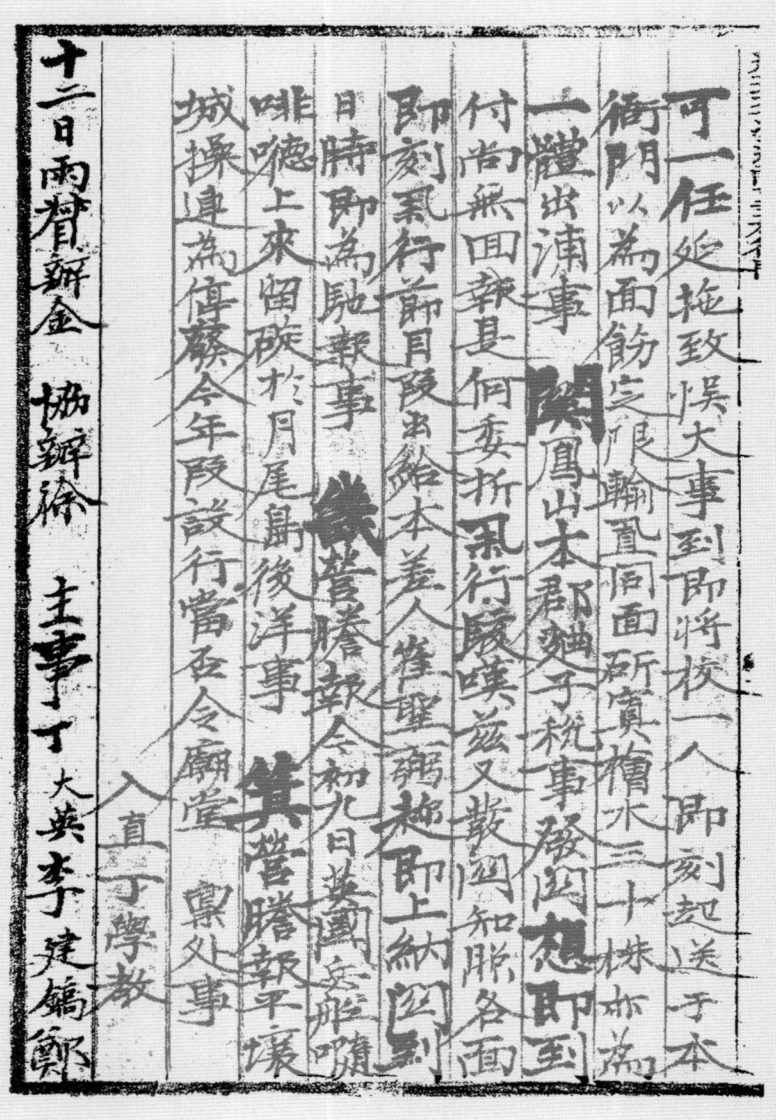

十二日雨 督辦金 協辦徐 主事丁大英 李建鎬 鄭

七月

萬朝呂圭亨李種元丁學教秦尚彥李瑛司事吳容默、
司官康載倫鄭秉岐朴永琉仕進ᄒᆞ美館來留再昨日
貴督辦光臨ᄒᆞ와鬱陵島ᄇᆞᆯ을請ᄒᆞ며조셔이議論ᄒᆞ
시고伍只今貴督辦맘合ᄒᆞ온뒤오미鬱陵島ᄇᆞᆯ마ᄌᆞ
기로읫ᄒᆞ매請젼디이關文鈔을呈進ᄒᆞ오니下覽後
뵈이여헌關文一度을蓋印ᄒᆞ와주시기을바라옵니
다貴督辦이이關文抄을下覽ᄒᆞ시면四件事을可히
入聆ᄒᆞ시리다另有四件条約与關文抄一紙萊州謄報
二度一譯學李應善同啓傳致鳳城將受答通還為出
來而答通改不過循例故依前留置事一禮部賫來大

鄭 道

國人五名禮單等物照數越給答通亦為成給則當日
還歸事 平安庶尹謄報二度上同、陳奏使謄報本
月初二日到義州府初三日賫來奏文及今此追到奏
文一道咨文四道並為查對則別無差誤方物十八駄
依例留置事 畿伯謄報即接花島別將馳報則今月
十一日卯時量月尾島後洋留碇英國三帆兵艇[口+隨]啡
嘚一隻出往外洋事 長湍府使牒報事電桿木事本
衙門關文到付後依關辭舉行事
入直李琠
十三日雨 督辦 協辦申 徐 主事丁大英 李建

1885년 7월 14일[36]

十四日, 或雨或晴, 督辦金·主事李種元, 尹顯求·趙秉承·司事吳容默仕進, …… 函送美館, 以諺翻書, 일젼보내신영문으로번역ᄒᆞᆫ것슨ᄌᆞ셰이보아ᄉᆞ오며, 울능도나무매매云云ᄒᆞᆫ일을젹어보내신약죠대로ᄒᆞ랴ᄒᆞ옵고, 관문은그대로써보내오니, 타운손의계보탁ᄒᆞ여일쳬로매매ᄒᆞ야쥬게ᄒᆞ시고, 다른말숨ᄒᆞᆯ말숨잇ᄉᆞ오니, 일간가셔말숨ᄒᆞ려니와, 타운손이를ᄒᆞᆫ번만ᄂᆞ면좃컷습ᄂᆞ이다, 憑據一度, 爲憑據事, 我國欝陵島木料一事, 與住日本橫濱二十八番美國會社, 旣有約條矣, 自癸未年至甲申六月十日以前, 則該島木料之載往日本者, 當屬美國會社, 放賣收價如約辦理, 此木賣買之前, 或有外國人, 將該島木料載到日本, 無得許賣, 以此爲據, ……. 入直 尹顯求

14일, 혹은 비가 오고 혹은 맑았다. 독판(督辦) 김(金), 주사(主事) 이종원(李種元), 윤현구(尹顯求), 조병승(趙秉承), 사사(司事) 오용묵(吳容默)이 출근하였다. …… 미국공사관이 함(函)을 보내왔다. 언문(諺文)으로 글을 번역하면, '일전에 보낸 영문으로 번역한 것을 자세하게 살펴보았으며 울릉도 나무의 매매 운운한 일을 적어 보내신 약조대로 하고 관문은 그대로 써 보냈으니 타운젠드에게 부탁하여 일체 매매하게 하고 다른 말을 하는 사람이 있어 조만간 가서 말하려고 하니 타운젠드를 한번 만나면 좋겠습니다.' 한 통에 의거하여 근거로 삼을 일이다. 우리나라 울릉도 목재의 일은 일본의 요코하마(橫濱)에 28번 가기로 미국 회사와 이미 약조한 것이 있다. 1883년(계미)부터 1884년(갑신) 6월 10일 이전까지 울릉도 목재를 일본에 실어 나르는 것은 미국 회사에 속해 있고 방매하여 값을 받는 것은 약조한 대로 처리한다. 이 목재를 매매하기 전에 혹은 외국인이 장차 울릉도 목재를 일본에 실어 가는 일이 있으면 매매를 허락하지 않고 이것에 의거한다. …… 입직자는 윤현구이다.

---

36 본 기사의 내용은 『구한국외교문서』 10, 미안 1, 고종 22년 7월 14일 자 기사에 수록되어 있다.

世昌行主
華爾德

曜

收呈已當還給倂事 一 德臺一座雷大臣贈還

督辦事 一 第有揮新呈已世昌行主趕敎事 陳館

箇電桿預飭不致臨時有悞事 英館照會鈔

幹被華工擧來往文件鈔送查照事 另 督辦大人袖去三件

灣報中國陳若特候全尚入接以辭事 德報上仝事

仁港潾西國輸物已納內衙事 又 船票下送爲請事

又日本租地更爲拍賣而罷稅之後價租據事 圻報

今午日德邦體度稅無船一隻出洋事

入直 趙秉承 香海伴

十四日或雨或晴 督辦金 主事李 種元 尹 顯求

本衙門
啓曰濟衆院主事
申洛均移差內務
府副主事其代
幼學孫鵬九差
下事
傳曰允

七月

趙秉承 司事吳容默 仕進 函送美館以謄
翻書일젼보니신영문번역ᄒᆞᆫ거ᄉᆞᆫ즈셰이보아
ᄉᆞ오며볼ᄂᆞᆫ도나무미ᄒᆞᆫ일을럭여보시신약
됴티모ᄒᆞᆫ다ᄒᆞᄋᆞᆸ고관문은그디로써보니ᄋᆞᆸ니다
분손의계보탹ᄒᆞᆫ여일하고미ᄒᆞ야쥬건ᄃᆡ서
고라ᄂᆞᆫ말ᄉᆞᆷᄒᆞᆫ말ᄉᆞᆷ이ᄉᆞ오니말ᄉᆞᆷ가ᄉᆡ말ᄉᆞᆷᄒᆞ며
나와라분손이를ᄒᆞᆫ번만ᄒᆞ면조치ᄋᆞᆸ노라
憑據一度及憑據事我國鬱陵島木料事與任
日本橫濱二十八番美國會社既有約條矣自癸未年
至甲申六月十日以前所該島木料之載往日本者

當屬美國會社放賣收價如約辦理此木賣買之
前或有外國人將該島木料載到日本無得許賣
以此爲援海伯牒報電線勘路事關文到付所
經各邑出送吏校替派前導事關文到付
入直尹顯求
十五日晴督辦金 協辦徐 申 主事丁大英
李建鎬 呂圭亨 李種元 尹顯求 丁學敎 秦尙彦 李塽
朴戴陽 李庚植 安宗洙 司事金基駿 吳容默 司官康載
倫 鄭秉岐 朴永旒 仕進 日仁港領事館送函逕啓者
塡補銀二萬五千元玆派判官張在斗領交貴館請煩

1885년 7월 15일[37]

十五日晴, 督辦金·協辦徐·申·主事丁大英·李建鎬·呂圭亨·李種元·尹顯求·丁學敎·秦尙彦·李琠·朴載陽·李庚稙·安宗洙·司事金基駿·吳容默·司官康載倫·鄭秉岐·朴永旒仕進, …… 美館來函, 日昨의복의편지에쳥ᄒᆞ여말ᄒᆞ대로欝島木事憑據一紙ᄂᆞᆫᄌᆞ셔이바닷ᄉᆞᆸ고매우감ᄉᆞᄒᆞ나, 이럿틋헌不安ᄒᆞᆫ닐을貴督辦게쳥ᄒᆞ오니도리여죄송만만이ᄋᆞᆸ고, 이ᄂᆞᆫ鄙國人民을위ᄒᆞᆫ닐이요또ᄂᆞᆫ公法上에도잇ᄂᆞᆫ닐이외다, 타운숀이가지금濟物浦에가셔잇ᄉᆞ오니, 日間오거든白春培의木事議論次보내오리다, ……. 入直 安宗洙

15일, 맑았다. 독판(督辦) 김(金), 협판(協辦) 서(徐), 신(申), 주사(主事) 정대영(丁大英), 이건호(李建鎬), 여규형(呂圭亨), 이종원(李種元), 윤현구(尹顯求), 정학교(丁學敎), 진상언(秦尙彦), 이전(李琠), 박재양(朴載陽), 이경직(李庚稙), 안종수(安宗洙), 사사(司事) 김기준(金基駿), 오용묵(吳容默), 사관(司官) 강재륜(康載倫), 정병기(鄭秉岐), 박영류(朴永旒)가 출근하였다. …… 미국공사관이 함(函)을 보내왔다. 어제 부들러(卜德樂, H. Budler)[38]가 편지로 청하여 말하기를 울릉도 목재 일을 증빙하는 한 통의 편지를 자세하게 받아 보았고 매우 감사하다. 이러한 편안하지 않은 일을 귀 독판에게 청하니 도리어 죄송하다. 하지만 이는 저희 나라 인민을 위한 일이고 또한 공법 상에도 있는 일이다. 타운젠드가 지금 제물포에 가 있으니 며칠 안에 오거든 백춘배(白春培)의 목재 일을 논의하기 위하여 그를 보내겠다. …… 입직자는 안종수이다.

---

37 본 기사의 내용은『구한국외교문서』10, 미안 1, 고종 22년 7월 15일 자 기사에 수록되어 있다.

38 헤르만 부들러(Hermann Budler, 1846~1893)는 대학을 졸업하고 중국어를 공부하여 청국 해관에서 근무하였다. 이후 여러 지역의 영사관에서 일을 시작하였고 1883년 조선에 오게 되었다. 그는 조선 정부와 독일 간에 각종 무역 협정을 주관하였다. 그는 조선에 있는 동안 조선의 스위스식 영세중립국안을 구상하여 조선 정부에 전달하기도 하였다.

當屬美國會社放賣收價如約辦理此木賣買之
前或有外國人將該島木料載到日本無得許賣
以此爲援海伯牒報電線勘路事關文到付所
經各邑出送吏校替派前導事關文到付
入直尹顯求

十五日晴督辦金 協辦徐 申 主事丁大英
李建鎬 呂圭亨 李種元 尹顯求 丁學教 秦尚彥 李坱
朴戴陽 李庚植 安宗洙 司事金基駿 吳容默 司官康載
倫 鄭秉岐 朴永旒 仕進 日仁港領事館送函逕啟者
塡補銀二萬五千元茲派判官張在斗領交貴館請煩

七月

陳館來函頃接會館

查收付輪送致貴政府更祈貴下咸標惠投以便晰明

高平公使之地爲要肅此奉佈 英駐北京代理公使

歐格訥照復案准貴大臣五月二十五日來文內開居

守巨文一節望速示回音等因本署大臣准此盖朝鮮

與英國初以情誼將事豈無益於兩國而反移之情誼

之外耶本國暫用該島隨時隨勢從宜再議朝鮮版圖

固當完全玆因局勢之迫暫爲居守固必於朝鮮無礙

本署大臣將來文鈔送本國時日稍遲方得回音相應先行

照復請俟本國復文到日務期兩國從長商辦爲此照

復 美館來函日昨의븍의편지에쳥ᄒᆞ여발合ᄒᆞ되

로欝陵島木事憑據一紙는조셔이바닷ᄉᆞᆸ고되우감ᄉᆞ
ᄒᆞ나이럿ᄐᆞᆺ현不安ᄒᆞᆫ닐을責督辨게쳥ᄒᆞ오니도리
여죄용만、이옵고이는鄰國人民을위ᄒᆞᆫ닐이오近
는公法上에도잇ᄂᆞᆫ닐이외다타운놈이가지고濟物
浦에가쳐잇ᄉᆞ오니日間의오거든白春培의木事議
論次보니오리다 德館送函逕夏者希化商輪運米
一事其所利益於我國甚多但所約之一萬七千石已
經運完如欲續裝須先期兩三月飭知兩南漕邑方可
集事應自明年續行妥約爲是請煩說明希化船主運
米一事更俟明年至禱〻 貫伯勝報灣報內陳茅兩

英密照
內入
七月

負與丹國人及機負金鶴羽渡江入去機負尚澐回程
事 灣報上仝 安相賸報上仝 傳令仁川港禁察
官張判官在斗𤨏持物貨售賣係是公物該港各項收
稅名色一并勿侵事 英領事阿須頓雉延齡來署晤
言 入直安宗洙
十六日朝雨晚晴督辦金 協辦徐 主事丁大英李建
鎬李種元丁學教秦尚彥李 瑛李庚植安宗洙司事
吳容默司官鄭秉岐仕進 英館來函歐署大臣客文
由本署譯飜而書以昨日之日請改正以與英文符合
事以依教改正之意復之 德館來函蕭𧷤始山地房

1885년 7월 29일[39]

二十九日雨, 夕止, 督辦金·主事李建鎬·李種元·秦尙彦·李庚稙·司官鄭秉岐·朴永旒仕進, 函送日館, 本國生徒, 理合率還, 玆托美商淡于孫, 賣蔚島木料, 將本國生徒十人食費·船價確査計給, 即令回國, 再有非政府所送之八人, 應請貴代理公使, 轉禀貴政府, 幷令回國生徒十人, 及非政府所送八人姓名, 分別開錄以送事, 又函, 該美商人當於數日後, 出往仁港, 仍向貴國, 請轉禀貴政府, 付送該商之行事, ……. 入直 李種元.

29일, 비가 오다 저녁에 그쳤다. 독판(督辦) 김(金), 주사(主事) 이건호(李建鎬), 이종원(李種元), 진상언(秦尙彦), 이경직(李庚稙), 사관(司官) 정병기(鄭秉岐), 박영류(朴永旒)가 출근하였다. 일본공사관에 함(函)을 보냈다. 본국의 생도(生徒)를 데리고 돌아와야 한다.[40] 이들은 미국 상인 타운젠드(淡于孫)에게 부탁하여 울릉도 목재를 매매하고, 장차 본국 생도 10인의 식비와 배 값을 확정하여 지급하며 곧 본국으로 돌아오도록 명하였다. 다시 정부가 보내지 않은 8인이 있다. 응당 귀 대리공사에게 청하여 귀 정부에 품의하고자 한다. 아울러 귀국을 명령한 생도 10인과 정부가 보내지 않은 8인의 성명(姓名)을 나누어 기록하여 보내는 일이다. 또 함을 보냈다. 해당 미국 상인은 수일 후에 인천항을 출항하여 귀국으로 향하여 귀 정부에 품의하기를 청하며 해당 상인의 행차를 부쳐 보내는 일이다. …… 입직자는 이종원이다.

---

39 본 기사의 내용은 『구한국외교문서』 1, 일안 1, 고종 22년 7월 29일 자 기사에 수록되어 있다.

40 조선 정부가 일본에 생도를 파견하였으나, 갑신정변 이후 학업(學業)을 중단하였기 때문에 이들을 다시 데려오기 위하여 일찍이 일본영사관에 통보한 일이 있다(『통서일기』 5, 고종 22년 4월 20일).

七月

司官鄭秉岐
朴永琉

馳進巡營以書記官金嘉鎭署理事 傳令楊花津及鷺梁津沙村里所在電桿木三百五十株方欲移運於仁川矣來初一日爲始同夜輸運事 關漢城府貴府書吏李德基趙運榮方允明等已爲待令應役于本衙門矣使之除役事 高陽牒本郡境內電桿木積峙處所及巡弁一人巡兵三名差定修成冊牒報事 北靑稅金伍拾兩入庫

入直李建鎬

二十九日雨夕止督辦金 主事李建鎬李種元秦尚彦李庚稙仕進 函送日館本國生徒理合變通兹托美商淡于孫賫慈高木料將本國生徒十人食費船 鄭 道

価確查計給即令回國再有非政府所送之八人應請
貴代理公使轉稟貴政府并令回國生徒十人及非政
府所送八人姓名分別開錄以送事 又函該美商人
當於數日後出往仁港仍向貴國請轉稟貴政府付送
該商之行事 德館來函敝歷七月二十日穆參判
派德國人克立弗那在海關當差事依貴督辦飭來
所說敝領事見該契據是寔惟是否可據爲信契請煩
示知事 又函敝商世昌洋行間穆參判索取洋五千
六百元請貴督辦設法以免該行吃虧事 函復德
館穆參判所派人敝署曾未聞知亦無可據信契承

七月

示契據二節奉徼事再者穆參判所索五千六百元不
知何款請示明以便奉復爲妥 日館來函朝鮮
留學生未經筭償食費請趕緊妥辦事 英
館來函明日午後一點鐘趁請台階事以在署恭候
之意復之 楊牧牒電桿木二百五十株砍伐運
償且擺界大路巡弁兵差費成册上送事題以二百
五十株尚有不足五十株因夜伐運之意 仁港警
察友牒巴瑪油挹船上送已於今二十二日出界尚因
京江漆張中國淹滯未得抵到事題以裝解七八月尚不
來到極爲可訝也 傳令旧擺擺縣民電桿木

四十名仍爲直原在處守護以待知委事 傳令巡弁
朴義亨回擺撥巡弁差定事 傳令巡弁黃承洽處
浦巡弁差定事 完伯謄報興陽三島英船情形偵
探馳報事 全左水謄報大全上 圻謄英兵船隨啡
嚟出去事 入夜雨淋灕夜分大注向曙尤甚
入直 李 種元
三十日陰曀乍霽乍暘 督辦 協辦申 主事丁大英
鄭萬朝 呂圭亨 李種元 趙秉承 丁學教 秦尚彥 李瑀 朴
戴陽 李庚植 安宗洙 司事吳容默 司官鄭秉岐 朴永祿
仕進 英領事阿須頓繙譯官藩允桔來署晤談而

1885년 7월 30일

三十日陰曀, 乍霏乍暘, 督辦·協辦申·主事丁大英·鄭萬朝·呂圭亨·李種元·趙秉承·丁學敎·秦尙彦·李玟·朴載陽·李庚稙·安宗洙·司事吳容默·司官鄭秉岐·朴永旒仕進, …… 前開拓隨員白春培所伐鬱陵島木料一舡, 現在日本海面, 托美國商人淡于孫, 代爲放賣, 從公收價, 明白記賬, 來交本衙門事, ……. 入直鄭萬朝

30일, 흐리고 구름이 끼었다. 잠시 비가 오다 해가 떴다. 독판(督辦), 협판(協辦) 신(申), 주사(主事) 정대영(丁大英), 정만조(鄭萬朝), 여규형(呂圭亨), 이종원(李種元), 조병승(趙秉承), 정학교(丁學敎), 진상언(秦尙彦), 이전(李玟), 박재양(朴載陽), 이경직(李庚稙), 안종수(安宗洙), 사사(司事) 오용묵(吳容默), 사관(司官) 정병기(鄭秉岐), 박영류(朴永旒)가 출근하였다. …… 전 개척사 수행원 백춘배(白春培)가 벌채한 울릉도 목재를 실은 배 한 척은 현재 일본 해상에 있다. 미국 상인 타운젠드(淡于孫)에게 부탁하여 대신 방매하고 공가(公價)에 따라 값을 거두어 명백하게 장부를 기록하고 본 아문에 와서 교섭할 일이다. …… 입직자는 정만조이다.

四十名仍風直原在處守護以待知委事 傳令巡弁
朴義亨自擺撥巡弁差定事 傳令巡弁黃承裕巖
浦巡弁差定事 完伯牒報興陽三島英船情形偵
探馳報事 全左水牒報全上 圻牒英兵船嘖啡
噥出者事 入夜雨淋灕夜分大注向曙尤甚
入直 李種元
三十日陰曀乍霏乍暘 督辦 協辦申 主事丁大英
鄭萬朝 呂圭亨 李種元 趙秉丞 丁學教 秦尚彥 李璡 朴
戴陽 李庚植 安宗洙 司事吳容默 司官鄭秉岐 朴永祿
仕進 英領事阿須頓繼譯官潘允格來署晤談而

七月

去函送德館貴館守護兵丁金元用鄭基德聽差旗
手韓順南侵虐市民綁縛拘禁罪在罔赦由該營懲
章懲辦換以謹慎兵丁請將該兵丁也交該營事 主事丁大
英頓 德館來函七月廿四日 西九月二日 蒙
大君主賚物十種當面拜 賜以病往仁川未能遵
朝揩謝請貴督辦代伸謝悃事 答德館函以伸謝之
意依戒代達事 日館復函抵美國人淡于孫東渡令
生徒回國之事俟次便郵船當轉報此由於我政府事
函日館昨送之函計開一條有所錯誤処請繳還事
閩署理總辦稅務司辟 現值接務之際須要清理賬目

叢 道

五初重出 晴
參 入直

統理交涉通商事務衙門

且海關一切視模本衙門尚無存案一一以譯文關錄報明
事 關 花島鎮別將電桿木二百七十株自京輸送到即
照捧給致巡弁使之遵章程分屯電路事 北青府使李
容翊牒報永興税金五十兩送上事 又牒報端川貿金
九十兩送上事 楊州牧使牒報本州境五里所排電
桿四十介方治鍊事 陽川縣令牒報電路以舊路爲
定邑境不過一里巡弁巡兵不必差定本縣所在檜木
十二株方運置留平地事 東萊水使謄報七月十七
日三帆火輪船一隻英國人駕自長崎轉至興陽巨文島
又來泊于此翌日發向巨文島事 給淡于孫憑據本

七月

國政府所送生徒等羈留日本東京已經數歲由衙門
據美國商人洪于孫確查該生徒等飯費一一計給春
間係星使成給需欵係是浮濫不足為據應需欵討還
該生徒等回國船費亦為計給而令回國如有不願者飯
費船費一任勿論另有開單以此為憑事　又給憑前
開拓隨員白春培所伐欝陵島木料一船現在日本橫
面據美國商人洪于孫代為放賣從公收價明白記賬
來交本衙門事　憑給金宜純本國東萊人金宜純前
為遊學生留日本東京此次本國生徒及遊歷人并令
回國惟此人准其從願仍留卒業而還事

八月初一日朝陰晩雨夜又大注協辦徐　中　入直鄭萬朝
主事丁大英鄭萬朝李種元趙秉承丁學教李
墈李庚稙安宗洙司事吳容默司官康載倫鄭
秉岐朴永琉仕進　德館賴繕譯來函敝繕譯
偕世昌洋行擬於今日上午十一鍾趨詣　貴署
晤談未識　貴暫辦有暇否便望　示知事　答
函今天值有厶故詣
宮幸望下午一點臨署暢聆雅誨云云　賴繕譯及
世昌洋行來署以去約明天復來　送函賴繕譯

1885년 8월 2일[41]

初二日晴, 督辦·協辦二公·主事丁大英·鄭萬朝·呂圭亨·李種元·趙秉承·丁學敎·秦尙彦·李琠·朴載陽·李庚稙·安宗洙·司事吳容默·司官康載倫·鄭秉岐·朴永旒進, …… 函美館, 二票成送, 一爲欝島木料賣買事, 一爲白春培木料賣買, 且托生徒順源刷還事, ……. 入直 呂圭亨

2일, 맑았다. 독판(督辦)과 협판(協辦) 두 공(公), 주사(主事) 정대영(丁大英), 정만조(鄭萬朝), 여규형(呂圭亨), 이종원(李種元), 조병승(趙秉承), 정학교(丁學敎), 진상언(秦尙彦), 이전(李琠), 박재양(朴載陽), 이경직(李庚稙), 안종수(安宗洙), 사사(司事) 오용묵(吳容默), 사관(司官) 강재륜(康載倫), 정병기(鄭秉岐), 박영류(朴永旒)가 출근하였다. …… 미국공사관에 함(函)을 보냈다. 2개의 표(票)를 만들어 보냈다. 하나는 울릉도 목재를 매매하는 일이고, 다른 하나는 백춘배(白春培) 목재의 매매를 생도 순원(順源)에게 부탁하고 쇄환하는 일이다. …… 입직자는 여규형이다.

---

41 본 기사의 내용은 『구한국외교문서』 10, 미안 1, 고종 22년 8월 3일 자 기사에 수록되어 있다.

八月

今天下午三點鍾我
大君主各各以使設宴稱慶貴緒譯官李即進
宮與宴為祁 入直主事 名銜塡送 賴復
名見是在三時而來宗已到四點未能届期赴宴不
勝悵謝之至云云 蓋因賴官出他 以費時刻云
入直丁大英
初二日晴督辦 協辦二公主事丁大英鄭萬朝呂圭亨
李種元趙秉承丁學教秦尚彥李琠朴戴陽李庚稙安
宗洙司事吳容默司官康載倫鄭秉岐朴永禱進
閔京黃平三道電局事載國工匠給雇須由我國亦給

[illegible]

公錢挪用之意知委各後邑事 閔廣判嵕(?)岺葛峴木星

大督運事 袁 日館先從中有非我政府所送之金陪(?)然等八

人詰煩飭國事 日 館照會大坂協同商會借其開拓使

金額二千七百七十元八十一錢 蓋屢要即償之事 另附社長抵 結城領事稟

仁監牒中國永清商船合昌字等電線諸具出來事 同 美館

二西蒸(?)氣送一爲(?)[illegible]木料壹買事上爲白暑墳木料賣買且提出

往復照(?)會(?)之事 賴 [illegible]學來署請證示云

入直呂圭亨

初三日晴 督辦金 協辦徐 申 主事丁大英

鄭萬朝 呂圭亨 李種元 尹顯求 趙秉承 丁學教 秦尚彥

1885년 8월 14일[42]

十四日, 朝雨晩陰, 旋陽, 督辦病未進, 協辦徐·申·主事鄭萬朝·李種元·尹顯求·丁學教·秦尙彦·李琠·李庚稙·安宗洙·司事吳容默·司官康載倫·朴永旒仕進, 照會日舘, 據東萊府人李章五稟稱, 與英國人米鐵, 往欝陵島, 看審木料, 斫伐之木, 孤島民少, 勢難運下, 往赤馬關, 要募役夫, 地方官以無本國公使飭知, 不准云, 請飭知于該地方官, 俾爲憑信事, ……. 入直 鄭萬朝

14일, 아침에 비가 오고 저녁에 흐렸다가 곧 맑았다. 독판(督辦)은 병으로 출근하지 못했다. 협판(協辦) 서(徐), 신(申), 주사(主事) 정만조(鄭萬朝), 이종원(李種元), 윤현구(尹顯求), 정학교(丁學教), 진상언(秦尙彦), 이전(李琠), 이경직(李庚稙), 안종수(安宗洙), 사사(司事) 오용묵(吳容默), 사관(司官) 강재륜(康載倫), 박영류(朴永旒)가 출근하였다. 일본공사관에 조회(照會)를 보냈다. 동래부(東萊府) 사람인 이장오(李章五)[43]가 아뢴 것에 의거하면, 영국인 미첼(米鐵)과 함께 울릉도에 가서 목재와 벌목할 나무를 살펴보았으나 섬의 백성들이 적어서 운반하기 어려웠다. 아카마가세키(赤馬關)[44]에 가서 역부(役夫)를 모집하고자 했는데 지방관이 본국 공사의 칙지(飭知)가 없어서 허락해 줄 수 없다고 하였다. 해당 지방관에 칙지하기를 청하니 신임해 주기를 바라는 일이다. …… 입직자는 정만조이다.

---

42 본 기사의 내용은 『구한국외교문서』 1, 일안 1, 고종 22년 8월 14일 자 기사에서 확인할 수 있다.

43 어떤 인물인지 구체적이지는 않다. 전후 『통서일기』에 수록된 그의 행적을 보면 그는 동래부 소속의 통역관이었다. 영국인 미첼이 울릉도 목재를 운반할 때 조선에서는 그가 일을 주관하여 배와 사람들을 고용하고 나아가 보살피는 일도 맡도록 하였으나 중간에 병을 얻어 실제 임무를 수행하지는 않았다.

44 시모노세키(下關)의 옛 이름이다.

本衙门
啓曰主事趙
昌植以勘界
從事官將此
行矣主事姑
爲減下何如
傳曰允
八月

十四日朝雨晩陰旋暘督辦病未進協辦徐 申 主事
鄭萬朝李種元尹顯求丁學教秦尚彦李琠李庚稙安
宗洙司事吳容默司官康載倫朴永旅仕進照會曰
館據東萊府人李章五稟稱与英國人米鐵注欝陵島
看審木料斫伐之木孤島民少勢難運下注赤馬關要
募役夫地方官以無本國公使飭知不准云請飭知于該
地方官俾爲憑信事德館來名銜札申報十三紙送
交事電務委員牒報仁川境電役告竣方始役于富
平境金昌宇明日自仁川發向京城事又報富平境電

入直鄭萬朝

第 道

桿排立似可今日內竣役而線路改定木料稍運陽川始役
自然遲緩且陽川始興木料並未加油巴瑪油卽爲分給
事 又 文星洞韓參判家卯木斫伐旣爲五十株就中三
十株出給墓奴捧票考還事 傳令麻浦巡弁黃錫洽今
此電桿之役自麻浦至南門外各洞民人出力輸運不
可無酬勞饒次二百七十兩沿途各洞一一派給事
又 傳令自識營輸來電桿木明日初十五日內運致于弘濟
院如有侵責葛藤之弊捉付巡弁押到本衙門嚴治事
傳令楊花津別將今閔電路改從新作路云麻浦所在
電木四十株捉船裝載星火運置于楊花津事 嶺南

鹽稅錢三千兩上納一千五百兩自司官所與成条除一千五百兩入庫

入直鄭萬朝

十五日晴督辦金 協辦申 主事鄭萬朝李建鎬呂主亨李種元李琠秦尚彥安宗洙司官李時濂鄭秉岐任

進日館 照會李章五所辦雇船與人運載蔚陵島木料之事係貴政府所委任或允准乎請明晰示覆且該島係未通商之處如至李章五雇約之成則行飭該島妥為照料我應雇之人民為望

仁監 牒本署存案日人古屋濟州漁採損害計單紙幣四千二百九十四元二

統理交涉通商事務衙門 第 道

1885년 8월 15일[45]

十五日晴, 督辦金·協辦申·主事鄭萬朝·李建鎬·呂圭亨·李種元·李琠·秦尙彦·安宗洙·司官李時濂·鄭秉岐仕進, 日館照會, 李章五所辦雇船與人, 運載蔚陵島木料之事, 係貴政府所委任, 或允准乎, 請明晳示覆, 且該島, 係未通商之處, 如至李章五雇約之成, 則行飭該島, 妥爲照料我應雇之人民爲望, ……. 入直 安宗洙

15일, 맑았다. 독판(督辦) 김(金), 협판(協辦) 신(申), 주사(主事) 정만조(鄭萬朝), 이건호(李建鎬), 여규형(呂圭亨), 이종원(李種元), 이전(李琠), 진상언(秦尙彦), 안종수(安宗洙), 사관(司官) 이시렴(李時濂), 정병기(鄭秉岐)가 출근하였다. 일본공사관이 조회(照會)를 보내왔다. 이장오(李章五)가 주관하여 배와 사람을 고용하고 울릉도의 목재를 운반하는 일은 귀 정부의 위임과 관계되어서 혹은 허락을 하였는가. 분명하게 확인해 주기를 청한다. 또한 울릉도는 미통상(未通商) 지역인 관계로 만약 이장오의 고용 계약이 이루어지면 울릉도에 명령을 내려 우리의 고용된 인민을 보살피기를 바란다. …… 입직자는 안종수이다.

45 본 기사의 내용은『구한국외교문서』1, 일안 1, 고종 22년 8월 15일 자 기사에서 확인할 수 있다.

八月

鹽稅錢三千兩上納一千五百兩自司官所與成條注一千五百兩入庫

入直鄭萬朝

十五日晴督辦金 協辦申 主事鄭萬朝李建鎬呂圭亨李種元李琠秦尚彥安宗洙司官李時濂鄭秉岐仕進日館照會李章五所辦雇船與人運載蔚陵島木料之事係貴政府所委任或允准乎請明晰示覆且該島係未通商之處如至李章五雇約之成則行飭該島妥為照料我應雇之人民為望 仁監牒本署存案日人古屋濟州漁採損害計單紙幣四千二百九十四元二

十爻謄報事 又 牒本衙門關文內開皇國丸價屢經
日商來催云云等因准此即行知照于 日館矣該商現
係歸省容俟次輪來港飭知該商詳閱排年記容再照
會辦理云云 圻伯 謄報今月十四日辰時量辦理朝
鮮電線官余昌宇率隨員二人跟伴四人通事一人自
仁川離發上京事 又 謄報今月十四日巳時量中國
兵船超勇一隻出往外洋事 電務委員 牒報富平昨
已告竣陽川自十四日申時始役今日內竣役將離發
轉向于始興楊花津事 又 牒報電線走過之路自陽
川古音丹抵楊花津仙遊峯下越江直向望遠亭錦城

八月

堂此是部字內電桿排立之節火速申飭事 傳令楊
花津別將華人所載電線要得換船須自本津執捉一
大船十六日日出前來待于麻浦事是日 館學儒生
應製主事呂圭亨以對讀官試所進
入直安宗洙
十六日晴督辦金 主事丁大英李建鎬鄭萬朝李種
元丁學教秦尚彥李琠朴戴陽李庚稙安宗洙司事吳
容默司官李時濂康載倫鄭秉岐仕進 照覆日館河
桂祿係是東萊府派同英國人米鐵徃看欝島木料
仍行採辦者也當飭知該島長俟貴國雇民來到隨便

1885년 8월 16일[46]

十六日晴, 督辦金·主事丁大英·李建鎬·鄭萬朝·李種元·丁學教·秦尙彥·李琠·朴載陽·李庚稙·安宗洙·司事吳容默·司官李時濂·康載倫·鄭秉岐仕進, 照覆日館, 河桂祿係是東萊府所派, 同英國人米鐵, 往看欝島木料, 仍行採辦者也, 當飭知該島長, 俟貴國雇民來到, 隨便照料事, …… 關欝島長, 東萊所派河桂祿, 同英國人米鐵, 前往看審木料, 日本雇人如到, 隨事照料事, ……. 入直 李建鎬

16일, 맑았다. 독판(督辦) 김(金), 주사(主事) 정대영(丁大英), 이건호(李建鎬), 정만조(鄭萬朝), 이종원(李種元), 정학교(丁學教), 진상언(秦尙彥), 이전(李琠), 박재양(朴載陽), 이경직(李庚稙), 안종수(安宗洙), 사사(司事) 오용묵(吳容默), 사관(司官) 이시렴(李時濂), 강재륜(康載倫), 정병기(鄭秉岐)가 출근하였다. 일본공사관에 조복(照覆)을 보냈다. 하계록(河桂祿)[47]은 동래부(東萊府)에서 파견한 사람으로 영국인 미첼(米鐵)과 동행하여 울릉도에 가서 목재를 살펴보고 이내 벌목하여 매매한다. 울릉도장(鬱陵島長)에게 마땅히 칙지(飭知)하여 귀국의 고용된 백성이 도착하기를 기다려 편한 대로 보살필 일이다. …… 울릉도장에게 관문(關文)을 보냈다. 동래부에서 파견한 하계록은 영국인 미첼과 함께 전에 가서 목재를 살펴보고 일본의 고용인이 만약 도착하면 일에 따라 보호할 일이다. …… 입직자는 이건호이다.

---

46 본 기사의 내용은 『구한국외교문서』 1, 일안 1, 고종 22년 8월 16일 자 기사에서 확인할 수 있다.

47 하계록(河桂祿)은 동래부 소속의 통역관이다. 1867년(고종 4) 7월, 일본 배가 동래부 경내로 들어와 조선인 표류민을 데리고 올 때 이 일을 맡아 처리하였으며(『동래부계록』 5, 고종 4년 7월 29일) 1878년(고종 15) 11월 일본 선박이 표류해 오자 문정(問情)하는 데 통역관으로 참여했다(『일성록』 고종 15년 11월 27일). 이헌영이 신사유람단의 일원으로 일본에 건너갈 때 수통사(首通事)로 그가 참여한 기록이 있다. 당시 그는 통역관을 거느리는 인물이었다(『일사집략』 지, 고종 18년 3월 20일).

八月

堂此是部字內電桿排立之節火速申飭事 傳令 楊
花津別將華人所載電線要得換船須自本津執捉一
大船十六日日出前來待于麻浦事是日館學儒生
應製主事呂圭亨以對讀官試所進
入直安宗洙
十六日晴督辦金 主事丁大英李建鎬鄭萬朝李種
元丁學教秦尚彥李琠朴戴陽李庚稙安宗洙司事吳
容默司官李時濂康載倫鄭秉岐仕進 照覆日館河
桂祿係是東萊府所派同英國人米鐵往看欝島木料
仍行採辦者也當飭知該島長俟貴國雇民來到隨便

[illegible]

照料事 德館來函賠補蕭鬱始山地房費一事業已
札飭海關否便祈惠復再前日送上申報十三張諒邀
青及事 關 鬱島長東萊府派河桂祿同英國人米鐵
前往看審木料日本雇人如到隨事照料事 關 咸營
土們勘界從事官治行錢一千三百兩貸用於北商矣
某樣公錢中劃給北商後報來事 關 圻海箕三營及
松都瑞興平山鳳山黃州電線一事談委員十七日先
蕘華電局官員及工匠等將於二十日發西路之行矣
巡弁巡兵派送前站等待學習地方來到信地躬行察
飭事 仁港監理牒本監理方馳進巡營以書記官俞

八月

箕煥暫行署理事

入直 李建鎬

十七日晚點雨向暮又注督辦金 協辦申 主
事丁大英李建鎬交直鄭萬朝呂圭亨李種元丁
學教秦尚彥李𤣰朴戴陽李庚稙安宗洙司事
吳容默司官李時濂康載倫鄭秉岐朴永旒仕進
箕伯謄報中國委員以邊界事因盛京將軍
札飭出来通化縣帽兒山地方要与學昌官會同
商辦至彼民之越界犯斫令於會商妥辭禁止木
稅一事亦令妥辦歸一以靖邊圉之意題飭事又

1885년 8월 17일

十七日, 晩點雨, 向暮又注, 督辦金·協辦申·主事丁大英·李建鎬交直, 鄭萬朝·呂圭亨·李種元·丁學敎·秦尙彦·李琠·朴載陽·李庚稙·安宗洙·司事吳容默·司官李時濂·康載倫·鄭秉岐·朴永旒仕進, …… 關萊府, 本府通詞李章五, 中路得病, 勢難下送, 以河桂祿遞送事, ……. 入直 丁大英

17일, 해질 무렵 물방울이 떨어지고 저녁부터 비가 쏟아졌다. 독판(督辦) 김(金), 협판(協辦) 신(申), 주사(主事) 정대영(丁大英), 이건호(李建鎬) 교직(交直) 정만조(鄭萬朝), 여규형(呂圭亨), 이종원(李種元), 정학교(丁學敎), 진상언(秦尙彦), 이전(李琠), 박재양(朴載陽), 이경직(李庚稙), 안종수(安宗洙), 사사(司事) 오용묵(吳容默), 사관(司官) 이시렴(李時濂), 강재륜(康載倫), 정병기(鄭秉岐), 박영류(朴永旒)가 출근하였다. …… 동래부(東萊府)에 관문을 보냈다. 동래부 통사(通詞) 이장오(李章五)가 중간에 병을 얻어서 내려가기 어렵다. 하계록(河桂祿)으로 바꾸어 보내는 일이다. …… 입직자는 정대영이다.

八月

箕煥暫行署理事

入直 李建鎬

十七日晩點雨向暮又注督辦金　協辦申　主
事丁大英李建鎬交直鄭萬朝呂圭亨李種元丁
學教秦尚彦李琡朴戴陽李庚稙安宗洙司事
吳容默司官李時瀗康載倫鄭秉岐朴永旒仕進
箕伯謄報中國委員以邊界事因盛京將軍
札飭出來通化縣帽兒山地方要與學昌官會同
商辦至彼民之越界犯所令於會商婉辭禁止木
税一事亦令妥辦歸一以靖邊圉之意題飭事又

統理交涉通商事務衙門　第　道

德國克立弗郁
仍居総管賬房
之任所有委派
札文備給事

牒報中國電局設工來月內畢役関文到付依閥
薛星火知委於沿路各邑事 関萊府本府通
詞李章五中路得病勢難下送以河桂祿遞送事
函復德館二道克立弗郁委辦札文一事未易立
辦至前函所云烟約一事之難偏准事 蕭鬱始台
山房賠補一事業飭穆稅務司現穆台已遞本衙
尚無說明嗣後應如何酌辦請煩開示事 再前来
申報三十五片先此繳呈此次十三片日間奉遞云云
函送薛署理総稅務司鄭幹事寬惜者多此次海
関失火時該員所失的在何事開列示明事 穆

八月

館蘭銅錢九百兩乃前時教習英文之夏君理化(卭奚来也)由貴衙門借用者今即送還事 平兵謄報二道

中國委員出來會同晤面事致書孚昌郡及漂人朴興拜等四名問情後行資供給事 鳳山牒報

電桿木料依關辭董飭巡弁巡兵姓名及屯地名成冊上送事 平山牒報電線木巡弁兵及屯地名成冊上送事 阿總領薩績譯及日館人來署談辦

于陵島浮費錢參百兩劃送日館 車夫饒次錢走百兩出給(自沙村至宏濟院二十五輛有猜巾大人票據)

入直丁大英

1885년 9월 11일

十一日晴, 曜, 督辦金·協辦徐·主事鄭萬朝·丁大英·秦尙彦·李琠·金永完·司事吳容默·司官李時濂進, …… 萊梱書目, 日本船一隻, 自仁川, 向往欝陵島事, ……. 入直 金永完

11일, 눈이 부시게 맑았다. 독판(督辦) 김(金), 협판(協辦) 서(徐), 주사(主事) 정만조(鄭萬朝), 정대영(丁大英), 진상언(秦尙彦), 이전(李琠), 김영완(金永完), 사사(司事) 오용묵(吳容默), 사관(司官) 이시렴(李時濂)이 출근하였다. …… 동래부사가 서목을 올렸다. 일본선(日本船) 1척이 인천에서 울릉도로 향해 가고 있다는 일이다. …… 입직자는 김영완이다.

俄使韋貝來
署談晤
主事李種元
受由歸覲 呂
州

入直丁學教

十一日晴曜督辦金 協辦徐 主事鄭萬朝 丁學教 秦
尚彦 李瑛 金永完 司事吳容默 司官李時濂 進 陳館
照會 裕增祥號商人王春山 廣信號張定甫 義興永號
王晗堂等稱赴平安道一帶地方採辦土貨 請給發護
照盖印復交事 照復陳館護照三紙盖印覆交事
本衙草記 博文局令將更設矣 屬員不可不備置 前
主事張博 司事吳容默 金基駿 司果李命倫 秦 尚穆
進士李赫儀 幼學權文燮 鄭萬教 李潞 來 并本衙
門同文學主事差下 令該曹口傳下

德館來函
世昌洋行向穆麟
德索還銀五千二百
圓係穆公家眷去年
今年在德國時支用
並非眷屬來朝鮮之
盤費祈設法措處以
免該行喫虧備穆公就
在朝鮮有產業銀項
煩貴署扣留爲荷
復函
穆公支用之銀五千元之
多敝署猶未聞知且穆公
在此有何產業銀項均
未知悉設有產業須穆公
托敝署代辦方可經手也

九月

批使之承辦局務事 關仁港向以簽甘十六桶免稅事
關飭矣尙不得卸下云擧行極爲駭歎玆又關飭到卽
星火知委不日上送擧行形止馳報事 圻報今初九
日卯時月尾島後洋留碇日本兵艦火輪三帆磐城艦
一隻出往外洋事 仁港監理牒報八月一朔進出口
稅項洋文賬簿謄上送事另有成冊一件 富平府
使牒豎立電桿木料堅等土石線路程里電桿號數及
巡弁兵姓名與木料用餘者照數任置成冊上送而線
路爲二十五里也故巡弁二人使之輪守仁川十井里
浦口所在木料始與永登浦所在本料關飭守護事題

[illegible]

第 道

以電桿餘在木移用於海關〻役矣即出浦輸送仁港
所入雇運浮費成冊報來當自港役所計給事 萊梱
書目日本船一隻自仁川向往鬱陵島事 錦伯牒報
洪州於青島漂到日本人等船裝物料檢護以送酬應
經費依該牧所報修成冊上送事 圻報日本兵船一
隻留碇月尾島出往外洋事

入直金永完

十二日乍雨旋晴督辦 協辦徐 申 叅議鄭 主事
丁大英李建鎬呂圭亨趙秉承丁學教秦尚彦李 璵
李庚植安宗洙金永完吳容默司官李時濂朴永旒仕

1885년 10월 25일[48]

二十五日晴, 督辦金[允植]·叅議鄭·主事李建鎬·呂圭亨·李種元·尹顯求·丁學敎·秦尙彦·李琠·李庚稙·安宗洙·金永完·朴載陽·司官李時濂·鄭秉岐·朴永旒仕, …… 日館來函, 欝陵島罰鍰木料事, 問明於貴政府, 准此査覆事 ……. 入直金永完

25일, 맑았다. 독판(督辦) 김윤식(金允植), 참의(叅議) 정(鄭), 주사(主事) 이건호(李建鎬), 여규형(呂圭亨), 이종원(李種元), 윤현구(尹顯求), 정학교(丁學敎), 진상언(秦尙彦), 이전(李琠), 이경직(李庚稙), 안종수(安宗洙), 김영완(金永完), 박재양(朴載陽), 사관(司官) 이시렴(李時濂), 정병기(鄭秉岐), 박영류(朴永旒)가 출근하였다. 일본공사관이 함(函)을 보내왔다. 울릉도 목재에 대한 죄를 보상하는 일로 귀 정부에 문의하니 이를 조사하여 알려 달라는 일이다. …… 입직자는 김영완이다.

---

48 본 기사의 내용은『구한국외교문서』1, 일안 1, 고종 22년 10월 25일 자 기사에 더 자세하다.

十月

計單內元船價計利須涉積重至若愆期補害條則元
船價既有計利不可擬論也第該棄主情勢船價計利
當以一分二厘五毛爲準而錢數夥多莫可一時清完
故元利錢數及排報之期別紙另具以此歸结爲宜而
釜山港繫置船格雇錢事則初非所知不當並計等语
據此排報之期後錄指委以此知照日館李德館來函
碑洞穆麟德房屋欲作慈教師居住宜詢世昌行事
入直朴準禹

二十五日晴督辦金 參議鄭 主事李建鎬 呂圭亨 李
棟元 尹顯圮 丁學教 秦尚彥 李琠 李庚植 安宗洙 金永

兌朴準禹 司官李時濂 鄭秉岐 朴永旒 仕 德館來
函屋子租洋四十五元令屆我歷冬三介潤為特奉
儆望即査收事 函復屋子租洋四十五元照收
事 姚學歐來函摹本緞八疋茶葉兩箱馬軍門囑
帶來送
國王
王世子者乞送入內另一軸係致送事 函復俄館
向奉我
大君主特諭擬於日間 引見貴大臣暨貴艦長矣
昨因

俄館來椷接貴
大臣來函引見一
事本船長因奉
水師提督之令
開往他處事

德函見下

十月

玉候以徵感達和未便
御駕不得即行引見貴艦長遽迯他處殊爲悵失
先此奉复事
函复德館書籍盡幃均已照領
博文局開工始末的指大約十二月底可肇役也事
照會日館即接總稅務司墨申呈內開等情准此第
三十五款由日本領事官審判可結而已何煩申詳
於貴外務省核斷以致耽延多日乎爲此照會請煩
查照貴代理公使飭知貴國領事官趕速審訊歸
結以符定章并望見覆施行可也 又照會案准
稅務司墨呈稟內開云云等情據此相應備文照會

德函當在上

貴代理公使日本納船鈔宜用銅錢而商船鈔用當
五大錢事 照復日館製紙罷機一事業經知
照典圜局催行迅辦事 德館來函購辦書籍
太半先已寄來者茲開单送上乞檢収爲荷事
日館來函欝陵島罰鍰木料事開明於貴政府
准此查復事 又來函日本游歷人三浦岡両負
豊基聞慶廣州挪貸錢一百四十兩照送本衙事
仁港牒報李蔭梧令赴仁川接辦商務分辦元
山商務委員通判劉家驄應請赴釜山先行代理
事轉飭各該地方監理事 元港監理牒報四一派

十月

本衙門草記
元山港掌務官
病代尹
秉秀差下書
記官朴義秉
加差下事
傳曰允

來本衙門主事安甯洙幫辦稅務事一書記官朴義
秉本港自辟事一掌簿官李鳴善改遞代尹秉秀
自辟事一本港自六月至九月收稅及用下記修正上
送事 關完營羣山聖堂倉石子都賈既屬本衙
情費名色從當存減石子價亦定量增無至吃虧事
關忠州牒本州幼學鄭啓善訴告內名不知白哥
多率下人持假監役政目稱以外衙門軍需錢威喝
恐𧶘云白哥定將卒捉上本衙門事
入直金永完
二十五日晴督辦金 協辦申 參議鄭 主事李建鎬

第 道

1885년 11월 3일[49]

初三日晴, 督辦金·協辦申·叅議鄭·主事丁大英·李建鎬·李種元·丁學教·李琠·朴準禹·司官鄭秉岐仕進, 函覆日館, 貴國人村上德八, 關係欝陵島被告案件之罰鍰一事, 案查本年四月, 由本衙門署理督辦徐, 照會貴署理公使近藤, 內有此次萬里丸裝運之欝島木料, 交付在神戶之德國洋行, 以次收回等語, 今閱貴函, 知該木料尙未交付於德國洋行, 宜遵來函中意, 將該木料, 便宜公賣, 交付價値於本衙門, 至罰鍰, 亦望一體交付, 俻運人懲辦, 照徐督辦所有應行事欵, 趕速辦理, 幷望轉稟貴政府事, ……. 入直 丁大英

3일, 맑았다. 독판(督辦) 김(金), 협판(協辦) 신(申), 참의(叅議) 정(鄭), 주사(主事) 정대영(丁大英), 이건호(李建鎬), 이종원(李種元), 정학교(丁學教), 이전(李琠), 박준우(朴準禹), 사관(司官) 정병기(鄭秉岐)가 출근하였다. 일본공사관에 조복(照覆)을 보냈다. 귀국인 무라카미 도쿠하치(村上德八)[50]는 울릉도 사건의 피고로 죄의 보상과 관계되는 일[51]로 올해 4월 안건을 조사하여 본 아문 서리독판 서(徐)가 귀 서리공사 곤도(近藤眞鋤)에게 조회하였다. 그 안에 반리마루(萬里丸)가 싣고 운반하던 울릉도 목재가 있으니 고베(神戶)의 독일 세창양행(德國洋行)[52]에 교부하여 차차 회수한다는 등의 말이 있었다. 지금 귀국의 함(函)을 열람해 보니 해당 목재는 아직 독

---

49 본 기사의 내용은 『구한국외교문서』 1, 일안 1, 고종 22년 11월 3일 자 기사에 수록되어 있다.

50 무라카미 도쿠하치(村上德八)는 덴주마루(天壽丸)의 선장으로 에히메현 이요구키 구루시마무라 출신의 선박업 종사자였다. 1883년 당시 그는 35세로 울릉도에 가서 목재를 운반해 온 인물이었다. 관련 연구는 박한민, 2020, 「1883년 덴주마루(天壽丸)의 울릉도 목재 불법반출과 조일 간 반환 교섭」, 『사총』 99.

51 이 사건은 무라카미 도쿠하치가 텐주마루를 통해 울릉도의 목재를 반출하다가 조선과 일본 사이의 외교 문제가 되어 목재를 반환하던 일을 가리킨다. 보통 '덴주마루 사건'이라고 한다. 이 사건은 다음의 연구에 자세하다. 박한민, 2020.

52 세창양행(世昌洋行)은 1884년 독일의 마이어 상사(Meyer 商社)의 제물포 지점으로 설립된 무역 회사를 가리킨다. 독일 관련된 외교는 대체로 세창양행과 관련이 있으며 묄렌도르프가 있던 시기에는 그의 역할로 덕분에 조선의 상업에 매우 많이 개입하였다. 관련 연구는 이배용, 1986, 「開港 以後 獨逸의 資本 浸透와 世昌洋行」, 『한국문화연구원논총』 48과 이영관, 2015, 「독일 세창양행과 구한말 조선의 근대화 현실」, 『한국사상과문화』 76가 있다.

일 세창양행에 교부되지 않았다. 마땅히 보낸 함의 중의(中意)에 따라서 장차 해당 목재를 편한 대로 공매(公賣)하는 것이 마땅하여 본 아문에 가치(價値)를 교부한다. 죄의 보상에 대해서는 마땅히 일체 교부하고 훔쳐 운반한 사람은 처벌하기를 바란다. 서 독판이 가지고 있는 응행(應行) 문서[事款]에 따라 조속히 처리하며 귀 정부에 전하여 품의하기를 바라는 일이다. …… 입직자는 정대영이다.

初三日晴 督辦金 協辦申 參議鄭 主事
丁大英李建鎬李種元丁學教李琠朴準禹司
官鄭秉岐仕進 函覆日館 貴國人村上德八
關係鬱陵島被告案件之罰鍰一事 査本年
四月由本衙門署理督辦徐 照會貴署理公使近
藤 內有此次萬里丸裝運之鬱島木料交付在神
戶之德國洋行以次收回等語 今閱 貴函知該木料
尙未交付於德國洋行 宜遵來函中意將該木料
便宜出賣交付價値於本衙門至罰鍰亦望一體
交付偸運人懲辦 照徐督辦所有應行事款趕

速辦理并望轉稟貴政府事 美館來函貴督辦

이美國政府의보ᄂᆡ시ᄂᆞᆫ편지ᄅᆞᆯ보면우리말이잘

쓰신글노아옵고또儻의政府에되우편엔ᄒᆞᆫ

깃부옵고그러ᄒᆞ나貴督辦이丁寧이영英字을

쓰지못ᄒᆡ시ᄂᆞᆫ주ᄅᆞᆯ볼ᄯᅢᆼ아옵고또이편지

의外務衙門의印이업스니보리라ᄒᆞᆫ편지요

와갓ᄉᆞ오이되또政府와政府가편지往來의本편

지ᄂᆞᆫ쓰너무양으로이편의蓋印ᄒᆞ고貴督辦

손ᄉᆞ로貴銜을쓰시여그보리시면二三日後

郵便에줄보되겟ᄉᆞᆸ니다專此佈白事 英

館来函昨今聞貴署辦接到本國歐大臣電報否
請見示回爲荷事 復 美館昨奉貴函示及歐
大臣爲敝邦電線落成喜賀之語僕刻已修復付
送于貴館護兵今承来函似未邀鑒殊可詫異
兹録昨日復函以备台覽事 来函并示歐大臣電
音詢及電線一事兼致賀喜之意殊爲感謝查去
月十四日漢城電線已到義州鴨緑以西信息四通
業經將電局来函代致貴署請以此意稟復于歐
大臣爲希 原函録送者 給發憑票京居幼學李鳳鄕
掛帆船柳生丸修補次前往日本長崎等地 墨

圻伯騰濟物港各
國商船出入數爻郵
聚上送
電務大員牒水線
待春設役委員季
應相姜泰喜差备
高永命方漢奎章
洋匠華工上送

館申呈海關各口再將以前之視作罷送新另立
辦法總稅務擬自明年正月初一日起各口所徵之
進出口稅銀俱歸於統理衙門所委之監督按稅務
司所發之驗单收納至各口海關上按月之經費擬由
監督於稅款項下發給各口稅務司現在各口每月
共用之經費總計開列於後每月盈餘銀數若干
總稅務按季申報於貴衙門以憑查核至船鈔一
節查照条約洋船所納之鈔應用監理燈塔等費至
罰項作為增用司事人酬勞之費請貴衙門將以上
所擬之辦法核酌可否以便總稅務札飭各口稅務司

抵美政府函
英文件盖印
以送于美館

遵辦可也事 又函玆將應辦之事番文申送於
貴衙門尙望校酌總稅務司 明日二鍾向晤貴督办
商議應行之件祈屆時在署少候事 復手函
及申文均已閱悉如有商之處應遵所示在署候
期暢談一切事

入直丁大英

初四日晴督辦金 協辦申 參議鄭 主事丁大英
李建鎬呂圭亨李種元尹顯求丁學教秦尙彦李
琠朴戴陽李庚植安宗洙朴準禹司官李時濂康
載倫鄭秉岐朴永旒仕進 關北伯及按撫使幼學

1885년 11월 8일[53]

初八日曜, 督辦金·主事李種元·秦尙彦·朴載陽·李庚稙·安宗洙·朴準禹·司官鄭秉岐·朴永旒進, …… 照覆日館, 貴歷十二月十二日照會內開, 高須謙三索償金一案, 業經本年九月十二日, 覆以其具呈要求之主意, 而請貴政府, 妥辦在案, 爾後尙未得聞回音, 有此照催等因, 査高須謙三之索償金額, 係是爲欝島木料與金玉均立約者也, 嗣後玉均, 與美國人他雲仙, 更立訂約, 則前約自歸廢紙, 玉均現又不在, 無處可問, 我政府無以辦法, 業經說明于該社長, 貴公使想已入聞也, …….入直 朴載陽

8일, 눈이 부시게 맑았다. 독판(督辦) 김(金), 주사(主事) 이종원(李種元), 진상언(秦尙彦), 박재양(朴載陽), 이경직(李庚稙), 안종수(安宗洙), 박준우(朴準禹), 사관(司官) 정병기(鄭秉岐), 박영류(朴永旒)가 출근하였다. …… 일본공사관에 조복(照覆)을 보냈다. 귀 달력 12월 12일자 조회(照會)를 열어 보니 다카스 겐조(高須謙三)[54]의 배상금에 대한 안건[55]은, 이미 올해 9월 12일 요구의 취지를 서면으로 조복을 보냈고, 귀 정부에 온당하게 처리할 수 있는 안을 청하였다. 이후에 아직 회답을 듣지 못하였다. 조복을 재촉하는 등의 일로 다카스 겐조의 배상 금액을 조사해 보니 울릉도의 목재 및 김옥균(金玉均)의 약조와 관계된 것이었다. 김옥균이 미국인 타운젠드(他雲仙)와 함께 다시 약조를 정하고 이전의 약조를 폐지하였는데 김옥균은 현재 모습을 드러내고 있지 않다. 어디에 있는지 물어볼 곳도 없다. 우리 정부가 법

---

53 본 기사의 내용은『구한국외교문서』1, 일안 1, 고종 22년 11월 8일 자 기사에 수록되어 있다.

54 다카스 겐조(高須謙三)는 일본의 메이지 시대 사업가이다. 조선이 개항되자 대조선 무역에 주로 종사하였다. 1881년 4월에는 오사카협동상회(大阪協同商會)의 사장으로 일본에 건너간 조사시찰단 일행을 대접하였다.

55 1883년 10월 김옥균은 오사카협동상회의 사장 다카스 겐조와 울릉도의 목재 벌채와 해산물의 채취 그리고 운수와 판매 계약을 맺었다. 그러나 계약은 제대로 이행되지 않았고 김옥균은 1884년 일본에 있던 미국 상인 모스와 울릉도 목재의 운반과 판매 계약을 맺었다. 결국 일본은 다카스가 울릉도민의 약식으로 지급한 비용 2,771원을 상환해 줄 것을 요구하였다. 관련 연구는 박성준, 2014,「1880년대 조선의 울릉도 벌목 계약 체결과 벌목권을 둘러싼 각국과의 갈등」,『동북아역사논총』43.

으로 판단할 수 없다고 이미 해당 사장에게 설명하였으니 귀 공사가 이미 소문으로 들은 것이다. …… 입직자는 박재양이다.

承旨前望
鄭

有更查商處之端收稅一款姑勿擧論所有文蹟還納于本道監營以爲報來事 關 接 撫營照得會寧慶源對邊和龍峪已有華官開設商務之局會寧慶源亦宜開局以通兩國貿易奚未知其間已照前關量定開局日子是喩如或未開本月二十八臘月初一兩日間開市之意關飭兩邑事

入直李庚植

初八日曜督辦金 主事李種元 秦尙彥 朴戴陽 李庚植 安宗洙 朴準禹 司官鄭秉岐 朴永旒 進 署館申星凡 貿易情形擬請中國造冊處代爲刊刻事 關 復署館各

五月

口貿易情形尚未刊播實為欠事貴總稅司整頓一切
修舉未遑甚相敬歎
照會日館現據釜山港牒報本
年十月初六日日本港留日本飛船一隻商賈二人將物
貨載向統營晉州等地查章程第三十三款有不通商口
密行賣買或希圖密行賣買者商貨入官罰船長五十
萬文等語請飭知貴國釜山領事官查覈照章辦理事
照復日館貴歷十二月十二日照會內開高須謙三索
償金一案業經本廨九月十二日覆以其具呈要求之
主意而請貴政府妥辦在案尔後尚未得聞回音有此
懇催等因查高須謙三之索償金額係是為欝島木料

与金玉均立約者也嗣後玉均与美國人他雲仙更立
訂約則前約自歸廢紙玉均現又不在無処可問我政
府無以辦法業經説明于該社長貴公使想已入聞也
袁閣商人陳薰平壤黃海等地看審商務護照签印事
修答護照签印送之 萊報日本飛艇十月初六日載
物貨欲向統營晉州不待會印路照擅行賣買係是違
約故以此意照會于總領事〻 圻報本月初七日中國
二帆飛虎兵艇一隻上來賫奏官金嘉鎮按騎出來事
萊報日館屬員陸軍步兵中尉三浦自孝御用掛武田
尚從者一人持衙門護照由金海求禮安義蔚山等地

至月

十月初七日還館事 安梱謄報即接江界府使南命善舉代登僉使宋紀濂牒呈十月十七日彼人數十名自九龍洞上來入往于本鎮越邊古城坪廵靖衙門事質報三度一電綫既畢役費不煩民財率皆取用於各樣公貨而各邑所報成冊為三萬餘兩代木諸处所費又不下三萬兩廵弁兵廩料措劃与電綫役費充代之方 稟処𢿘繼事桿木字號及株數一〻開錄事一與安梱謄報同一義州團東軍兵等一年應操四朔中十月一次移設於白馬山城已有定式十月二十日於白馬山城依例設行事 釜監牒報本港八月朔收稅實

傳曰右承旨趙定熙協
辦內務府事閔丙奭
並外務協辦差下
副護軍李容稙
外務叅議差下

數及出入賬冊二件上送事 關萊府即接來報留館
日本船一隻持物貨向統營晉州等地且云無會印路
照擅行賣買極爲可駭據公法及条約不通商口岸商
船不准進泊統營晉州係是不通商口岸他國商船何
得無難進泊況無會印路照則明是違約即行知照于
日本領事館照章徵罰一面知會于統營晉州嗣後如
有他國商船來泊者除遇風漂泊外如有賣買之事即
行查拿入官且或於旱路帶貨行走者查驗護照如無
本衙門及監理會印拿交附近領事官以爲懲辦事
關完營因重設博文局而經用不敷本道全州境內鹽

參議鄭 澄進

乾生鮮魚物海衣南草收稅自本衙門屬之該商監官
張德贊差定下送事
入直朴戴陽
初九日陰督辦金 協辦申 主事丁大英李建鎬呂 主
事李種元尹顯求丁學教秦尚彥李璣朴戴陽李庚稙
金永完朴準禹司官李時濂鄭秉岐朴永旒進 德國
營兵窃槍事尚未見回音其如何辦理事 日館照覆
商船裝載貨物由釜山發向統營晋州等地一事責監
理業經以其違章程照會我總領事總領事必不急按
照約章安行查辦將來文情由行知我總領事之事本

1886년 1월 14일[56]

十四日晴, 協辦申·卞·叅議鄭·李·主事丁大英·李建鎬·鄭萬朝·呂圭亨·李種元·尹顯求·趙秉承·丁學敎·秦尙彦·李琠·李庚稙·安宗洙·金永完·朴準禹·孫鵬九·司官康載倫·鄭秉夏進, …… 照會日館二道, 一, 公文用國文, 照章施行, 一, 英人米鐵所裝欝島木料, 勿許在貴國出賣, 以符條約事, ……. 入直 呂圭亨

14일, 맑았다. 협판(協辦) 신(申), 변원규(卞元圭), 참의(叅議) 정(鄭), 이(李), 주사(主事) 정대영(丁大英), 이건호(李建鎬), 정만조(鄭萬朝), 여규형(呂圭亨), 이종원(李種元), 윤현구(尹顯求), 조병승(趙秉承), 정학교(丁學敎), 진상언(秦尙彦), 이전(李琠), 이경직(李庚稙), 안종수(安宗洙), 김영완(金永完), 박준우(朴準禹), 손붕구(孫鵬九), 사관(司官) 강재륜(康載倫), 정병하(鄭秉夏)가 출근하였다. …… 일본공사관에 조회(照會) 2통을 보냈다. 하나는 공문을 국문(國文)으로 사용하여 규정대로 시행하겠다는 것이다. 다른 하나는 영국인 미첼(米鐵)이 실어간 울릉도 목재에 대하여 귀국에서 판매하는 것을 허락하지 않는다는 것을 약조에 부수하는 일이다. …… 입직자는 여규형이다.

---

56 본 기사의 자세한 내용은『구한국외교문서』1, 일안 1, 고종 23년 1월 14일 자 기사에 있다.

正月

失價還朱數銀二百四十三圓七十錢銀票擲投以便

轉交義館事　箕伯謄報豊川漂到中國人三名護送

灣府事　電柱破伐北部倉川里居民所伐電柱該洞

面任李昌根捉送京兆該掌羅周永押去

入直　孫鵬九

十四日晴協辦申　下　參議鄭　李　主事

丁夫英李建鎬鄭萬朝呂圭亨李種元尹顯求趙秉承

丁學教秦尚彦李　瑛李庚稙安宗洙金永完朴準禹

孫鵬九司官康載崙鄭秉夏進　日館照本年三月三

日貴歷正月二十八日起公文用國文不具譯漢文事覆如教云云

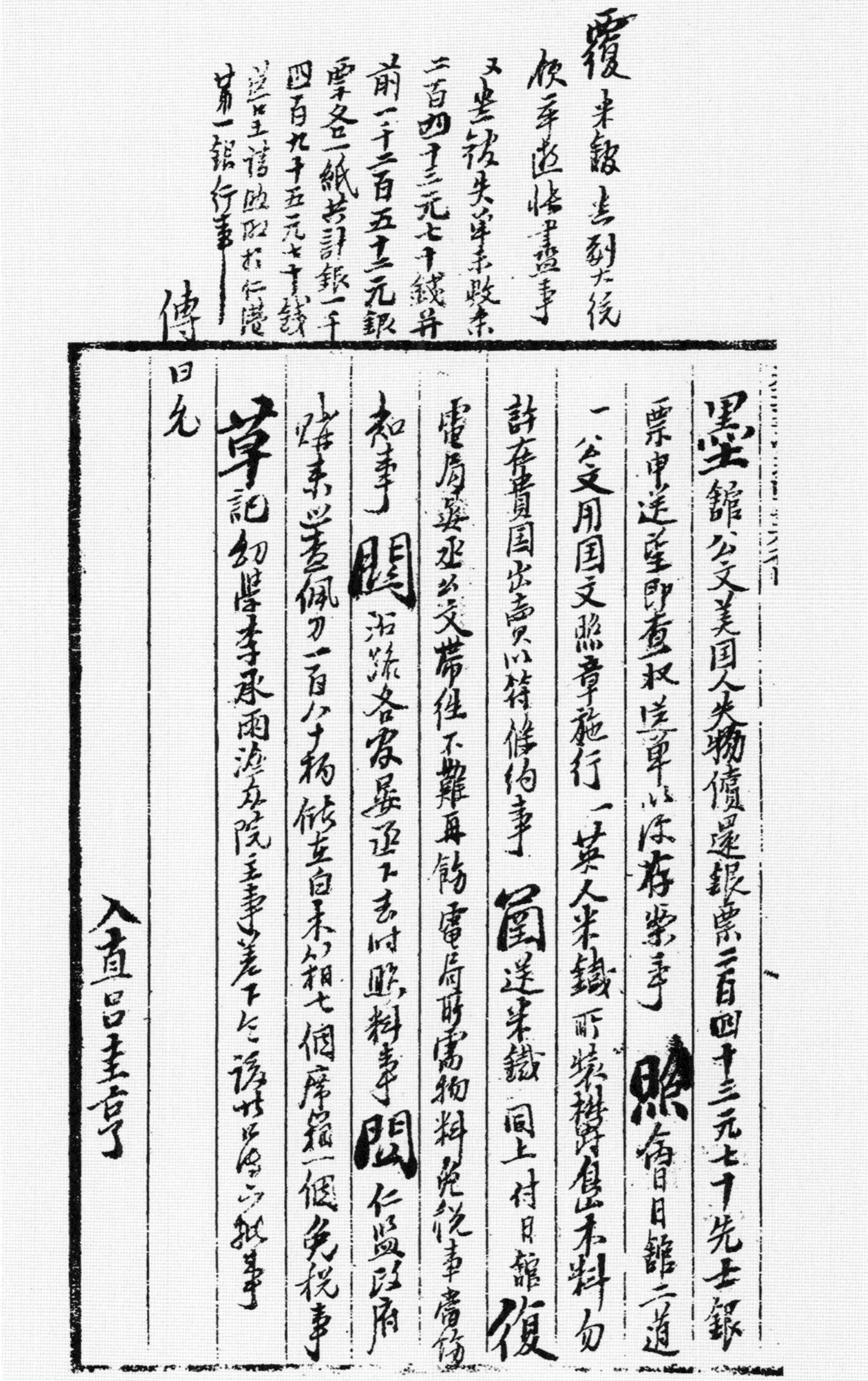

覆 來啓 告到大從
欣幸 兹將書覆事
又告銀失單未收來
二百四十三元七十錢并
前一千二百五十三元銀
票各一紙共計銀一千
四百九十五元七十錢
送呈請照附於仁港
第一銀行事
傳

墨館 公文 美国人失物價還銀票二百四十三元七十先士銀
票申送 查即查收 送單以保存案事 照會 日館 二道
一 公文用国文照章施行 一 英人米鐵 所装櫕俱出木料 勿
許存貴国出売以符條約事 函 送来鐵 同上 付日館 復
電局委丞公文帶往 不難再飭電局所需物料免税事 當飭
知事 關 沿路各官妥送下去時照料事 關 仁監政府
陸來 學堂佩刀一百八十柄 衣箱七個 席箱一個 免税事
草記 幼學李承雨 添差院王事差下 該 報事
日光
入直 呂圭亨

1886년 3월 19일

十九日晴, 督辦金·協辦申·叅議鄭·主事丁大英·李建鎬·鄭萬朝·李種元·趙秉承·丁學敎·秦尙彦·李琠·朴載陽·安宗洙·金永完仕進, …… 萊報, 本邑人河桂祿, 與英人米鐵同約上京, 而米鐵不來, 故運木次直向欝陵島, 則公文外船費及役夫, 即賜辦給事, 題, 即係木料等費, 亦由米鐵自辦, 爲先某樣錢中多少劃給, 而使河桂祿, 開單于米鐵推覔事, ……. 入直 金永完

19일, 맑았다. 독판(督辦) 김(金), 협판(協辦) 신(申), 참의(叅議) 정(鄭), 주사(主事) 정대영(丁大英), 이건호(李建鎬), 정만조(鄭萬朝), 이종원(李種元), 조병승(趙秉承), 정학교(丁學敎), 진상언(秦尙彦), 이전(李琠), 박재양(朴載陽), 안종수(安宗洙), 김영완(金永完)이 출근하였다. …… 동래부에서 보고하였다. 동래부 사람 하계록(河桂祿)이 영국인 미첼(米鐵)과 함께 상경(上京)하기로 약조하였는데 미첼이 오지 않았다. 그래서 목재를 운반할 차 직접 울릉도로 향하는데 공문 외에 선비(船費)와 역부(役夫)를 지급하는 일이다. 제(題)하기를, 목재 등의 비용에 대해서는 미첼이 자판(自辦)한다. 우선 모양전(模樣錢) 중에서 많고 적음을 헤아려 지급하며 하계록이 미첼에게 금액을 청구하여 찾을 일이다. …… 입직자는 김영완이다.

出来故依例拆見則禮科抄出萬壽聖節表文冬至
表文元朝表文到部相應知照事 三和宣川牒報沿
海各邑海望烟臺中權設間烽三月初一日爲始依前復
設瞭望之意申飭事 日館照復留學生徒帶回本國
食費淸償事當卽外務省報知矣
入直趙秉承
十九日晴督辦金 協辦申 叅議鄭 主事丁大英李
建鎬鄭萬朝李種元趙秉承丁學教秦尚彦李琠朴戴
陽安宗洙金永完仕進 德館來函二 一華君所送博文
局圖籍殘卷寄來按單檢収事 一仁港商民拍賣地段飭

朴準禹牽還
駐日生徒事發
往東京

墨
呈本署出入數目
清摺開列如左
正月初六日至三月
十七日共除各費出
項二万三千五百三十西
元九角二分尚存二
千九百三十一元二角
七分撥留以應
修葺貞洞房
業事

三月

知監理按核施行事 函復德館二一圖籍殘卷照數收
領事一地段事昨已函復 閔戶惠廳德國人立約湖南
米三萬石輪船運來船價及欠縮不少故另設領運監官廳使
之擔當而從茲劃一俾無葛藤事 完伯牒報三一麴子收
稅官完浦百一稅入於親軍關內都賈革罷中則有難逞收
事一海洋七山漁船收稅知委靈光法聖茂長等邑事一
希化運米屢次飭關董飭 又德日輪船合屬舉行而依內務
關積置木浦輪船空還則先發乾艇價三百二十石式分排徵
給領運監官以李興基專任事 題完報二一麴子為都賈則
更以酒稅收捧上納事 一日本船非本衙所送德國所約三萬

第 道

石斷不可斷以此知委無至生頉事 蔚報本邑人河桂祿與
美人米鐵同約上京而米鐵不來故運木次直向欝陵島則公
文船費及役夫卽賜辨給事 題卽係木料等費亦由米鐵
自辨爲先某樣錢中多少劃給而使河桂祿閱单于米鐵推覓
事 仁港牒報本港養兵置領官設教而餉料所需每年米爲
千餘石錢二萬餘兩就本港稅銀中限五千元劃下之式事
題依所報課年劃下而今月稅銀中限二千元先爲劃給事
灣報都京禮部咨一度出來事
入直 金永完

二十日晴夜雨 督辦金 協辦趙 參議鄭

1886년 6월 13일[57]

十三日雨, 署理督辦徐·叅議鄭·主事丁大英·李建鎬·鄭萬朝·呂圭亨·尹顯求·丁學敎·秦尙彦·朴載陽·金永完·朴準禹·孫鵬九·朴永旒·金彰鉉進, …… 日館來函, 愛媛縣民村上德八欝陵島關係被告事, 罰金幷木材公賣代金交附, 別附松山裁判所言渡書, 又欝陵島雇民渡航事, 右英人許可關文有否, 度得貴意事, 附乙酉八月十六日行關島長公文抄, ……. 入直 鄭萬朝

13일, 비가 내렸다. 서리독판(署理督辦) 서(徐), 참의(叅議) 정(鄭), 주사(主事) 정대영(丁大英), 이건호(李建鎬), 정만조(鄭萬朝), 여규형(呂圭亨), 윤현구(尹顯求), 정학교(丁學敎), 진상언(秦尙彦), 박재양(朴載陽), 김영완(金永完), 박준우(朴準禹), 손붕구(孫鵬九), 박영류(朴永旒), 김창현(金彰鉉)이 출근하였다. …… 일본공사관이 함(函)을 보내왔다. 에히메현(愛媛縣)의 백성인 무라카미 도쿠하치(村上德八)에게 울릉도와 관련하여 피고(被告)된 일이다. 벌금과 목재를 공매(公賣)한 대금을 교부하며 마쓰야마 재판소(松山裁判所)의 언도서(言渡書)를 별도로 첨부한다.[58] 또한 울릉도에 고용된 백성이 도항(渡航)하는 일은 다음의 영국인에게 허가된 관문(關文)의 유무에 대하여 귀하의 뜻을 알고자 하는 것이다. 1885년(을유) 8월 16일에 보낸 울릉도장(鬱陵島長)의 공문(公文)을 베껴 첨부한다. …… 입직자는 정만조이다.

---

57 본 기사의 내용은『구한국외교문서』1, 일안 1, 고종 23년 6월 12일 자 기사에 있다.

58 해당 언도서(言渡書)의 원문은『구한국외교문서』1, 일안 1, 고종 23년 6월 12일 자 기사에 실려 있다.

六月

十三日雨 署理督辦徐 參議鄭 主事丁大英
李建鎬 鄭萬朝 呂圭亨 尹顯求 丁學教 秦尚彥 朴戴陽
金永完 朴準禹 孫鵬九 朴永統 金彰鉉 進 袁館
来照會華人龍姓之符同匪民作弊者逐飭拿来聽候訊辦
事 日館来函愛媛縣民村上德八鬱陵島關係被告
事罰金并木材公賣代金交附別附松山裁判所言渡
書 又鬱陵島雇民渡航事右英人許可關文有否度
得貴意事附乙酉八月十六日行關島長公文粘抄 李
崖梧函華商移棧事李主事如何辦理龍山界何日可
勘事 墨呈釜山封幫办調涉元山該幫办辭不肯往該監

統理交涉通商事務衙門 第 道

理之攔阻請飭催往事 又函兩日內有輪船由仁往釜初六
飭事 電局來函平壤分局司事明日回局時坐馬二
匹卜馬三匹請行文驛站事 復以現已飭知 使大廳直
私通于畿營 函復日館池運永今自王府嚴覈事
關嶺伯韓炳權及龍姓華人定將羅捉上事 箕膳
都京禮部咨文朴齊純督理駐津通商事務事具奏後
諭旨抄錄謄報事 灣報全 清南防使謄報邊鎮將丙
戌春夏等褒貶以到任日淺待限事 萊梱謄報去月內
商船出來者五隻入歸者五隻事 嶺伯報日本領事謂
有診氣姑停和賣暫構假家於絶影島貯藏物貨而擅構

六月

於不許之地誠未妥當當責諭撤去事

入直鄭萬朝

十四日兩署理督辦徐 協辦申 趙 主事丁大英

李建鎬鄭萬朝尹顯求丁學教秦尚彥李琪 朴戴陽

金永先朴準禹孫鵬九金彭鉉進 照會日館尾參出

口亦依紅蔘例懲辦事 英館來函米東尼伐木護照

送爲遞下事 關墨館元山幇辦高永憲擬速起送之

意撰關釜山監理事 關釜港同上意 前營來關有

日本貿來革帶朋囊免稅事 覆以此意關飭仁港事

關仁港革帶朋囊免稅事 典圜局來關日人吉澤禾

1886년 6월 15일[59]

十五日雨, 或陰, 署理督辦徐·協辦申·趙·主事丁大英·李建鎬·鄭萬朝·尹顯求·丁學教·秦尙彦·朴載陽·李庚稙·金永完·朴準禹·鄭秉岐·金彰鉉仕進, …… 照會日館, 本政府, 前者與英人米鐵, 訂立合同, 前往欝島斫伐木料, 査米鐵所帶憑據中, 載有各様入費, 米鐵自辦等語, 至伐木時, 僱用貴國人與否, 非本衙所知, 請査照, 飭知貴國地方事, 此送日函, 七月六日繳還, 以照覆成送, 又函覆, 貴國愛媛縣平民村上德八潛斫欝島木料罰金一百六十二圓五十四錢九厘及木材公賣代錢四百四十五圓二十錢九厘, 幷計六百七元七十五錢八厘滙票照收, 交換于仁川銀行事, …… 英館照會, 本國商人米車尼欝島伐木, 運至上海出售一事, 細按憑據字様, 該商前將零木數塊, 載至日本, 係因避風起見, 此次貴政府亦按憑據准行, 甚屬妥當, 該商便可足載一船之木約七百餘株, 運往上海出售, 此行如獲利益, 未識貴政府可否准其再行, 然其利之有無, 於本總領原無所干, 惟貴政府以公平從優待人, 則名譽之美, 自於本總領有所攸係事, ……. 入直 丁大英

15일, 비가 오다 혹은 흐렸다. 서리독판(署理督辦) 서(徐), 협판(協辦) 신(申), 조(趙), 주사(主事) 정대영(丁大英), 이건호(李建鎬), 정만조(鄭萬朝), 윤현구(尹顯求), 정학교(丁學教), 진상언(秦尙彦), 박재양(朴載陽), 이경직(李庚稙), 김영완(金永完), 박준우(朴準禹), 정병기(鄭秉岐), 김창현(金彰鉉)이 출근하였다. …… 일본공사관에 조회(照會)를 보냈다. 본 정부는 전에 영국인 미첼(米鐵)과 합동(合同)[60]으로 약조를 맺었다. 전에 울릉도에 가서 목재를 벌채하였다. 미첼이 가지고 있는 증거를 조사해 보니 그 중에 각양으로 들어가는 비용은 미첼이 스스로 지출하는 등의 말이 들어 있었다. 벌목할 때 귀국인을 고용하는지의 여부는 본 아문에서 아는 바가 아니다. 조사하여 귀국 지방에 알리기를 청한다. 이번에 보낸 일본공사관의 함(函)은 7월

---

59 본 기사의 내용은『구한국외교문서』1, 일안 1, 고종 23년 6월 15일 자 기사와『구한국외교문서』13, 영안 1, 고종 23년 6월 15일 자 기사에 있다. 후자는 영문으로 되어 있다.

60 '계약서'라는 의미이다.

6일에 돌려보내며 조복(照覆)을 작성하여 보낸다. 또한 함의 조복에, 귀국의 에히메현(愛媛縣)의 백성인 무라카미 도쿠하치(村上德八)가 몰래 벌채한 울릉도 목재에 대한 벌금 162환(圜) 54전(錢) 9리(厘)와 목재를 공매한 대금 445환 20전 9리를 합계하여 607원(元) 75전 8리를 환어음(匯票)으로 거두어 인천은행(仁川銀行)에서 교환하는 일이다. …… 영국공사관이 조회를 보냈다. 본국 상인 미첼(米車尼)이 울릉도에서 벌목한 목재를 상하이로 운반하여 판매한 일이다. 증거를 자세히 살펴보니 해당 상인은 전에 목재 여러 묶음을 일본에 날랐으나 이는 바람을 피하기 위한 목적이었다. 이번에 귀 정부 또한 증거를 살펴 준행하는 것이 매우 온당한 일이다. 해당 상인이 배 1척에 실은 목재는 약 700그루가 족히 된다. 상하이로 운반하여 판매하고자 하니 이번 운행은 이익을 많이 얻을 수 있다. 귀 정부가 재운반을 허락하는지 아닌지를 알 수 없다. 그러므로 이익의 유무는 본 총영사관에서 관여하는 바가 아니다. 다만 귀 정부가 공평하게 사람을 대우한다면 명예의 아름다움은 본 총영사가 받을 수 있는 일이다. …… 입직자는 정대영이다.

緝免稅事 議報本月午時美國兵艇阿西比一隻留
碇於月尾島事
入直李建鎬
十五日雨或陰署理督辦徐 協辦申 趙
主事丁大英李建鎬鄭萬朝尹顯求丁學教秦
尚彦朴戴陽李庚稙金永完朴準禹鄭秉岐金
彰鉉仕進 關九道四都各國人游歷或幹事
前往者自各該邑查明護照有無方許過境若
無護照押送就近港口各該領事官逕辦每於月
終各國人過去及幹事一一詳報本衙門至本國

此送日圅七月旾日
繳還以照覆
成送

六月

人締結外國人抑奪田土勒捧私債隨處摘發
嚴加隄防事此乜中各國人拿送就近港口
時另可拘禁不得凌虐 照會日館本政府前
者與英人米鐵訂立合同前往欝陵島所伐木料
查米鐵所帶憑據中載有名義入貴米鐵自
辦等語並伐木時僱用貴國人與否非本衙所
知請查照飭知貴國地方事 又照復貴國
愛媛縣平民村上德八潛往欝陵島木料罰金
一百六十二圓五十四錢九厘及木材出賣代錢
四百四十五圓二十錢九厘并計六百七元七十

[illegible]

第 道

五錢八厘滙票照收交換于仁川銀行事

復閔典圜局吉澤衣箱免稅不得許施事

又來閔前者洋教師黎德衣箱已經免稅今不可異同係與汗漫飲食有關即為免稅事

英館照會本國商人米串尼鬱島伐木運至上海出售一事細按憑據字樣該商前將零木數塊載至日本係因避風起見此次貴政府果按憑據准行甚屬妥當該商便可足載一船之木約七百餘株運往上海出售此行如獲利益未識貴政府可否准其再行肤其利之有

六月

無於本総領恩無所干惟貴政府以公平從優待

人則名譽之美自於本総領有所係系事 錦

伯報庇仁屯浦漁戶俞致元魚船貰条錢二百

十兩捧給監官関文到付事 海伯報載寧

所在田畓昨年秋收從時價放賣准錢上送関

文到付事

入直丁大英

十六日朝陰晩晴 署理督辦徐 協辦申 參議鄭

主事丁大英李建鎬鄭萬朝呂圭亨尹顯求趙秉承丁

學教秦尚彦朴戴陽金永完朴準禹孫鵬九鄭秉岐金

第 道

1886년 6월 18일[61]

十八日, 朝雨晩陰, 署理督辦徐·協辦申·叅議鄭·主事丁大英·鄭萬朝·尹顯求·丁學教·朴載陽·金永完·朴準禹·孫鵬九·李時濂進, 照覆英館, 米車尼憑據一事, 前已發給, 毫無利益, 便屬空文, 不必再襲謬虛, 自取煩冗事, ……. 入直 朴載陽

18일, 아침에 비가 오고 저물녘에 흐렸다. 서리독판(署理督辦) 서(徐), 협판(協辦) 신(申), 참의(叅議) 정(鄭), 주사(主事) 정대영(丁大英), 정만조(鄭萬朝), 윤현구(尹顯求), 정학교(丁學教), 박재양(朴載陽), 김영완(金永完), 박준우(朴準禹), 손부구(孫鵬九), 이시렴(李時濂)이 출근하였다. 영국공사관에 조복(照覆)을 보냈다. 미첼(米車尼)의 증거에 대한 일이다. 전에 이미 발급하였는데 하나도 이익이 없다면 공문(空文)이 되는 것이다. 다시 발급하는 것은 불필요하니 자초하면 번거로운 일이다. …… 입직자는 박재양이다.

61 본 기사의 내용은 『구한국외교문서』 13, 영안 1, 고종 23년 6월 19일 자 기사에 있다.

六月

隊月課電報局銀代洋銀袁舘銀代洋銀並不得支發事

識報中國二帆鎭海兵船一隻美國二帆兵船吧囉嘶一隻

十六日鱗出八尾外洋事　箕報接灣尹𪾢本月初六日午

時都京禮部咨賚來中國人五名遝歸事　安栶𦘦㩟灣

尹所報通詞趙尙基不得押上事　識報十六日未時意

國四帆兵船㖸囉啡度一隻挼騎公使克腊服西阿兵

判閔泳翊到泊事

入直金永完

十八日朝雨晩陰署理督辦徐　協辦申　叅議鄭

主事丁大英鄭萬朝尹顯求丁學教朴戴陽金永完

[illegible]

第　道

朴準禹孫鵬九李時濂進 照覆英館米串尼憑據一
事前已發給毫無利益便屬空文不必再襲謬處自取
煩冗事 墨函意使電請轎子四項轎夫自貴署代僱
事 覆墨函意使進京轎子六項夫脚四十八名騎馬
八匹卜馬四十餘疋貼有本署業已調送聽候是否該數
不敷更有電托耶再僱轎夫雖非難事明月進京令天
派送似有緩不及之慮可閱事轎夫三十二名自營
更為調送 關惠廳華商棧房消撤價二萬一百七兩既
承
處分自貴局劃送就中三千九百十二五錢五分以猿川

六月

上納錢中已經挪用餘数一萬六千一百九十四兩四
錢五分准數推送事　入直朴戴陽
十九月晴署理督辦徐　協辦南　參議李
主事李建鎬　鄭萬朝　呂圭亨　趙秉承　丁學教
朴戴陽　金永完　朴準禹　進　英館照會商人
米卓尼憑據一事　細查乙酉六月二十三　准貴署鈐
印合同以昭憑信　無論官商非本衙門蓋印則不
能代認　嚴查發給米卓尼憑據　因有貴署蓋
鈐印信昭然於上　按此照行以昭憑信事　照覆
英館憑據一事　昨有奉復未暢　或有所未及　謹悉

光緒[illegible]月　第　道

1886년 6월 19일[62]

十九日晴, 署理督辦徐·協辦申·叅議李·主事李建鎬·鄭萬朝·呂圭亨·趙秉承·丁學教·朴載陽·金永完·朴永旒進, 英舘照會, 商人米車尼憑據一事, 細查乙酉六月二十三准貴署鈐印合同, 以昭憑信, 無論官商, 非本衙門盖印, 則不能代認, 玆查發給米車尼憑據, 因有貴署盖鈐印信, 昭然於上, 按此照行, 以照憑信事, ……. 入直 丁學教

19일, 맑았다. 서리독판(署理督辦) 서(徐), 협판(協辦) 신(申), 참의(叅議) 이(李), 주사(主事) 이건호(李建鎬), 정만조(鄭萬朝), 여규형(呂圭亨), 조병승(趙秉承), 정학교(丁學教), 박재양(朴載陽), 김영완(金永完), 박영류(朴永旒)가 출근하였다. 영국공사관이 조회(照會)를 보냈다. 상인 미첼(米車尼)의 증거에 대한 일이다. 세세히 조사하니 1885년(을유) 6월 23일에 귀서(貴署)가 계약서[合同]에 날인을 하였다. 신임하는 일에 대하여 관상(官商)을 논하지 말고 본 아문의 날인이 아니면 대신 신임할 수 없다. 이번에 발급한 미첼의 증거를 조사하니 귀서의 인신이 날인되어 있으니 위와 같이 분명하게 하고 이 조행(照行)에 따라 신용을 확인할 일이다. …… 입직자는 정학교이다.

---

62 본 기사의 내용은『구한국외교문서』13, 영안 1, 고종 23년 6월 19일 자 기사에 있다. 영안에는 한역(漢譯)과 영문이 모두 실려 있다.

六月

上納錢中已經挪用餘数一萬六千一百九十四兩四
錢五分准繳推送事　入直朴戴陽
十九月晴　署理督辦徐　協辦申　參議李
主事李建鎬　鄭萬朝　呂圭亨　趙秉水　丁學教
朴戴陽　金永完　朴準禹　進
英館照會　商人
米車厄憑據一事　細查乙酉六月二十三　准貴署鈐
印合同以昭憑信　無論官商非本衙門蓋印則不
能代認　嚴查發給米車厄憑據　因有貴署蓋
鈐印信昭昭枚上　接此照行以昭憑信事　照覆
英館憑據一事　昨有奉復未暢　或有所未及　該悉

[illegible]　第　道

鐵營膳報今日辰刻意大利
公使克楷服西阿平參贊官
三員書記官二員繙譯官一員
兵丁九名從者二人下陸上京次
離發英人阿瀰亦為上京離發

統理交涉通商事務衙門

査甲申十二月二十一日發給憑據雖經本署鈐印經年
閱歲使屬冷棄又無一毫利益不可再給憑據只祇
煩兄未便奉副挖歉良深 德館照會茲據本
國人麥登司稟稱去年擬種桑於富平等地面內
務府官人朴有恂專任開拓土地自徃江海貿桑訂
約世昌洋行債欠一百五十七萬八千八百十七文之多近聞又
有一層罷狀政府勸下買地錢四百万文半只持五十萬
出給地價其餘乾沒之罷趕速査辦事 墨館
申呈査算械進口所發准單并應完稅之貨物免稅
等事果系國家所用之物方可免稅照各口稅務司

六月

向無照一定之章程得其憑據總稅務司擬一一定之
章程船隻載運物料尚未起下之先將欲免稅之貨
關一清單查驗免稅每三個月照例免稅之貨物開
單送總稅務司由此申報貴衙門查覈情形是否可
行伏望允准仍請札飭各口監理遵辦事 仁港
牒報據稅務司知照飭諭內國船隻防疫議章程
牒呈事

入直 丁學教

二十日朝晴午陰夕大雨 署理督辦徐 協辦申
參議李 主事李建鎬 尹顯求 趙秉承 丁學教 秦尚

第 道

1886년 6월 20일[63]

二十日, 朝晴午陰, 夕大雨, 署理督辦徐·協辦申·叅議李·主事李建鎬·尹顯求·趙秉承·丁學敎·秦尙彦·朴載陽·金永完·朴準禹·孫鵬九·李時濂·鄭秉夏·金彰鉉進, …… 英館照會, 米車尼伐木憑據事, 接准來文, 發給該商憑據, 雖經本署鈐印, 以照憑信, 便屬冷案廢紙, 旣無絲毫利益之事, 亦不可再給憑據等因, 本總領事, 以照明誠信爲要, 不得以利爲重, 而將貴署蓋印憑據, 變作廢紙, 若似此而行, 則令人難解貴署之印, 用作何憑, 盖一切憑據, 微論有無貴署鈐印, 似此便可視同廢紙也, 再請按照該憑據原款, 一律准行, 以昭憑信, ……. 入直 趙秉承

20일, 아침에 맑고 정오에 흐렸다. 저녁에 큰 비가 내렸다. 서리독판(署理督辦) 서(徐), 협판(協辦) 신(申), 참의(叅議) 이(李), 주사(主事) 이건호(李建鎬), 윤현구(尹顯求), 조병승(趙秉承), 정학교(丁學敎), 진상언(秦尙彦), 박재양(朴載陽), 김영완(金永完), 박준우(朴準禹), 손붕구(孫鵬九), 이시렴(李時濂), 정병하(鄭秉夏), 김창현(金彰鉉)이 출근하였다. …… 영국공사관에서 조회(照會)를 보냈다. 미첼(米車尼)의 벌목 증거에 대한 일이다. 보내온 공문을 접수하였다. 발급한 해당 상인의 증거는 비록 본서에서 날인한 것으로 신임하게 하였으니 이미 식어버린 문서로 폐지(廢紙)로 삼아도 조금도 이익이 없다고 한 일이다. 또한 다시 증빙을 발급하는 것은 불가하다고 하였다. 본 총영사는 신뢰를 밝혀 줄 것을 요구하였으나 이익이 없다는 것을 중요하게 여겼다. 장차 귀서가 날인한 증거를 갑자기 폐지로 만들었다. 만약 이와 같이 시행하게 된다면 사람들은 귀서의 날인을 신뢰하기 어렵게 된다. 사용하는 데 어떤 증거를 만들고 일체 근거를 증명하는 데 귀서의 날인의 유무를 논하지 않는다면 이와 같이 폐지처럼 된다. 해당 증거의 원 문서에 근거하여 다시 청하니 한결 같이 준행하여 신뢰를 밝혀야 한다. …… 입직자는 조병승이다.

---

63 본 기사의 내용은 『구한국외교문서』 13, 영안 1, 고종 23년 6월 20일 자 기사에 있다. 영안에는 한역과 영문이 모두 실려 있다.

六月

向無照一定之章程得其憑據總税務司擬一一定之
章程船隻載運物料尚未起下之先將欲免税之貨
開一清單查驗免税每三個月照例免税之貨物開
單送總税務司由此申報貴衙門盤查情形是否可
行伏望免准仍請札飭各口監理遵辦事 仁港
牒報據税務司知照飭諭内國船隻防疫議章程
謄呈事

入直 丁學教

二十日朝晴午陰夕大雨署理督辦徐 協辦申
叅議李 主事李建鎬尹顯求趙秉承丁學教秦尚

[illegible] 第 道

下午二點鍾義公使
館樂所參贊羅聲電
随員費理本譚變祿
賈福郎過當定来
署晤談

彥朴戴陽金永完朴準禹孫鵬九李時瀛鄭秉夏金彰
鉉進　德館来函本館擬於秋間轉移礴洞伺貴政府
允准乃可訂約於穆君　義館来函本大臣奉有大君
王勅書一封現特譯錄漢文附入封內送請查閱爲荷
函復意館所奉勅書譯漢文一封謹已閱悉　電局照
會五月分各分局商報費計除外實共收洋五百九十
八元七角三分存局備用又照會各處造送巡護電桿
并兵清單名數與現在多有不符無從稽核曾經開具
清冊款式備文照會京畿道業已造送至黃海道及別
營使尚未造送敝局立候各冊造齊以便彙轉請煩轉

六月

行黃海道別營使催其迅即查照所派巡弁是何武職
住居何處該管官是何官階及巡兵年貌籍貫承管綫
杆自漢字幾號起至幾號止計若干里若干根務按段分
晰詳造清冊移送并請轉行平安道飭屬將義州平壤
一體照式造冊送由該分局轉申總局 關仁川本邑監
查收稅錢之尚無未納更加嚴飭剋期備納事 美館
来函近日京城内病死人數冊或可送投否醫士敖蘭欲
見其錄籍故耳 英館照會米車厄伐等憑據事接准
来文發給該商憑據雖經本署鈐印以昭憑信使屬冷
業廢紙既無絲毫利益之事亦不可再給憑據等因本總

統理交涉通商事務衙門

第 道

領事以照明藏信爲要不得以利爲重而將貴署蓋印
憑據變作廢紙若似此而行則令人難辭貴署之印用作
何憑蓋一切憑據徵論有無貴署鈐印似此便可視同廢
紙也再請按照該憑據原款一律准行以昭憑信 德協
辦來函意使一行係是初面目事〻蒙昧當有通詞一
人譯傳英語又有旗手三四名使喚前導以免防礙請
准其所囑是祈

入直趙秉承

二十一日雨 署理督辦徐 主事李建鎬 尹顯永
趙秉承 丁學教 秦尚彥 朴戴陽 金永完 朴準禹

1886년 6월 24일[64]

二十四日晴, 日曜, 署理督辦徐·主事李建鎬·尹顯求·秦尙彦·朴載陽·朴準禹·李時濂·鄭秉岐·金彰鉉·全容默仕進, 照會英舘, 米車尼伐木一事, 發給憑據, 已經三年, 且經一次往返, 理合回日繳銷, 故曰便屬廢紙, 何當以本署一切憑據之鈐印者, 幷歸廢紙乎云云, ……. 入直 李建鎬

24일, 맑았다. 해가 쨍쨍했다. 서리독판(署理督辦) 서(徐), 주사(主事) 이건호(李建鎬), 윤현구(尹顯求), 진상언(秦尙彦), 박재양(朴載陽), 박준우(朴準禹), 이시렴(李時濂), 정병기(鄭秉岐), 김창현(金彰鉉), 전용묵(全容默)이 출근하였다. 영국공사관에 조회를 보냈다. 미첼(米車尼)이 벌목하는 일이다. 발급한 증거는 이미 3년이 경과되었다. 또한 1차 왕복이 지나서 돌아오는 날 당연하게 반납하고 폐기해야 한다. 그러므로 폐지에 속한다고 말한 것이다. 본 관서가 날인한 증거가 어떻게 모두 폐지가 되겠는가라고 운운하였다. …… 입직자는 이건호이다.

---

64 본 기사의 내용은 『구한국외교문서』 13, 영안 1, 고종 23년 6월 24일 자 기사에 있다.

本衙門草記今
日下午酉時臣
等與大義大利國
以使館樂所甲申
年所訂條約互換
之意敢
啓

十一点鐘則外國人民在京內者禮拜于上帝次將會
于此署而事將從容做行其時祝文將以京內病患若
楚之意奉祝事本日下午三点半義大使館樂所等
來署互換
批准條約

入直 金彰鉉

二十四日晴日曜署理督辦徐 主事李建鎬尹顯求
泰尚彥朴戴陽朴準禹李時濂鄭秉岐金彰鉉全容黙
仕進 照會英館米車厄伐木一事發給憑據已經三
年且經一次往返理合回日繳銷故曰便屬廢紙何當

六月

以本署一切憑據之鈐印者并歸廢紙乎云云 函復
美館日曜禮拜一事非本大臣府宜知京内病患祈禳
自有本邦典例不敢煩代祝事 函送義館明日下午
一点鐘貴大臣陛見事 更訂以上午九点鐘更爲送函 函送各館明
日下午六點鐘薄具小酌事 更爲進訂兩点之意改爲發函 完伯牒
庇仁都屯浦俞敬元處魚船貰葉錢二百十兩捧給收
稅監官事

入直李建鎬

二十五日晴署理督辦徐 協辦申 參議鄭
主事丁大英李建鎬呂圭亭尹顯求趙秉承

1886년 7월 6일[65]

初六日, 霔霈通晝夜, 署理督辦徐 · 主事朴載陽 · 李庚稙 · 朴準禹 · 李好根進, …… 函送日館, 英國商民米鐵, 前往欝陵島斫木憑據, 確係本署發給, 而伊時該島民少, 要往赤馬關, 募用力夫, 故雖經本署照會, 貴代理公使, 飭知該地方, 以爲憑信, 然米鐵所帶本衙門憑據中, 載有各樣入費, 米鐵自辦等語, 至伐木時僱用貴國人與否, 非本署所如, 且現因米鐵再請前往, 屢經行文, 而本署大臣, 以該商之不遵憑據, 不許再准發給, 容俟此欵之妥辦, 當行照覆事, ……. 入直 李庚稙

6일, 큰 비가 밤낮으로 쏟아졌다. 서리독판(署理督辦) 서(徐), 주사(主事) 박재양(朴載陽), 이경직(李庚稙), 박준우(朴準禹), 이호근(李好根)이 출근하였다. …… 일본공사관에 함(函)을 보냈다. 영국 상인 미첼(米鐵)이 전에 울릉도에 가서 벌목하는 증거는 본서에서 발급한 것이 확실하다. 이때 울릉도의 백성들이 적어서 아카마가세키(赤馬關)에 가서 역부(役夫)를 고용하였다. 그러므로 비록 본서가 귀 대리공사에게 조회를 보내서 해당 지방에 알리고 신임하도록 하였다. 그러므로 미첼이 가지고 간 본 아문의 증거 중에 각양으로 들어가는 비용은 미첼이 스스로 지출하는 등의 말이 실려 있다. 벌목할 때에 고용된 귀국인의 여부에 대해서는 본서가 아는 바가 아니다. 또한 현재 미첼이 전에 가져간 것을 다시 청하여 여러 번 공문을 보냈다. 본서의 대신은 해당 상인이 증거를 따르지 않기 때문에 다시 발급하는 것을 허락하지 않았다. 이 문서의 타당한 처리를 기다리니 조복(照覆)을 할 일이다. …… 입직자는 이경직이다.

---

65 본 기사의 내용은 『구한국외교문서』 1, 일안 1, 고종 23년 7월 6일 자 기사에 실려 있다.

七月

日舘来照米鐵斫木憑
批確係貴政府發給
示覆事

初六日霆霈通晝夜署理督辦徐 主事朴戴陽
李庚植朴準禹李好根進 照會日舘本國與
貴國所訂海關稅則內載日本商民將紅蔘私
運出朝鮮界未經政府特允者查出入官一款查
此紅蔘從来在我政府以為紅尾蔘之亦含包於其
內者而或有紅尾蔘之與紅蔘相異之說故欲自今
定為紅尾蔘之與紅蔘相同無異者為此飭各口領
事以免紛議事 函送日舘英國商民米鐵前
往欝島斫木憑據確係本署發給而伊時該島
民少要往赤馬關募用力夫故雖經本署照會

首

貴代理公使飭知該地方以為憑信然米鐵所
帶本衙門憑據中載有各樣入貴米鐵自辦
等語至伐木時僱用貴國人與否非本署所
知且現因米鐵再請前往屢經行文而本署
大臣以該商之不遵憑據不許再准發給容俟
此款之妥辦當行照覆事德國本館擬移
磚洞事速即賜覆事再啓貴國典例史記
刑典大典會通野史借惠事美國本國人
羅益請謁貴大人事覆送明日下午四点
使之光臨本署事前營移文本營所用水

七月

車將買來於日本大板府憑票成送事 回移
成送憑票萊報歸飛船兩隻過去事萊
梱報島前洋清國火輪船六隻各港遊歷
次發向元山事嶺伯報美國兩帆船一隻五
月十七日過去事萊伯報本港封帑辦高永
憲移差元山矣高永憲原以本府譯學邊情
修啓關係迥別待新譯下來姑令仍留事
入直李庚植
初七日或雨或陰署理督辦徐 參議鄭 主事丁大英
李建鎬鄭萬朝呂圭亨尹顯求趙秉丞丁學教秦尚彥

統理交涉通商事務衙門 第 道

1886년 8월 7일[66]

初七日晴, 督辦·協辦徐·申·叅議鄭·主事鄭萬朝·趙秉承·丁學教·秦尚彦·朴載陽·李庚稙·金永完·朴準禹·孫鵬九·鄭秉岐·金彰鉉進, …… 日館來函, 池運永宿泊料·其他雜費金六十四元九錢六里償還事, 又照會, 宮崎縣船長渡邊末吉, 於明治十七年十月中, 將欝陵島木料裝運, 至神戶港事, 與朝鮮開拓使從事官白春培, 訂立約條, 且其後木料, 作爲代墊滙銀, 至翌年五月運下神戶, 後索償白民, 飾辭推諉, 無幾歸國, 渡邊自出需費, 亦出費保護, 並納賃地費, 風雨吹散, 漸將朽腐, 後金額若不償給, 欲令售賣該木料, 如不速辦悉, 將腐朽失價, 究歸該政府損虧之虞, 售賣償給後, 有剩餘之銀, 則速行交附該政府, 萬一不足, 則向索該政府事, 諸費統計二千六百二十五元零及補助銀八十二錢·一元銀四十二元, 附約條七條及銀票, ……. 入直 鄭萬朝

7일, 맑았다. 독판(督辦), 협판(協辦) 서(徐), 신(申), 참의(叅議) 정(鄭), 주사(主事) 정만조(鄭萬朝), 조병승(趙秉承), 정학교(丁學教), 진상언(秦尚彦), 박재양(朴載陽), 이경직(李庚稙), 김영완(金永完), 박준우(朴準禹), 손붕구(孫鵬九), 정병기(鄭秉岐), 김창현(金彰鉉)이 출근하였다. …… 일본공사관이 함(函)을 보내왔다. 지운영(池運永)[67]의 숙박료와 기타 잡비 금(金) 64원(元) 9전(錢) 6리(里)를 상환(償還)하는 일이다. 또 조회하였다. 미야자키현(宮崎縣)의 선장(船長) 와타나베 스에키치(渡邊末吉)가 1884년(메이지 17) 10월 중에 울릉도 목재를 실어 나르고 고베항(神戶港)에 도착한 일이다. 조선개척사(朝鮮開拓使) 종사관(從事官) 백춘배(白春培)와 약조를 정하였다. 또한 그 후에 목재는 회은(滙銀)으로 대신 지불하도록 하였다. 이듬해 5월

---

66 본 기사의 내용은 『구한국외교문서』 1, 일안 1, 고종 23년 8월 6일 자 기사에 실려 있다.

67 지운영(池運永, 1852~1935)은 개항기 한국인 최초로 고종의 사진을 촬영한 사진가로 유명하다. 본관은 충주이고 지석영은 그의 형이며, 강위(姜瑋)의 문하에서 시문을 배웠다. 1882년 수신사 박영효의 수행원으로 일본에 가서 사진술을 배웠다. 이듬해 통리군국사무아문 주사가 되었으며 사진관을 설립하기도 하였다. 1886년 김옥균을 암살하려다 실패했다. 1895년 이후 은둔하며 시와 그림에 몰두했다.

에 고베로 운반하여 내렸는데 그 후에 백춘배에게 배상을 요구하였으나 듣기 좋은 말로 핑계를 대며 귀국하지 않았다. 와타나베가 스스로 경비를 내었다. 또한 비용을 내서 보호하고 아울러 임지비(賃地費)를 납부하였다. 비바람이 불어 흩어지고 점차 썩어갔다. 후에 금액은 보상으로 지급한 것과 같지 않아 해당 목재를 판매하고자 하였다. 빨리 모두 판매되지 않는다면 장차 부패하여 값을 잃을 것이다. 해당 정부가 손해볼 우려가 있으니 판매하고 보상을 지급한 뒤에 남은 은(銀)이 있으면 속히 해당 정부에 교부(交附)하고 만일 부족하면 해당 정부가 구할 일이다. 모든 비용을 통계하면 2,625원(元)이고 보조은(補助銀) 82전(錢), 일원은(一元銀) 12원이다. 약조 7조와 은표(銀票)를 첨부하였다.[68] …… 입직자는 정만조이다.

---

68 백춘배가 1884년에 작성한 약조 7조는『구한국외교문서』1, 일안 1, 고종 23년 7월 6일 자 기사에 전문이 실려 있다. 약조 명칭은 "울릉도(鬱陵島) 목료(木料)에 관한 백춘배(白春培), 와타나베 스에키치(渡邊末吉) 간의 문권증단(文券證單)"이다.

八月 金容默

極痛歎京監金世泓別定下送眼同營校柳鼎熙分排

各邑措辭関飭准數運納于木浦矣如有未載之邑則

乾艍價責捧事 関三港大興商會所買用美國人樂

只火輪船大發利一隻建文本國旗號往來國内各浦

無碍商販事 大興商會成給憑票同

入直金彰鉉

初七日晴 督辦 協辦徐 申 參議鄭 主事

鄭萬朝 趙秉丞 丁學教 秦尚彥 朴戴陽 李庚植

金永完 朴準禹 孫鵬九 鄭秉岐 金彰鉉 進 袁

館來復照本署看無此等不明之文此後如有此等文件即

第 道

送交查核作為廢紙至中國与朝鮮向來印信原有定
章事 德館來照復有不明文無本衙門印信作為
廢紙等因均已閱悉事 日館來函池運永宿泊料廿
他雜費金六十四元九錢六里償還事 又照會宮崎
縣船長渡邊末吉於明治十七年十月中將欝陵島木料
裝運至神戶港事与朝鮮開拓使從事官白春培訂立
約條且將該木料作為代墊滙銀至翌年五月運下神戶後
索償白氏飾辭推諉無致歸國渡邊自出需費六千出費
保護並納貸地費風雨吹散漸將朽腐該金額若不償給
欲令其賣該木料以不速辦悉將腐朽失價究歸該政府損

八月

鬱陵島賣價給後有剩餘之銀則速行文附該政府
萬一不足則向當該政府事　諸費統計二千六百二十五元零
及補助銀八十二錢一元銀四十二元附約条七条及銀票　黑
館申呈三港自今四月初至六月晦經費數目入出款項
開具清摺事　照覆　電局五六七八四個月分貼統計銀
二千兩茲將兩朔銀子兩滙票先送事　復函一千兩收
到事　前營來文洋銃二柄自太极賀來抵到仁川港
憑票一張成送事　仁港報各項免稅必遵由衙門關
飭而親軍各營內務府機器局典圜局免稅關文式日送
到稅額日減舉行愈煩必要本衙門關文交付免驗事

光緒[illegible]

第　道

釜港報 五月朔出入稅金實數修成冊上送事　元港報
六月朔出入稅則成冊上送銀票半截本爲分半憑考而每
朔上送衙門每與銀行商改准無遺自今留實本署事
又 佛蘭軍艦一隻七月二十五日自永興還泊當日離發向東事
日本火輪船一隻自海三陟今月二十一日來泊二十九日離發事
萊報 清國輪船六隻七月二十日丁提督汝昌接騎出來
二十二日巳時發向元山事　譯官洪裕鉉到任事　又 蒲商船
出入數交爲三十二隻事　義報 中國泰安兵船一隻今初
六日出外洋事　又 中國鎮西兵船一隻今初五日留碇月
尾島後洋事　又 英國兵船嘆啉一隻今初五日出外洋事

八月

貸 報周報債依京中例京錢直納以爲省欲息怨事

又 報雲山郡賣票清人范茜那入卜夫楊㐲臣刃刺通事

朴文權以失物等說 搆匪店主李琡福借於報辭与失單

敵國隣上事 又 禮洛賞来大國人五名還歸事 濟

報全 關 前營洋銃二柄係是軍物否有憑票而此

等事本無憑票之可言故關文一紙敵送轉致仁港

事 關 仁港前營貿来洋銃二柄特爲放行事 關

畿營南陽仁川安山富平通津等包鹽稅秋等納令

既月當即爲知委准納事 關 釜港典圜局現方採

銅於安東奉化等地以日本人二名雇用自此監理署發

統理交涉通商事務衙門 第 道

給護照事

入直鄭萬朝

初八日陰　督辦金　叅議鄭　主事鄭晩朝

呂圭亨　丁學教　秦尚彦　朴戴陽　李庚稙　金永完　朴準禹

孫鵬九　李時瀅　鄭秉夏　鄭秉岐　朴永琉　金彰鉉　全容默

尹致恒　仕進　照覆日館蔚陵島木料旣經裝置不宜

一任朽腐不致暴棄實合事宜請貴代理公使轉達貴

國政府飭令渡邉末吉將現在神戸木料遵即售賣價

値實額務從詳核開筭另爲賜覆當由本政府再行照

會償完運費事　函覆日館池運永在貴国雜費一事議

1886년 8월 8일[69]

初八日陰, 督辦金·叅議鄭·主事鄭萬朝·呂圭亨·丁學教·秦尙彦·朴載陽·李庚稙·金永完·朴準禹·孫鵬九·李時濂·鄭秉夏·鄭秉岐·朴永旒·金彰鉉·全容默·尹致恒仕進, 照覆日館, 蔚陵島木料, 旣經裝置, 不宜一任朽腐, 不致暴棄, 實合事宜, 請貴代理公使, 轉達貴國政府, 飭令渡邊末吉, 將現在神戶木料, 遵即售賣, 價値實額, 務從詳核開算, 另爲賜覆, 當由本政府, 再行照會, 償完運費事, …….入直 朴準禹

8일, 흐렸다. 독판(督辦) 김(金), 참의(叅議) 정(鄭), 주사(主事) 정만조(鄭萬朝), 여규형(呂圭亨), 정학교(丁學教), 진상언(秦尙彦), 박재양(朴載陽), 이경직(李庚稙), 김영완(金永完), 박준우(朴準禹), 손붕구(孫鵬九), 이시렴(李時濂), 정병하(鄭秉夏), 정병기(鄭秉岐), 박영류(朴永旒), 김창현(金彰鉉), 전용묵(全容默), 윤치항(尹致恒)이 출근하였다. 일본 공사관에 조복(照覆)을 보냈다. 울릉도 목재는 이미 잘 보관하였으나 부패하게 둘 수 없으니 버려서는 안 되는 것이 사의에 실로 합당하다. 귀 대리공사가 귀국 정부에 전달하고 와타나베 스에키치(渡邊末吉)에게 명령하여 현재 고베(神戶)에 있는 목재를 판매하고 그 값의 실제 금액을 상세하게 계산하여 회답을 내려 주기를 청한다. 마땅히 본 정부에 다시 조회를 보내 주어 운반비를 모두 갚을 일이다. …… 입직자는 박준우이다.

69 본 기사의 내용은『구한국외교문서』1, 일안 1, 고종 23년 8월 8일 자 기사에 실려 있다.

給護照事

初八日陰 督辦金 叅議鄭 主事鄭晩朝

入直鄭萬朝

呂圭亨 丁學教 秦尚彦 朴戴陽 李庚稙 金永完 朴準禹

孫鵬九 李時漋 鄭秉夏 鄭秉岐 朴永琉 金彰鉉 全容默

尹致恒 仕進 照覆日館 蔚陵島木料旣经裝置不宜一任朽腐不致暴棄實合事宜請貴代理公使轉達貴國政府飭令渡邉末吉將現在神户木料遵即售賣價值實額務從詳核開筭另爲賜覆當由本政府再行照會償完運費事 函覆日館 池運永在貴国雜費一事議

八月

員現被恩譴寄任遠方未能查辦當札飭後員究俟回音
再以函布事 美國阿尼雪羅稟稱共立學校設英語校
學徒限三十人擇送事 入直朴準禹
初九日雨 督辦金 主事鄭晩朝趙秉承丁學教秦尚
彦朴戴陽李庚稙金永完朴準禹孫鵬九金彰鉉尹致
恒 進 袁 館照會勘界大臣於光緒十二年六月初七日會
同俄員勘界立碑繪圖一摺粘單以送事 復送均已閱
悉 照復袁館楊席臣等照章拿文事 閱箕營雲山
地華人楊席臣等押送事 識報二一令初六日申時美
國公使吧嗹騎嘛哩嗯三帆兵船直出還國 一令初六日

第 道

1886년 8월 24일[70]

二十四日雨, 午後陰, 督辦金·主事鄭萬朝·尹顯求·秦尙彦·李庚稙·朴準禹·全容默·金彰鉉·李喬憲仕進, 日館照會, 金玉均, 以欝島木料事, 與高須謙三許, 幷利息金三千三百六十二元五十二錢八厘, 從迅淸還事, ……. 入直 李喬憲

24일, 비가 오고 오후에 흐렸다. 독판(督辦) 김(金), 주사(主事) 정만조(鄭萬朝), 윤현구(尹顯求), 진상언(秦尙彦), 이경직(李庚稙), 박준우(朴準禹), 전용묵(全容默), 김창현(金彰鉉), 이교헌(李喬憲)이 출근하였다. 일본공사관이 조회(照會)를 보냈다. 김옥균(金玉均)이 울릉도 목재에 대한 일로 다카스 겐조(高須謙三)와 함께 약조한 이식금(利息金) 3,362원(元) 52전(錢) 8리(厘)를 조속히 갚도록 하는 일이다. …… 입직자는 이교헌이다.

---

70 본 기사의 전문(全文)은 『구한국외교문서』 1, 일안 1, 고종 23년 8월 24일 자 기사에 실려 있다. 일문(日文)과 한역문이 함께 실려 있다.

安營牒報彼船二隻來泊事 又上同

關谷山 聞李東弼爲名者贗造公文勒捧監役錢於
本府居秦寬祐 照嚴敎推給事 照會袁哎械寃購來次
派樣縣局委員 趙羲淵前往上海 請咨移江海關道俾便後多無碍來往事 入直 鄭萬朝
十三日雨午後陰 督辦 金 主事 鄭萬朝 尹顯求 秦尚
彥 李庚稙 朴準禹 金容默 金彰鉉 李喬憲 仕進 日館
照會金玉均以鬱島木料事與高須謙三證并利息
金三千三百六十二元五十二錢八厘從速淸還事
灣報中江越邊大國人十名巡檢次來到事 又都京
禮部咨賫來人五名茶飯禮單照給後答通成給還送
事 又禮部咨文一度出來事 箕伯牒報大國五名詩

一、貴出來事　又巡檢人出來事

入直李喬憲

二十五日晴督辦金　協辦申　參議鄭　主事
李建鎬呂圭亨尹顯求趙秉承丁學教秦尚彥朴戴陽
李庚稙金永完朴準禹孫鵬九李時濂鄭秉岐朴永疏
金彰鉉全容默尹致恒李喬憲仕進　袁館照覆周福
齡所帶公文被人扯破請發給護照等因除咨上海安徽道
台外相應照覆事　墨館申呈總稅務司現欲請暇前
往釜山元山並日本等處擇於本月二十八日起身本
署應行公務委令文案何文德代行事　英館來函米

1886년 8월 30일

三十日晴, 督辦金·協辦申·叅議鄭·李·主事李建鎬·鄭萬朝·呂圭亨·尹顯求·丁學敎·秦尙彦·朴載陽·李庚稙·金永完·朴準禹·孫鵬九·李時濂·鄭秉夏·鄭秉岐·朴永旒·金彰鉉·全容默·尹致恒·宋達顯·李喬憲仕進, …… 日本領事結城, 與商民高須濂三面質白春培供辭, 欝島木料浮費, 與協同社約條條壹千七百七十一元九十七錢八厘內, 五百元先給, 餘在二千二百七十一元九十七錢八里, 自甲申陽曆七月, 每月每百元息銀二元式, 至今年九月利一千九十元五十四錢九厘, 本銀幷息銀統計三千三百六十二元五十二錢七厘自供, 旣有原約, 則從原約以一元邊淸償, 與夫後次私約中二元邊淸完, 惟在政府處分矣云, ……. 入直 朴準禹

30일, 맑았다. 독판(督辦) 김(金), 협판(協辦) 신(申), 참의(叅議) 정(鄭), 이(李), 주사(主事) 이건호(李建鎬), 정만조(鄭萬朝), 여규형(呂圭亨), 윤현구(尹顯求), 정학교(丁學敎), 진상언(秦尙彦), 박재양(朴載陽), 이경직(李庚稙), 김영완(金永完), 박준우(朴準禹), 손붕구(孫鵬九), 이시렴(李時濂), 정병하(鄭秉夏), 정병기(鄭秉岐), 박영류(朴永旒), 김창현(金彰鉉), 전용묵(全容默), 윤치항(尹致恒), 송달현(宋達顯), 이교헌(李喬憲)이 출근하였다. …… 일본영사(日本領事) 유키 아키히코(結城顯彦)와 상인 다카스 겐조(高須謙三)가 백춘배(白春培)와 대면하여 신문한 진술 내용이다. 울릉도 목재의 부비(浮費)와 협동사(協同社)와 약조한 조목 1,771원(元) 97전(錢) 8리(厘) 중에서 500원은 먼저 지급하고 나머지는 2,271원 97전 8리이다. 양력으로 1884년(갑신) 7월부터 매월 매 100원의 식은(息銀) 2원씩 올해 9월까지 이자가 1,090원 54전 9리이다. 본은(本銀)과 식은을 합하면 3,362원 52전 7리라고 스스로 진술하였다. 원 계약이 있다면 원 계약에 따른 1원의 이자 정산과 그 뒤에 사적 약속 중 2원의 이자의 정산은 오직 정부의 처분이 있을 뿐이라고 말하였다. …… 입직자는 박준우이다.

四千三十兩特許劃下事 題 甲申乙酉条二千三百七十
九兩六戔三分除已報惠廳外癸未甲申条一千三百八十四
兩四戔六分當文移惠廳矣餘錢三百六十五兩九戔一分
容有濫下更查區處事 關 洪州本州新北面細串居
金今錫稱以日本人都買每於場市歇價執物作弊多
端商民難保云定將羅押上事 關 漣川本縣其于峴居
前監役金晥舜本衙門助納錢尚不來納之致隷差
下送自本縣別定將羅眼同押上事 看枚 李蔭梧來署談晤

入直 孫鵬九

三十日晴督辦金 協辦申 叅議鄭 李

八月

金容默

主事李建鎬 鄭萬朝 呂圭亨 尹顯求 丁學教
秦尚彥 朴戴陽 李庚植 金永完 朴準禹 孫鵬九
李時濂 鄭秉夏 鄭秉岐 朴永旒 金彰鉉 尹致恒
宋達顯 李喬憲 仕進 畿伯謄報中國開濟兵船一隻
日本兵船天龍九一隻直出八尾島外洋事 又各邑外國人
過去及有無形止馳報事 永平郡中國理事官姚大人自
元山上來劉老爺自京下來 楊州牧 姚劉兩老爺八月二
十四日上來長湍府電桿修補次華員一人通詞一人下
去 平壤 龍仁縣八月初五日華藥商張大龍得咸鏡女人一
逗留本縣巢鶴洞失其女人白活請推故申飭該洞推來則

趙秉承

女人抵死不願隨去而張大龍無奈上京故厥女將屬
公娼次各邑無手事 關完營咨送濟州關文一度
係是時憲公事三懸鈐專送自 貴營亦宜一攄關飭
待其回報星火馳報者 關濟州以日本人漁採此係約
条許而前牧使禁止空還再次虛費爲三萬餘元云而
日本政府督促索賠於我政府勢難漫漶查此浮費當縂
於該邑而念此孤島無以辦此巨款咨與日公使不得已
相約限二年許漁採而惟不許在崖我國男女雜採之處
嚴爲操束使無混淆之弊該邑地方官吏亦待日本漁民
過二年之限便可撤還思量償費除此外更無他術萬不

八月

得已以此告回嗣後日本通艇到彼時無復如前驚擾而曉
諭人民到付形止星火馳報次 題仁港警察官美國商民
洛其願永租居留地于美国領事館下潮汐所齧礁石上等
埠構屋云而係是各国居留地之外云詳審形止可否報來事
元港牒報本港日本人居留地租税年久尚未商定每年只
以五十元送來一向推托終不議定租税系商後知照日公使本港
租税依仁港已行之規從速議定事 題該港租税方與日使商議
矣今年無貳令年税五十元姑為受置之意前已行回事 關
前營治道之役現已設始而貴字內治道修橋所用材木
自貴營將校派送看檢許斫事 又關湖南莘縣税已由

統理交涉通商事務衙門

第　道

本衙門叢閲矣今聞 貴營亦以此有閲飭云幸即收還兼
疊設事 日本領事结城與商民高須謙三面買白春培
供辭欝島木料浮費與該同社約條〻貳千七百七十一元九
十七戔八里内五百元先給除在二千二百七十一元九十七戔八里
自甲申陽曆七月每月每百元息銀二元式至今年九月利一千
九十元五十四戔九厘本銀并息銀統計三千三百六十二元五十
二戔七厘自伊既有原約則從原約以一元還清償與夫後次
私約中二元還清完唯在政府處分矣云
本衙門草記濟衆院主事金奎爀代金經夏李秉淵代李南圭
博文局主事權文燮代幼學韓喆重差下令該曹 口傳

前營來移沿道所用
斫木依貴移許施
事
前營來移湖南苧
緣稅事有本營關
文於完營日前自完
營有所牒報內以苧
麻田收刷定監官下
送如有起鬧隨現禁
斷啟題以本營初

下批何如 傳曰允 入直 朴準禹

九月初吉陰督辦金 協辦卞 申 主事
李建鎬 鄭萬朝 尹顯求 丁學敎 秦尚彥 朴戴陽
李庚植 朴準禹 孫鵬九 李時濂 鄭東岐 金容默
金彰鉉 尹致恒 宋達顯 仕進 照會日館二
一鈐用國寶文件以督辦交涉通商事務蓋印
定爲公式事 一釜山線路玆派本衙門主事丁學
敎先行踏勘事 關何文德墨總司現已請暇
本署總辦文案姑爲代理事 關仁港博文局
雇用井上角五郎衣箱免稅事 關三南沿途

第 道

1887년 3월 28일[71]

二十八日晴, 督辦金還營未仕, 協辦朴·主事李建鎬·鄭萬朝·尹顯求·趙秉承·丁學敎·秦尙彦·朴載陽·李源兢·朴準禹·孫鵬九·李時濂·鄭秉岐·金永完·全容默·李喬憲·片永基·朴正源仕進, 日館照會三道, 一, 開拓使從事官白春培, 與內田德次郎等訂約, 爲伐蔚島槻木, 雇役夫金額合計三千六百二十二圓八十七錢七厘, 迅速償完事, 一, 渡邊末吉, 載運蔚島木料費金三千五百十二元, 剩額八百四十四元十六錢, 何時儘可交付事, 一, 白春培雇人甲斐軍治貸給金額四百二十九圓九十六錢償完事, …….入直 李建鎬

28일, 맑았다. 독판(督辦) 김(金)은 영(營)으로 돌아가서 출사하지 않았다. 협판(協辦) 박(朴), 주사(主事) 이건호(李建鎬), 정만조(鄭萬朝), 윤현구(尹顯求), 조병승(趙秉承), 정학교(丁學敎), 진상언(秦尙彦), 박재양(朴載陽), 이원긍(李源兢), 박준우(朴準禹), 손붕구(孫鵬九), 이시렴(李時濂), 정병기(鄭秉岐), 김영완(金永完), 전용묵(全容默), 이교헌(李喬憲), 편영기(片永基), 박정원(朴正源)이 출근하였다. 일본공사관이 3가지 사안에 대한 조회(照會)를 보냈다. 첫째는, 개척사(開拓使) 종사관(從事官) 백춘배(白春培)가 우치다 도쿠지로(內田德次郎)[72] 등과 약정하여 울릉도의 느티나무를 벌목하기로 하였다. 역부(役夫)를 고용한 금액은 합하여 3,622원(圓) 87전(錢) 7리(厘)로, 신속하게 모두 갚을 일이다. 둘째는 와타나베 스에키치(渡邊末吉)가 실어 운반하는 데 들어간 울릉도 목재의 비용이 3,512원이고 남은 금액이 844원 16전이다. 언제 모두를 교부하는가에 대한 일이다. 셋째는 백춘배가 고용한 가이 군지(甲斐軍治)에게 빌려준 금액 429원 96전을 완전히 갚는 일이다. …… 입직자는 이건호이다.

---

71 본 기사의 3건의 내용 전문은 『구한국외교문서』 1, 일안 1, 고종 24년 3월 28일 자 기사에 각각 실려 있다.

72 우치다 도쿠지로(內田德次郎)는 야마구치현(山口縣)의 평민(平民) 출신으로 효고현(兵庫縣) 시모효고(下兵庫) 미나토정(湊町)에 살고 있었다(『구한국외교문서』 1, 일안 1, 고종 24년 3월 28일). 그는 백춘배와 계약을 맺고 울릉도 목재를 벌채하여 운반하는 일을 맡았다.

三月

二十八日晴督辦金 還營未仕協辦朴 主事李建鎬
鄭萬朝尹顯求趙秉丁學教秦尚彥朴戴陽李源兢
朴準禹孫鵬九李時濂鄭秉岐金彰鉉全容默李喬憲
片永基朴正源仕進 日館照會三道一開拓使從事官
白春培與內田德次郎等訂約為伐蔚島槻木雇役夫
金額合計三千六百二十二圓八十七錢七厘迅速償完
事一渡邊末吉載運蔚島木料費金八百四十四圓（三千五百十三元剩額）
十六錢何時儘可交付事一白春培雇人甲斐軍治
貸給金額四百二十九圓九十六錢償完事 又信函
元山租界地租不肯捧收速行飭知遵辦事 墨館函

自日本運來電氣燈機十三件與公用物料有所區
別另為免稅事 關吏曹主事朴戴陽仕滿依定
式陞六事 關完營博文局周報債今年先七朔条
条件条百拾捧兩准給李泳均事 題嶺營䏁姜
鳳彩本來作獘之人自袁館照會本署使該營定將羅
押上啟袁館照會抄錄下送即發壯健校卒緊緊押上
事 完營報牛毛加士里監官洪漢明李君正依關舉
行事

入直李建鎬

二十九日晴午后雨[illegible][illegible]協辦朴 主事李建鎬呂圭亨

1887년 4월 26일[73]

二十六日晴, 督辦金 · 主事丁大英 · 李建鎬 · 鄭萬朝 · 尹顯求 · 丁學教 · 秦尙彦 · 朴載陽 · 李源兢 · 朴準禹 · 孫鵬九 · 李時濂 · 鄭秉岐 · 鄭秉夏 · 朴永旒 · 金彰鉉 · 全容默 · 尹致恒 · 趙復永進, 照覆日舘, …… 鬱島木價中二千六百六十七元八十四錢, 已經交付渡邊末吉, 剩額八百四十四元, 應送交本署事, 再開拓一事, 已經數年, 此等索償, 早已考驗償還, 至內田德次郎 · 田中喜左衛門等諸費, 俱係刱聞, 我政府不能認償事, …….入直 朴載陽

26일, 맑았다. 독판(督辦) 김(金), 주사(主事) 정대영(丁大英), 이건호(李建鎬), 정만조(鄭萬朝), 윤현구(尹顯求), 정학교(丁學教), 진상언(秦尙彦), 박재양(朴載陽), 이원긍(李源兢), 박준우(朴準禹), 손붕구(孫鵬九), 이시렴(李時濂), 정병기(鄭秉岐), 정병하(鄭秉夏), 박영류(朴永旒), 김창현(金彰鉉), 전용묵(全容默), 윤치항(尹致恒), 조복영(趙復永)이 출근하였다. 일본공사관에 조복(照覆)을 보냈다. …… 울릉도 목재의 값 중에서 2,667원(元) 84(錢)은 이미 와타나베 스에키치(渡邊末吉)에게 교부하였고 나머지 금액 844원은 마땅히 본서(本署)에 직접 보낼 일이다. 개척(開拓)하는 일이다. 이미 수년이 지났는데 이러한 배상을 요구하기에 일찍이 상환에 대하여 조사를 하였다. 우치다 도쿠지로(內田德次郎)와 다나카 기자에몬(田中喜左衛門)[74] 등의 여러 비용은 모두 처음 듣는 것으로 우리 정부가 인정하여 상환할 수 없는 일이다. …… 입직자는 박재양이다.

---

73 본 기사의 내용은 『구한국외교문서』 1, 일안 1, 고종 24년 4월 26일 자 기사에 실려 있다.

74 다나카 기자에몬(田中喜左衛門)은 우치다 도쿠지로(內田德次郎)와 함께 백춘배에 의해 고용된 일본인이다.

四月

統理交涉通商事務衙門

畿營報今二十四日美國三帆兵船馬立安自尾嶋外洋上來留碇於月尾嶋外洋事

箕營報龍岡漂漢人送于北京禮部咨傳發鳳城使答通出來今月望後巡檢大國

十名例贈事 灣報同 關嶺營聯接日本後照會內稱云云上司查各

國物係內載明出口貨物雖在內地不得傳疊釐稅今此日本民入內地買去之貨皆於海關納

稅後出口若又設句檢監官而收稅不使畾疊稅豈得無害乎茲以公文後錄參閱到

即句檢收稅還收若以船隻未定或收稅不徵於船上之貨則無礙於章程照此遵辦

事

直 丁學教

二十六日清督辦金 主事丁大英李建鎬鄭萬朝

尹顯求丁學教秦尚彥朴戴陽李源兢朴準禹

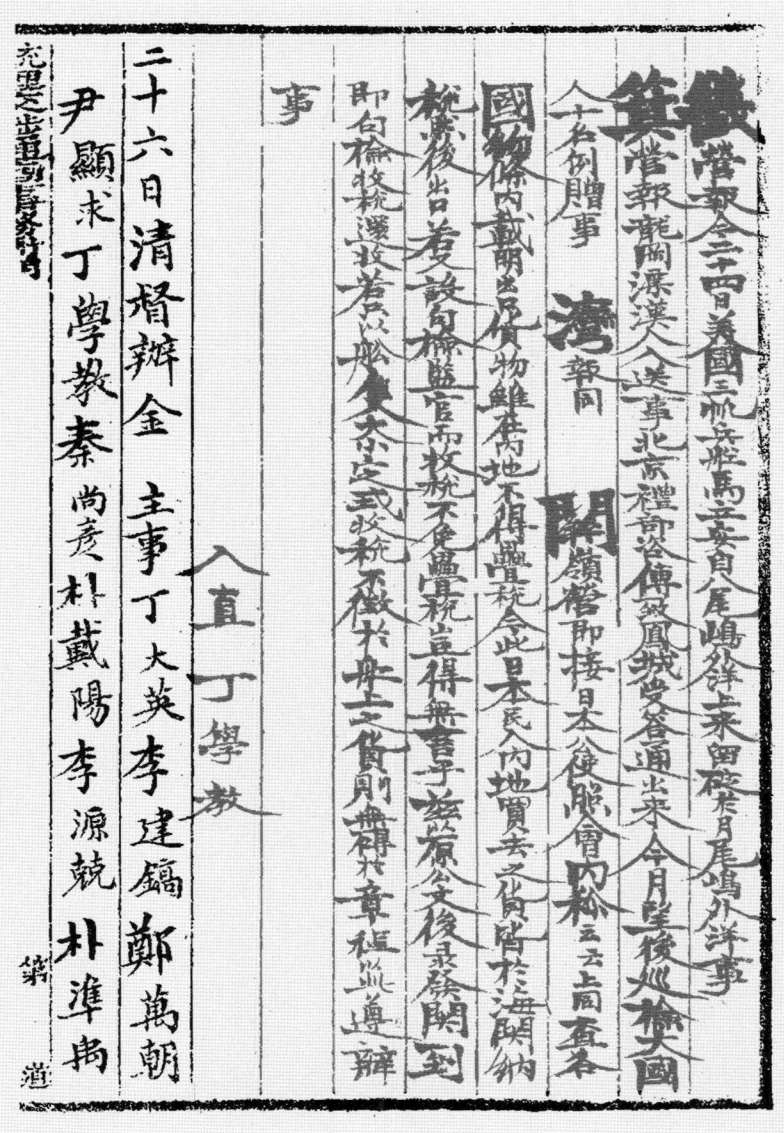

第 道

朴永旒

德國新領事口麟
舊領事景曼代辦
領事麥爾
陛見時協辦朴
進
官
函送德館二十八
日上午十二点鐘潔
尊候光事請口麟
景曼麥爾華爾德
等德人四員而已各
國人不與焉

孫鵬九李時濂鄭秉岐鄭秉夏金彰鉉金容默
尹致恒趙復永進照霞 日館釜港科外徵稅當
飭慶監撤銷至船隻課稅亦校明分別勿碍定章事
二
鬱島木價中二千六百六十七元八十四錢已經交付
渡邊末吉剩額八百四十四元應送交本署事再開拓
一事已經數年此等索償早已考驗償還至内田德
次郎田中喜左エ門等諸費俱係捌閑我政府不能
認償事 墨館来函日人在釜山元山租地稅一事元
山上中下三等地段征稅与仁川地稅不甚相懸至釜
[illegible]擬稅比元山甚少不解何故貴督辦似不可應允也

本衙門什記
博文局主事
沈瑀澤有頃
代幼學沈運
澤差下事
傳曰允

四月

畿報本四月丁軍門自京下来率兵船四隻直出外洋
事
入直朴戴陽
二十七日小雨 督辦金 協辦申 主事丁大英李建鎬
鄭萬朝尹顯求丁學教朴戴陽李源競朴準禹孫
鵬九李時瀗鄭秉夏鄭秉岐朴永祚金彰鉉全容默
李喬憲進
德舘復函明日届期趁造亦於
下七点設酌叙情請臨事
口麟復函亦如期
漢府報日本領舘照二度踏印越送之地事
錦伯報結城廣川市税還屬於該邑奴令筆事
題依施

第 道

1887년 4월 29일

念九日晴, 督辦·協辦申·主事丁大英·李建鎬·鄭萬朝·呂圭亨·尹顯求·丁學教·秦尙彦·朴載陽·李源兢·孫鵬九·李時濂·鄭秉岐·朴永旒·金彰鉉·全容默·尹致恒·宋達顯仕進, …… 日館照, 欝島木價剩額八百四十四元, 將另附銀行券票, 送請查收, 至內田德次郎·田中喜左衛門索債, 按據法理, 迅速償還事, ……. 入直 呂圭亨

9일, 맑았다. 독판(督辦), 협판(協辦) 신(申), 주사(主事) 정대영(丁大英), 이건호(李建鎬), 정만조(鄭萬朝), 여규형(呂圭亨), 윤현구(尹顯求), 정학교(丁學教), 진상언(秦尙彦), 박재양(朴載陽), 이원긍(李源兢), 손붕구(孫鵬九), 이시렴(李時濂), 조병기(鄭秉岐), 박영류(朴永旒), 김창현(金彰鉉), 전용묵(全容默), 윤치항(尹致恒), 송달현(宋達顯)이 출근하였다. …… 일본공사관에 조회(照會)를 보냈다. 울릉도 목재 값의 남은 금액 844원(元)은 장차 은행권표(銀行券票)로 첨부하여 보내기를 청하기에 살펴보고 받는다. 우치다 도쿠지로(內田德次郎)와 다나카 기자에몬(田中喜左衛門)의 빚 상환 요구는 법리를 살펴서 신속하게 갚도록 할 일이다. …… 입직자는 여규형이다.

四月

拿交事復送交次確一對如無大罪稍
警放送毋累良民或請申白彼同訂可
也 高陽民訴笠商收稅還寢事題以
見此齊訴民情可寬此非獨斷之事來白
間頭民一二人更為來待

入直 丁大英

參 晴 督辦 協辦申 主事丁大英 李建鎬 鄭萬朝
呂圭亨 尹顯求 丁學教 秦尚彥 朴準禹 李源兢 孫鵬九 李時濂
鄭秉岐 朴永撫 金彰鉉 金容默 尹致恒 宋達顯 付進 照美
館 福久新聞譯上請一一措明其不符之處并請改正繳還事 照會

第 道

照會俄館陸
章稿繕送入民
移徙一切俟章程
開辦之日妥爲辦
理至陸路稅則値
百抽五嗣後別國
有酌改之處責政
府亦准酌改事

德領事來函戶曹兼協辦衙
敎旨祗受還交事 日館照 [illegible]剩額一百四十四元[illegible]
附銀行委員送信查收至內田[illegible]次郞田中吉[illegible]俟搭程[illegible]
理[illegible]還遞事 要送置掌務所 德館照口辦接任事 墨館申
釜元港海關章程當於西曆本年七月初一日 即我曆五月初十日 施行札飭事
關元港 日商租價每十元[illegible]
關完營 [illegible]免稅[illegible]事 關海營 所接[illegible]
訴各國人支付[illegible]
借錢[illegible]
貸[illegible]

四十八

曜

統理交涉通商事務衙門

之照會請票門物互見一二查繳呈經事核照亦通詞寫于之作案收繳

事事 嶺營報二 一佛人呂秋香內藤日船三月廿七日到釜業事也

日人栢田桶口抵遊歷四月初三日發向金海事 釜山報 日商

橋本杉原緒形於初六日發往清河事 鎭營杜 林錫孔壽卿一處出

事事 灣報 鎭營杜 直化局洋人役往招同事

入直 呂圭亭

三十日晴 督辦金 協辦申 主事丁大英 鄭萬朝

呂圭亭 趙秉承 丁學教 朴戴陽 李源兢 朴準禹 孫鵬九

鄭秉岐 金容默 宋達顯 李喬憲 仕進 墨館申呈釜山

元山港泊章程當於閏月初十日札飭事 濟州民人

第 進

1887년 8월 19일[75]

十九日淸, 督辦趙·協辦李·叅議鄭·主事李建鎬·朴永旒·金彰鉉·宋達顯·李喬憲·趙復永進, …… 平海郡報, 欝島木禁斫, 前有所政府關飭, 而今此英人持乙酉公文, 將爲木料, 實是訝惑事, 題, 米鐵之憑藉公文, 已經勿施, 河桂祿之符同, 萬萬痛駭, 河漢爲先嚴囚, 株數一一執留, 昭詳開錄馳報事. 入直 朴永旒·李喬憲

19일, 맑았다. 독판(督辦) 조(趙), 협판(協辦) 이(李), 참의(叅議) 정(鄭), 주사(主事) 이건호(李建鎬), 박영류(朴永旒), 김창현(金彰鉉), 송달현(宋達顯), 이교헌(李喬憲), 조복영(趙復永)이 출근하였다. …… 평해군수가 보고하였다. 울릉도 벌목 금지는 전에 정부에서 관칙(關飭)한 바가 있다. 그러나 지금 영국인이 을유년 공문[乙酉公文]을 가지고 장차 벌목을 하려고 하니 이는 실로 의심스러운 일이다. 제(題)하기를, 미첼(米鐵)이 공문을 빙자한 일은 시행하지 말며 하계록(河桂祿)이 한통속이 된 것은 매우 놀라운 일이니 하계록을 먼저 엄히 가둔다. 몇 그루인지를 일일이 압류하고 소상하게 기록하여 보고할 일이다. 입직자는 박영류와 이교헌이다.

75 본 기사는『강원도관초(江原道關草)』고종 24년 8월 20일 자 기사에 실려 있다.

華商德來署訣
辦

八月

春氷鮮後二三個月架設而沈破與漏失物料係是
貴行不幸哉政府合同原定價外雖絲毫不宜加給
乾沈破中可用者先行輸來不可用者再為新備務
期鮮氷前運到事
慶尚左水使牒報黑岩前洋
英國兵艦十一隻問情後日本商船一隻領事官室
田義文一行元山港副領事渡邊脩同騎出來事尚
收牒報去月朔境內假托李衙門閪文橫侵之弊無
平事

人直 朴永旒
趙復永

十九日清 督辦趙 協辦李 參議鄭 主事

統理交涉通商事務衙門

啓日本衙門
主事朴準禹
有頃代幼學
李漢儀差
下允。

李達鎬 朴永琉 金彰鉉 宋達顯 李喬憲 趙復永
進關會寧談署新設之初漏稅之弊愈往愈甚飭
知關北十州一體懍遵事圻伯報俄國二帆兵船一
隻今月十八日巽時直出尾島事慶尚左水使
報六月朔內釜山元山仁川往來商船都聚事平
海郡報鬱陵島木禁所前有所政府關飭而
今此英人持乙酉公文將為木料實是訝惑事題
米鐵之憑藉公文已經勿施河桂祿之符同萬萬痛
駭河漢為先嚴囚株數一一執留將詳開錄馳報事
入直朴永琉

啓曰會寧監
理書記官金
喬燦宋移差代
前主事李斗
炯差下掌簿
官彭翰周改
差代幼學陳
洪九差下事
允
八月

李喬憲

二十日清督辦趙 協辦李 參議鄭 主事丁大英
李建鎬呂圭亨 秦尚彦朴戴陽李源兢鄭秉夏
鄭秉岐朴永琉全容默宋達顯李喬憲進
照
會日館二度一電機購到紅海遇風沈破再購機器
嚴迫前難可拔役勢將開春興工轉達貴政府再延限
期事一濟州加波島採鰒日本船殺傷人命攘奪雞豬事由我
政府具奏嗣奉
勅諭本衙門商辦業經行飭釜山監理[illegible]貴國領事裁判
請貴代理公使轉飭該港領事[illegible]遵辦事 元港牒報

[illegible]

第 道

1887년 10월 8일[76]

初八日晴暄, 督辦趙·協辦李·趙·姜·叅議李·主事丁大英·李建鎬·朴載陽·李源兢·鄭秉夏·鄭秉岐·全容默·宋達顯·朴正源·徐相奭·崔名煥進, …… 函英館, 據蔚陵島長徐敬秀禀稱, 英國商民米鐵, 帶統署公文, 率日本雇人七十二名, 前來本島, 斫伐木料, 本島長, 查得年久公文, 不爲施行, 該英人, 不有理說, 勒行斫伐, 故具由報明前來, 查該商人所帶公文, 係是我曆乙酉八月發給者, 該島長固宜致疑, 請即轉飭該商, 前來漢城, 再行面商事, ……. 入直 崔名煥

8일, 맑고 따뜻했다. 독판(督辦) 조(趙), 협판(協辦) 이(李), 조(趙), 강(姜), 참의(叅議) 이(李), 주사(主事) 정대영(丁大英), 이건호(李建鎬), 박재양(朴載陽), 이원긍(李源兢), 정병하(鄭秉夏), 정병기(鄭秉岐), 전용묵(全容默), 송달현(宋達顯), 박정원(朴正源), 서상석(徐相奭), 최명환(崔名煥)이 출근하였다. …… 영국공사관에 함(函)을 보냈다. 울릉도장(蔚陵島長) 서경수(徐敬秀)[77]가 아뢴 것에 따르면, 영국 상인 미첼(米鐵)이 통리교섭통상사무아문의 공문을 가지고 일본 고용인 72명을 데리고 미리 울릉도에 가서 목재를 벌목하였다. 울릉도장은 햇수가 오래된 공문의 조사를 진행하지 않았다. 해당 영국인은 설명도 없이 벌채를 강행하였다. 그래서 상세히 보고하고자 해당 상인이 가지고 온 공문을 조사하였다. 우리 달력으로 1885년(을유) 8월에 발급된 것으로 울릉도장이 매우 의심을 가졌다. 곧 해당 상인에게 한성으로 가서 다시 만나 의논하도록 명령을 전하기를 청하는 일이다. …… 입직자는 최명환이다.

---

76 본 기사의 내용은 『구한국외교문서』 13, 영안 1, 고종 24년 10월 8일 자 기사에 있다.

77 서경수(徐敬秀)는 1887년 이전에 월송만호로 임명되어 울릉도장을 겸하고 있었다. 『황성신문』에 따르면 그는 울릉도민으로서 월송만호로 임명되었다고 한다(『황성신문』 1899년 9월 23일, 울릉도상황). 『강원도관초』에 따르면 그가 월송만호에서 체직된 것은 1890년 8월이다(『강원도관초』 고종 27년 8월 7일).

僉甯監理署
書記官陳鴻九
赴任馬東戍俟
事

十月

率

明魁彩伴李梅前往全羅平安道地方買辦土貨限六
個月護照并二帋會印以送
入直李源兢

初八日晴暄督辦趙 協辦李 趙 姜 參議李
主事丁大英李建鎬朴戴陽李源兢鄭秉夏鄭秉岐
全容默宋達顯朴正源徐相喬崔名煥進 袁館來照華
商四家連燒三名焚斃察情重大請即緝拿放火韓人從嚴懲辦以安商心事又
來函上仝又本月初十日
皇太后萬壽聖節是日下午七點鍾辱臨同慶事內務府來關見今公用緊急
釜山稅銀二萬元德源稅銀七千元並即輸上于本衙門之意發關各該監理事發函

英館據蔚陵島長徐敬秀稟稱英國商民米鐵帶統署公文率日本雇人七十二
名前來本島斫伐木料本島長查得年久公文不為施行該英人不有理說勒行斫
伐故具由報明前來查該商人所帶公文係是我歷乙酉八月發給者該島長固宜致
疑請即轉飭該商前來漢城再行面商事關仁港本港稅銀中一千二百元劃給轉
運委員尹始炳之意奉承
處分到即遵辦事電飭花島鎮前關石炭非一噸即十噸事
入直崔名煥
初九日朝陰晚晴督辦趙 協辦朴 李 沈 姜
參議鄭 主事鄭萬朝 呂圭亨 秦尚彥 朴戴陽
李源兢 鄭秉岐 全容默 朴正源 徐相奭 朴世煥 崔

1887년 12월 11일[78]

十一日晴, 督辦趙·協辦李·叅議鄭·洪·主事丁大英·李建鎬·秦尙彦·李源兢·鄭秉岐·朴正源·兪箕煥·沈相老·韓憲敎·尹宅善·李台稙仕進, …… 日館照二, 一, 我人內田德次郎·田村正太郎等, 被雇於開拓從事官, 採伐蔚島木料, 向貴政府索討役費合計三千六百二十二元八十七錢七厘五毛償還一案, 昨年照會, 未見回音, 玆准外務省來文, 據該苦禀, 切請云云, 請煩查照事, ……. 入直 呂圭亨

11일, 맑았다. 독판(督辦) 조(趙), 협판(協辦) 이(李), 참의(叅議) 정(鄭), 홍(洪), 주사(主事) 정대영(丁大英), 이건호(李建鎬), 진상언(秦尙彦), 이원긍(李源兢), 정병기(鄭秉岐), 박정원(朴正源), 유기환(兪箕煥), 심상로(沈相老), 한헌교(韓憲敎), 윤택선(尹宅善), 이태식(李台稙)이 출근하였다. 일본공사관이 2건의 조회(照會)를 보냈다. 첫 번째는 우리나라 사람 중에서 우치다 도쿠지로(內田德次郎)와 다무라 쇼타로(田村正太郎) 등이 개척사의 종사관에 피고용되어 울릉도 목재를 벌채하였다. 앞으로 귀정부로부터 받아야 할 역비(役費)는 합하여 3,622원(元) 87전(錢) 7리(厘) 5모(毛)로 완전하게 상환하는 것이다. 작년 조회에서 답신을 받지 못하여 외무성에서 온 문서에 따라 해당 품의를 청한다고 운운하였다. 내용대로 시행하기를 청하는 일이다. …… 입직자는 여규형이다.

---

78 본 기사의 내용은『구한국외교문서』1, 일안 1, 고종 24년 12월 11일 자 기사에 실려 있다.

除月

官即派隨差持該商凌竹清拿解來漢轉交等
署歸案追繳事照水原省官華商凌竹清不
帶護照遽入水原浦私行貿易殊屬藐法即差將
該銀尋該商領事本署轉交中國公署以便追辦
事函復俄館通商章程一事本月十四日下午二點鐘
在署候光面商一切事 入直秦尚彥
十二日晴 督辦趙 協辦李 參議鄭 洪 主事丁大英
李建鎬 秦尚彥 李源兢 鄭東岐 朴正源 俞箕煥 沈相老 韓憲教
尹宅善 李台植 仕進 呂圭亨 晩直 英館覆各國領事等
官在境所用各物查驗徵稅來文閱悉事 日館照二一我人內田德

第 道

啓曰濟衆院主
事徐敬秀改差
代前縣監李演
光差下事
前主簿方時榮
博文局主事加
差下事

次郎田村正太郎等被雇於開拓使事官株代尉售木料向貴政府索
討役費合計三千六百三十二元八十七錢七厘五毛償還一案昨年照會未見
回音茲准外務省來文據該商禀訪請云云請煩查照事 一海關水夫押
留貨物一事海關長將此權付於水夫者責衙門及稅關決不以爲然經
則本使前送照會所稱也此海關與接之權先論其性將來不有之效之意
在於貴我兩國存也明矣但貴署不言及於此以申說以免後日異見
之處事 題 果川報尹光春洪萬成押送漢城府事 關漢城少尹
全上從公查辦事 圻報中國鎭海艦入來事 元山報二一隻兵艦
日本今又上送事 一日艦三隻形止事

入直呂圭亨

1888년 1월 9일[79]

初九日晴, 督辦趙·協辦沈[相學]·姜·主事丁大英·鄭萬朝·李源兢·宋達顯·朴正源·朴世煥·韓憲敎·李台稙·兪致秉, 照會日館, 照得, 我曆上年十二月二十六日, 接據欝陵島禁伐監官裵奎周在長崎報稱, 長崎大浦居鈴木勝之丞, 偸斫該島紋木六十九株, 長一千二百十七尺, 槻木二株, 一, 長八尺, 廣三尺, 厚二尺五寸, 一, 長十三尺, 廣二尺二寸, 厚二尺, 共七十一株, 裝船發還等情, 據此, 查朝日通商章程, 如有日商密行買賣於朝鮮不通商口, 罰船長五十萬文等語在案, 查該島, 原係不通商口岸, 況此偸斫, 不比密行買賣, 請煩貴公使, 轉照長崎地方官, 該木料, 亟令追繳, 該船長, 亦罰五十萬文事, ……. 入直 韓憲敎

9일, 맑았다. 독판(督辦) 조(趙), 협판(協辦) 심상학(沈相學), 강(姜), 주사(主事) 정대영(丁大英), 정만조(鄭萬朝), 이원긍(李源兢), 송달현(宋達顯), 박정원(朴正源), 박세환(朴世煥), 한헌교(韓憲敎), 이태식(李台稙), 유치병(兪致秉)이 출근하였다. 일본공사관에 조회(照會)를 보냈다. 살피건대 우리 달력으로 지난 12월 26일, 울릉도(欝陵島) 금벌감관(禁伐監官) 배규주(裵奎周)가 나가사키(長崎)에 있을 때 보고한 것에 의거하면, 나가사키 대포(大浦)에 거주하는 스즈키 카츠노죠(鈴木勝之丞)가 울릉도에서 길이 1,217척(尺)의 문목(紋木) 69그루, 규목(槻木) 2그루를 몰래 벌채했는데, 하나는 길이 8척, 너비 3척, 두께 2척 5촌이고 다른 하나는 길이 13척, 너비 2척 3촌, 두께 2척이다. 모두 합하여 71그루이다. 배에 실어 가지고 몰래 돌아왔다고 한다. 이에 의거하여 조일통상장정을 보면 조선의 미통상 항구에서 일본 상인이 몰래 매매를 행하는 일이 있으면 선장에게 벌금 50만 문(文)을 물게 하는 등의 말이 문서에 있다. 울릉도를 조사하니 원래 미통상 항구인데 하물며 몰래 벌채하여 매매를 한 것에 비할 것인가. 귀 공사가 나가사키 지방관에게 알려서 해당 목재는 모두 추징하고 해당 선장 또한 벌금 50만 문을 물도록 청하는 일이다. …… 입직자는 한헌교이다.

---

79 본 기사의 내용은 『구한국외교문서』 1, 일안 1, 고종 25년 1월 9일 자 기사에 실려 있다.

正月

永禧殿臨壓禁忌處屢經照會一准議以私塟
不顧國禁其失二也所以本督辦曁與貴大臣
會議言明而查本國大典會通工典內載城內
家代依山處今觀象監審視臨壓禁忌處不
許造家況外國人未領地契營鋪而鑽傷山脈乎
請將情形曉諭該法人事

入直 鄭萬朝

初九日清督辦趙 協辦沈 姜 主事丁大英 鄭萬朝
李源兢 宋達顯 朴正源 朴世煥 韓䓁敎 李台稙
俞致秉 照會日館照得我曆上年十二月二十六日接據贊

陵島禁伐監官裴季周在長崎報稱長崎大浦居鈴木
滕之函偷斫該島紋木六十九株長一千二百十七尺槻木二
株一長八尺廣三尺厚二尺五寸一長十三尺廣二尺二寸厚二尺
共七十一株裝船發還等情據此查朝日通商章程如有
日商密行買賣於朝鮮不通商口罰船長五十萬文等語
在案查該島原係不通商口岸況此偷斫不比密行買賣請
煩貴公使轉照長崎地方官該木料亟令追繳該船長亦罰
五十萬文事 關 北伯 甲山府北雲嶺店我商權明濟李暾親金公
集南化琢等被咆馬賊馬杜兩漢剌殺一案初無謄報於本衙
門該舉行刑吏到即嚴棍汰去事 華 商德來械前約電料

乙有

到上海云則四七日後當到於仁川釜山兩港事 灣報北洋
電報總局公文一度出來事 箕報同 題仁港賬簿及經費成
冊二件捧上事 又 收票六紙捧上事
入直韓愿教
初十日朝清合署督辦趙 協辦李 主事丁炎英李源兢鄭
秉岐金彰鉉金容黙宋達顯孫鵬九朴正源沈相老進 關仁監
即接前營雇入日人小川實來稱前營劃參千四百七元實係
自已所捧請領責衙門公文前往安商日本銀行要借該款等
語接此叢關到即與該日人安壽借款以為抵用初七日公文隨
便繳銷事 關平山即接電總辦陳函稱平山在城巡弁朴仁錫

1888년 1월 11일[80]

十一日晴, 協辦趙·主事丁大英·秦尙彦·李源兢·金彰鉉·全容默·宋達顯·孫鵬九·朴正源·徐相奭·兪箕煥·沈相老·李台稙進, 英商米鐵來署, 再譚鬱島木料一事, …… 日館照覆, 我長崎縣人鈴木勝之亟, 偸斫貴鬱陵島木料, 由禁伐監官裵奎周, 控訴我法衙, 則自當妥處事, …… 關駐日署理公使, 據鬱陵島禁伐監官裵奎周在長崎報稱, 長崎大浦居鈴木勝之亟, 偸斫該島紋木六十九株, 長一千二百十七尺, 槻木二株, 一, 長八尺, 廣三尺, 厚二尺五寸, 一, 長十三尺, 廣二尺二寸, 厚二尺, 共計七十一株, 裝船發還, 因此控訴日本官及英國官, 尙未歸結, 請知照日本公使, 轉照長崎地方官, 以便追索等情, 據此, 査日人之前往鬱島, 寔由英商米鐵, 請領本署憑據, 斫運木料, 雇用日人, 不料該鈴木, 因緣犯此偸斫密運, 按査朝·日通商章程第三十三款, 如有日本商船在朝鮮不通商口岸密行賣買, 或希圖密行賣買者, 將商貨及其所載各貨入官, 罰船長五十萬文等語在案, 査該島, 原係不通商口岸, 況此偸斫木料, 不比密行賣買, 不但背違定章, 請轉飭長崎地方官, 追繳該木料, 罰該船長五十萬文, 以遵定章事, 照會日公使在案, 及據該照覆內稱, 査此案, 旣由貴禁伐監官, 控訴我法衙, 則自當妥處等語, 玆將各等因關飭, 到即知照日本外務省, 轉飭長崎裁判所, 追還木料, 徵罰船長, 歸納本政府事, 又在長崎鬱陵島禁伐監官裵奎周, 日本人之偸斫密運木料一事, 業經知照日本公使, 今據該覆, 此案旣經控訴於我法衙, 則自當妥處等語, 須即詳錄該木料才數, 控訴長崎裁判所, 一一追尋, 亦徵罰金五十萬文, 並與原木料七十一株, 來納本政府事, ……. 入直 兪箕煥

11일, 맑았다. 협판(協辦) 조(趙), 주사(主事) 정대영(丁大英), 진상언(秦尙彦), 이원긍(李源兢), 김창현(金彰鉉), 전용묵(全容默), 송달현(宋達顯), 손붕구(孫鵬九), 박정원(朴正源), 서상석(徐相奭), 유기환(兪箕煥), 심상로(沈相老), 이태식(李台稙)이 출근하였다.

---

80 본 기사의 내용은 『구한국외교문서』 1, 일안 1, 고종 25년 1월 11일 자 기사에 실려 있다.

영국 상인 미첼(米鐵)이 통리교섭통상사무아문에 왔다. 다시 울릉도 목재에 대하여 이야기한 일이다. …… 일본공사관이 조복(照覆)을 보냈다. 우리나라 나가사키현(長崎縣) 사람인 스즈키 카츠노죠(鈴木勝之丞)가 귀국의 울릉도 목재를 훔쳐 벌채한 일로 금벌감관(禁伐監官) 배규주(裵奎周)가 우리 법원에 공소(控訴)하였기에 마땅히 온당하게 처리한다는 일이다.[81] …… 주일서리공사(駐日署理公使)에게 관문(關文)을 보냈다. 울릉도의 금벌감관 배규주가 나가사키(長崎)에 있을 때 보고한 것에 의하면, 나가사키의 대포(大浦)에 거주하는 스즈키 카츠노죠가 울릉도에서 길이 1,217척이 되는 문목(紋木) 69그루와, 규목 2그루를 훔쳐 벌채했는데, 하나는 길이 8척, 너비 3척, 두께 2척 5촌이고, 다른 하나는 길이 13척, 너비 2척 2촌, 두께 2척으로 모두 합하여 71그루이다. 배에 실어서 돌아왔다. 이로 인하여 일본관(日本官)과 영국관(英國官)에 공소를 하였는데 아직 결말이 나지 않았다. 일본공사에게 알리고 나가사키 지방관에서 전하여 원인을 규명하는 등의 사정을 청하였다. 이에 의거하여 일본인이 미리 울릉도에 가고 영국 상인 미첼이 본서의 증거를 청하여 목재를 벌채하여 운반했는데 일본인을 고용하고 해당 스즈키에게 급료를 주지 않은 것을 조사하였다. 조일통상장정 33관을 살펴보니 일본 상선이 조선의 미통상 항구에서 몰래 매매를 행하거나 혹은 몰래 매매를 기도하는 자가 있으면 장차 상품과 실은 각종 물화는 관청에서 몰수하고 선장에게는 50만 문의 벌금을 물린다는 말이 문서에 있다. 울릉도를 보니 원래 미통상 항구인데다 하물며 훔쳐 벌채한 목재를 몰래 매매한 것에 비하겠는가. 비단 장정을 위반한 것만이 아니다. 나가사키 지방관에서 전하여 해당 목재를 추징하고 선장에게 50만 문의 벌금을 물리기를 청하여 장정을 준수해야 하는 일이다. 일본공사에게 보낸 조회 문서와 해당 문서의 조복 안에 이 안(案)을 조사하여 귀 금벌감관이 우리 법원에 공소하였으니 마땅히 온당하게 처리한다는 등의 말이 있다. 각 등의 관칙(關飭)으로 인하여 일본 외무성에 알리고 나가사키 재판소에 전칙(轉飭)하여 목재를 추징하여 환수하고 선장에게 벌금을 징수하여 본 정부에 납부할 일이다. 또한 나

---

81 조선 정부는 일본공사관의 조회에 따라서 금벌감관 배규주에게 일본 나가사키 법원에 해당 사건을 공소하도록 지시를 내렸다[『강원도관초』 고종 25년 1월 11일, 울릉도(鬱陵島) 금벌감관(禁伐監官)에게 하달한 관문].

가사키에 있는 울릉도 금벌감관 배규주와 일본인이 몰래 벌목하여 운반해 간 목재에 대한 일은 일본공사에게 이미 조회로 알렸고 해당 조복에 의거하여 이 안은 우리 법원에 공소하였으니 마땅히 온당하게 처리한다는 등의 말에서 매우 상세하게 목재의 수를 기록하였으니 나가사키 재판소에 공소하여 일일이 추심하고 또한 벌금 50만 문을 징수하여 원 목재 71그루와 더불어 본 정부에 납부할 일이다. …… 입직자는 유기환이다.

英商米鐵
來署再譚
欝陵島木料
一事

現有難原之科沈玄以李義培差定等語前來接此蒙閱刻卽朴
仁錫沈玄李義培差定事嶺伯報沿邑農形連被旱潦收秋穡
事偏為失稔全省米穀暫禁出口之意衙門參商照會日本公使事
陽智永宗長城丹城等邑持本衙門公文橫侵無乎事
入直沈相老
十二日清協辦趙 主事丁大英秦尚彥李源兢金
彰鉉全容黙宋達顯孫鵬九朴正源徐相喬俞
箕煥沈相老李台稙進 袁舘照覆上年五月
二十五日甲山同仁鎮普天社店中國响馬賊馬杜兩姓殺
人奪貨等情均已閱悉候詳文華殿大學士李查

五月

核相應照復事 日館照復我長崎縣人鈴木勝之丞
偷斫貴欝陵島木料由禁伐監官裵季周控訴我法
衙飭自當妥處事 照會日館據我嶺伯牒稱本道沿
海各邑頻年旱潦荐被荒歉民食不敷際此日商遍行
道內貿運米豆窃查通商章程第三十七款有不可擅
行禁出請知照日公使轉飭駐釜山日領事曉喩日商
訂期禁穀出口等情據此照會請轉飭該貴領事係
到我釜山監理知照訂期遵辦事 關駐日署理公使
據欝陵島禁伐監官裵季周在長崎報稱長崎大浦
居鈴木勝之丞偷斫該島規木六十九株長一千二百十七尺槻

木二株一長八尺廣三尺厚二尺五寸一長十三尺廣二尺二寸厚
二尺共計七十一株裝船裝還因此控訴日本官及英國官尚
未歸結請知照日本公使轉照長崎地方官以便追索等情
據此查日人之前往欝陵島實由英商米鐵請領本署憑
據所運木料雇用日人不料該人因緣把此偷斫密運搭查
朝日通商章程第三十三款如有日本商船在朝鮮不通
商口岸密行賣買或希圖密行賣買者將商貨及其
所載各貨入官罰船長五十萬文等語在案查該島
原係不通商口岸況此偷斫木料不比密行賣買不但背違
定章請轉飭長崎地方官追繳該木料罰該船長

五月

五千萬文以遵定章事照會日公使在案及據該照復
內稱查此案旣由貴禁伐監官控訴我法衙則自當妥
處等語玆將各等因關飭到即知照日本外務省轉飭長崎
裁判所追還木料徵罰船長歸納本政府事 又在長崎領
陵島禁伐監官裴季周日本人之偷斫盜運木料一事
業經知照日本公使今據該復此案旣經控訴於我法衙則
自當妥處等語須即詳錄該木料寸數控訴長崎裁
判所一一追尋亦徵罰金五千萬文並與原木料七十一株求
納本政府事 又 關 墨館 玆將前任督辦金與總理袁所訂
之兵船章程六條關飭仰轉飭各口稅務司遵辦事 又

仁署監據來牒李丙善條伏飭漢城府賣得公價銅
錢共計弍仟叁百零弍兩開單下送即行清償世昌行
債款爲妥事電局教師奚來百士來械請飭仁監及
墨稅務司上年十一月分薪水清撥事箕伯謄報義州
呈以今月鈔至前巡檢中國人例贈事濟報仝上
入直俞箕煥
十二日晴參議鄭洪 主事丁大英秦尚彥李源兢宋
達顯朴正源徐相奭俞箕煥韓憲敎孫鵬九李台稙進
釜監報五國參贊官去月三十日發船事又本港丁亥十月朔
出入口收稅實數及入出款實數修成冊二件上送事又去月朔

1888년 1월 16일[82]

十六日, 朝陰晚晴, 望月微明, 督辦趙·主事秦尙彦·李源兢·宋達顯·孫鵬九·朴正源·徐相奭·兪箕煥·沈相老·李台稙仕進, 照會英館, 照我欝陵島木料事, 貴國商人米鐵來署談稱, 迄無歸結, 査發給該商人憑據內稱, 第一廻載木往賣, 回到仁川海關, 査明賬目, 看有無利益, 再定確規等語在案, 旣經四年之久, 謂以未售木料, 尙不査明賬目, 殊非合同之意, 請飭米鐵, 前往日本, 售賣第一廻裝運木料一百五十六株, 回到仁川海關, 將該賬目査明, 遵約辦理可也, ……. 入直 徐相奭

16일, 아침에 흐리고 저물녘에 맑았다. 보름달이 희미하게 비쳤다. 독판(督辦) 조(趙), 주사(主事) 진상언(秦尙彦), 이원긍(李源兢), 송달현(宋達顯), 손붕구(孫鵬九), 박정원(朴正源), 서상석(徐相奭), 유기환(兪箕煥), 심상로(沈相老), 이태식(李台稙)이 출근하였다. 영국공사관에 조회(照會)를 보냈다. 우리나라 울릉도의 목재에 대하여, 귀국 상인 미첼(米鐵)이 본 관청에 와서 담화를 나누었으나 결말을 짓지 못하였다. 해당 상인에게 발급된 증거를 조사하여 보니 1회 목재를 실어가 매매하고 인천해관에 돌아와서 장부를 자세하게 조사하여 이익의 유무를 살피고 다시 규약을 확정한다는 등의 말이 문서에 있다. 이미 4년이 지났고 목재를 판매하지 못했다고 보았으며 아직 장부를 자세하게 조사하지 않았으니 합동의 뜻이 아니다. 미첼이 전에 일본에 가서 1회 싣고 운반해 간 목재 156그루가 인천해관에 도착하면 해당 장부를 자세하게 살펴서 약조에 따라 처리하는 것이 좋겠다. …… 입직자는 서상석이다.

---

82 본 기사의 내용은 『구한국외교문서』 13, 영안 1, 고종 25년 1월 16일 자 기사에 있다.

仁電小川帶關來言前營所需銀行現無存款約以追
用議借請由貴署給憑云此款未奉印憑其利息比前
稍高有難擅便請并裁教答如有印憑可即准借否速
示回電小川言銀行人以爲典執繞關可以借給云
入直 徐相頤
上元晴寒月色嘉朗主事丁大英李源兢朴正源
徐相頤仕進 錦伯報各國議定約條及各章程令
各邑飜謄以去知委事東伯報仝前
入直 徐相頤
十六日朝陰晩晴望月微明瞀辭趙 主事奏尚

不用

彦李源兢宋達顯孫鵬九朴正源徐相雨俞箕煥

沈相老李台稙仕進 照會英館照我鬱陵島

木料事貴國商人米鐵來署談稱迄無歸結查發

給該商人憑據內稱第一回載木往賣回到仁川海關

查明賬目看有無利益再定確規等語在案既經四

年之久謂以未售木料尚不查明賬目殊非合同之意

請飭米鐵前往日本售賣第一回裝運木料一百

五十六株回到仁川海關將該賬目查明遵約辦理可也

典圜局委員金鶴羽前往日本長崎大阪東京護照發給

入直 徐相雨

第 道

1888년 1월 18일[83]

十八日晴, 叅議鄭·主事丁大英·秦尚彦·鄭萬朝·李源兢·朴永旒·全容默·宋達顯·孫鵬九·朴正源·徐相奭·兪箕煥·韓憲敎·李台稙進, …… 英館來函, 昨接貴督辦發來照會一度, 爲欝陵島木料一事, 當時本署總領事, 已將所來照會中等語, 轉告米鐵, 而米鐵已於今早回去矣, 刻接准來函, 囑將原照會繳文, 用特具函, 將原照會還呈, 煩檢收可也事, 函英館, 頃接來函備悉, 米鐵早已領敎回去, 第査原照會內稱, 木料一百五十六株, 只據上年日本船長榮丸三社丸兩次裝運實數而言也, 至初次, 日本船胡子丸裝運四十一株, 未及載明, 要繳原照會, 補書一百九十七株, 玆送呈, 希即朗照, 以備異日稽査可也事, ……. 入直 朴永旒

18일, 맑았다. 참의(叅議) 정(鄭), 주사(主事) 정대영(丁大英), 진상언(秦尚彦), 정만조(鄭萬朝), 이원긍(李源兢), 박영류(朴永旒), 전용묵(全容默), 송달현(宋達顯), 손붕구(孫鵬九), 박정원(朴正源), 서상석(徐相奭), 유기환(兪箕煥), 한헌교(韓憲敎), 이태식(李台稙)이 출근하였다. …… 영국공사관이 함(函)을 보냈왔다. 어제 귀 독판이 보내온 조회(照會) 한 통을 보았는데 울릉도 목재에 대한 일이다. 당시 본서의 총영사가 이미 온 조회의 말을 미첼(米鐵)에게 전해 주려 하였으나 미첼은 오늘 돌아갔다. 이때 온 함을 받으니 원 조회를 돌려줄 것을 부탁했다. 이 때문에 함을 갖추어 원 조회를 돌려드리고자 하니 검수하는 것이 좋겠다는 일이다. 영국공사관에 함을 보냈다. 근래 온 함을 접하고 사정을 알 수 있었다. 미첼은 이전에 돌아갔으니 다만 원 조회를 보니 내용은 이러하다. 목재 156그루는 단지 지난해 일본 선박 장영환(長榮丸)[84]과 삼사환(三社丸)이 두 차례 실어 운반한 실제 숫자라고 말하였다. 처음에 일본 선박 호자환(胡子丸)이 싣고 운반한 41그루는 분명하게 기록하지 않

---

83 본 기사의 내용은 『구한국외교문서』 13, 영안 1, 고종 25년 1월 18일 자 기사에 있다.

84 『강원도관초』에 따르면 1887년(고종 24) 7월, 영국 상인 미첼은 일본 나가사키에서 고용한 일본인 72명을 데리고 장영환(長榮丸)을 이용하여 통리아문의 공문을 받아 울릉도에서 벌목을 하였다[『강원도관초』 고종 24년 7월 26일, 동백(東伯)의 보고에 대한 제사(題辭)].

았다. 원 조회에 197그루를 보충해 써 주기를 요청하니 이에 보내 드린다. 다른 날 잘 살펴보는 것이 좋겠다고 하는 일이다. …… 입직자는 박영류이다.

入直鄭萬朝

十八日清參議鄭 主事丁大英鄭萬朝李源兢
朴永琉全容默宋達顯孫鵬九朴正源徐相奭
俞箕煥韓憲教李台植進墨申竊按釜山稅務
司稟報釜山海關址基本不廣矣惟北邊用土填平
可築廠房此段地址修築堤岸並填平用款在一千
元上下爲此據情呈請趁此春暖早築堤岸填平
址基爲嗣後房舍之用倘蒙允諾請速飭釜監撥
洋銀一千元上下之譜即交稅務司俾迅興工實於館
務大有裨益另繪地圖一紙註明以便査閱隨文申

統署日人芝
由吉自中江
経送又欲拿
還逆不従善
處飛電灣尹

呈希為関復事英舘来函昨接貴督辦發来照
會一度為欝陵島木料一事當時本署總領事已
將所来照會中等語轉告米鐵而米鐵已於今早回
去矣刻接准来函囑將原照會繳交用特具函將原
照會還呈煩檢收可也事函英舘頃接來函備悉米
鐵早已領教回去第查原照會内稱木料一百五十六
株只據上年日本船長榮丸三社丸兩次裝運實數而
言也至初次日本船胡子丸裝運四十一株未及載明要
繳原照會補書一百九十七株玆送呈希即朗照以備
異日稽查可也事完烟報各國議定現行約條及

招法人白圭三
朴　到署以
鍾峴地基移
建事談辦未
決

各章程定送書寫吏于監督卽爲謄來擧行事関
海伯據海州交井坊民人李根有等訴稱本坊黑頭
浦復設追捕廳蠲免復祖永遠遵行事
入直朴永旒
十九日早雨午後陰督辦趙　主事李源兢朴永旒全容默
孫鵬九徐相奭兪箕煥進日館來照接奉我外務省
訓示駐在朝鮮各領事官裁判權管轄區指送請飭各
地方官示覆事美館來照大美合衆國公使館家契
三張呈上請蓋貴政府印事關夏墨館本月十八日
接貴來申內稱接釜山稅務司稟報云云等情前來准

1888년 1월 22일[85]

二十二日晴, 主事丁大英·秦尚彥·李源兢·宋達顯·孫鵬九·徐相爽·兪箕煥·韓憲敎仕進, 英覆照, 米鐵欝陵木料一事, 米鐵運其不滿一船之木料, 先赴日本售價, 而若所售之價不合渠意, 該商或望貴督辦, 承認補償爲請事, ……. 入直徐相爽

22일, 맑았다. 주사(主事) 정대영(丁大英), 진상언(秦尙彥), 이원긍(李源兢), 송달현(宋達顯), 손붕구(孫鵬九), 서상석(徐相爽), 유기환(兪箕煥), 한헌교(韓憲敎)가 출근하였다. 영국공사관이 조복(照覆)을 보내왔다. 미첼(米鐵)의 울릉도 목재에 대한 일이다. 미첼은 배 한 척에 목재를 다 채우지 못하고 운반했고, 먼저 일본에 가서 값을 받고 팔았다. 그러나 만약 판매한 값이 그 뜻에 부합하지 않으면 해당 상인은 혹 바라는 대로 귀 독판이 보상을 승인해 주기를 요청하는 일이다. …… 입직자는 서상석이다.

---

85 본 기사의 전문 내용은 『구한국외교문서』 13, 영안 1, 고종 25년 1월 18일 자 기사에 있다. 영문과 한역문이 함께 실려 있다.

朝俄陸路通商章程另附一本以備核閱事 海
伯報去十二月內各國人過去無爭事
入直 孫鵬九
二十二日清主事丁大美奏尚彥李源兢宋達顯孫
鵬九徐相雨兪箕煥韓憲敎仕進 英復照來
鐵嶺陵木料一事米鐵運其不滿一船之木料先
赴日本售酒而若再售之酒不合渠意該商貴背[或違]
辦承認補償爲請事 德照時答被格係是與國
人而與國與本國尚未立条約地界內填寫時答被
格姓名事 日來緘即接貴歷正月二十日見繳撤署公

正月

文當領收而第閱來械淚滋疑惑挽近内地交通漸
加頻繁未免有障碍故此次有制定各該管區也而遣
卻之者不知其所以也迅速明示其不能轉飭地方官与
不願認存之理由以盡交際之道爲盼 關仁監現奉
政府勾諭松蔘硒七千元遣稅入畫給金德慶朱演丙
人處事 箕伯報月食回咨及圖像本年秋季統巡會
哨事禮部回咨傳致直城將出來事 灣報同
入直 徐相頙
二十三日清督辦趙 協辦姜 參議鄭 主事
丁大英 李建鎬 秦尚彦 李源兢 鄭秉岐 宋

1888년 1월 27일[86]

二十七日, 朝雨夕陰, 主事丁大英·鄭萬朝·李源兢·孫鵬九·徐相奭·兪箕煥·尹宅善·李台稙進, 照覆英館, 本月二十一日來文內開云云等因, 准此, 米鐵所云約據兩紙, 即係伊自擬稿, 幷無本署准憑, 謂已蒙允, 不足多辨, 就查裝滿一船言之, 該商運木, 已經三度雇船, 尙可以不滿一船爲辭乎, 至價不合意, 或望補償, 原憑內稱, 如有欠項, 朝鮮政府不能補償等語, 倘未講明耶, 總之, 只准該商將前此所運木料壹百九十七株售賣, 回查賬目外, 再不准前往欝陵島裝運木料, 請將此轉飭米鐵事, ……. 入直 尹宅善

27일, 아침에 비가 내리고 저녁에 흐렸다. 주사(主事) 정대영(丁大英), 정만조(鄭萬朝), 이원긍(李源兢), 손붕구(孫鵬九), 서상석(徐相奭), 유기환(兪箕煥), 윤택선(尹宅善), 이태식(李台稙)이 출근하였다. 영국공사관에 조복(照覆)을 보냈다. 이달 21일에 온 공문을 열어 보니 운운하는 등은 모두 잘 알았다. 미첼(米鐵)이 말한 약속의 증거 두 종이는 곧 이와 관계하여 스스로 문서를 작성한 것으로 모두 본서에서 인정한 증거가 아니다. 이미 윤허를 받았다고 말했으나 분별이 많이 부족하다. 배 한 척을 가득 채운다는 말을 조사해 보니 해당 상인이 목재를 운반하는 데 이미 3번 배를 고용하였으나 아직 배 한 척을 가득 채우지 못했다고 말한 것인가. 값이 의도에 부합하지 않아 혹 보상을 바라는 것이다. 원 증거에 의하면 만약 손해가 있어도 조선 정부가 보상할 수 없다는 말이니 혹시 확실하게 밝히지 않는 것인가. 한마디로 말하면 단지 해당 상인이 전에 운반한 목재 197그루를 판매하는 것을 허락한 것이며 돌아와서 장부를 조사하는 외에 다시 울릉도에 가서 목재를 운반하도록 허락한 것은 아니다. 이를 미첼에게 전해 주기를 청하는 일이다. …… 입직자는 윤택선이다.

---

86 본 기사의 전문 내용은 『구한국외교문서』 13, 영안 1, 고종 25년 1월 27일 자 기사에 있다.

二十七日朝雨夕陰主事丁大英鄭萬朝李源兢孫鵬九徐相
奭俞箕煥尹宅善李台稙進照復英館本月二十一日来文
内開云云等因准此米鐵所云約據兩紙即係伊自擬稿
并無本署准憑謂已蒙允不足多辨就査裝滿一船言之
該商運木已經三度雇船尚可以不滿一船爲辭乎至價不
合意或望補償原憑内稱如有欠項朝鮮政府不能補償
等語尚未講明耶總之只准該商將前此所運木料壹百九
十七株售賣回査賬目外再不准前往鬱陵島裝運木料請將
此轉飭米鐵事照復陳局丁亥十二月二十二日来文内開云云
等因准此俟他日該局歸敝邦時華商局所墊洋壹千元

正月

孫鵬九

交付歸款事函復日館海關水夫押留貨物之權不准濫授

水夫尚祈認存事

入直尹宅善

二十八日晴督辦趙 協辦李 參議鄭 洪

主事丁大英 秦尚彥 李源兢 鄭秉夏

金彰鉉 全容默 宋達顕 朴正源 徐相奭

朴世煐 俞箕煥 尹宅善 李台稙 仕進

照會俄館貴大臣來文內開云云等因并陸路章程

樣式一本前來准此查前督辦金與貴大臣議訂

陸約底稿第一款并無選定咸鏡道北郡別處字樣

1888년 2월 4일[87]

初四日, 朝晴暮陰, 夜雨, 督辦趙·協辦李·主事鄭萬朝·李源兢·鄭秉岐·金彰鉉·全容默·孫鵬九·朴正源·李台稙·徐相奭·朴世煥·李羲鳳·鄭敬源·金永汶進, …… 英館照覆, 本月二十七日, 接准貴照覆內開云云等因, 准此, 查米鐵已遵貴衙門協辦穆之示, 將第一回所伐木料樣子運至神戶, 交給一個德商, 幷無散在各港之說, 至第二·第三回木料, 運到日本, 亦因貴政府官令, 斷非自意, 約據二紙, 即係米鐵立寫, 貴督辦曾與本總領事, 並米鐵先後面談允准, 再憑據內所云船, 意係洋船也, 英文內亦如此, 本總領事前云, 此項木料關係責任, 承認補償等語, 深曉憑內之言, 而刻下辦理, 非由米鐵自主, 即准貴督辦之教, 本總領事業將來文所云, 不准前往我欝陵島裝運木料等語, 即飭米鐵, 或可免其再來京師, 耽延時日, 多用花費事, ……. 入直 鄭敬源

4일, 아침에 맑고 저물녘에 흐렸다. 밤에 비가 왔다. 독판(督辦) 조(趙), 협판(協辦) 이(李), 주사(主事) 정만조(鄭萬朝), 이원긍(李源兢), 정병기(鄭秉岐), 김창현(金彰鉉), 전용묵(全容默), 손붕구(孫鵬九), 박정원(朴正源), 이태식(李台稙), 서상석(徐相奭), 박세환(朴世煥), 이희봉(李羲鳳), 정경원(鄭敬源), 김영문(金永汶)이 출근하였다. …… 영국공사관이 조복(照覆)을 보냈다. 이달 27일, 귀 조복을 접수하고 운운하는 등의 말은 잘 알았다. 미첼이 이미 귀 아문 협판(協辦) 목(穆)의 지시를 잘 따르는지를 조사하였다. 첫 번째 벌채한 목재를 고베(神戶)로 운반해 가서 한 독일 상사에게 건네주었다. 흩어짐 없이 각 항구에 있다고 말하였다. 두 번째와 세 번째 벌채한 목재는 일본에 운반하여 또한 귀 정부의 관령(官令)으로 인하여 자의로 하지 않고 약조한 두 장의 종이에 따랐다. 곧 미첼의 입사(立寫)와 관계되어 귀 독판과 본 총영사와 더불어 미첼이 선후 면담하여 허가를 받았다. 다시 받은 증거 내에서 말

---

87 본 기사의 전문 내용은『구한국외교문서』13, 영안 1, 고종 25년 2월 2일 자 기사에 있다. 영문과 한역문이 함께 실려 있다.

하는 배는 서양 선박을 말한다. 영문(英文) 내에도 또한 이와 같다. 본 총영사가 전에 말하였다. 이 항목에서 말하는 목재는 '책임과 관련되므로 보상은 인정해야 한다'는 말이 증거 내에 있다. 그러므로 숙고하여 빨리 판단해야 한다. 미첼이 스스로 판단해서 나온 것이 아니다. 곧 귀 독판의 지시를 받아서 본 총영사가 보내온 공문에서 말한 바다. 우리 울릉도에 가서 목재를 실어 운반하는 것을 허락하지 않는다는 등의 말은 곧 미첼에게 알리고 혹은 다시 서울에 와서 시일을 미루고 비용을 많이 쓰는 것을 면할 수 있다는 일이다. …… 입직자는 정경원이다.

此等辦理 陳商董電商重程所擬英書成寄存於巡弁

云云 尚祈巡弁不能輕提事 箕伯報 春季統巡前往禮部回

咨入送事 灣報 上仝 錦伯報 去月朔各國人持護照過去無

弊事 嶺伯報 本道自是穀貴沿邑偏被條歉各處濟賣

到底杜絕日商貿穀一款照會駐京領事館特爲防禁事

題 萊邑照會而謂以該道歛形 未及詳知姑不豐發云

甬事 通津報 本府去月朔內衙門公文無干事

入直 李義鳳

初四日 朝晴暮陰夜雨 督辦趙 參議李 主事鄭

萬朝 李源兢 鄭東岐 金彰鉉 金容默 孫鵬九 朴正源

李台植

有

關釜監世昌行
購到本港電料
柒百八十五包
免稅進口事
憑給世昌此次
購到釜山港電
料柒百八十五包
照數卸交該電

徐相雨朴世煥李義鳳鄭敬源金永汶進奉
教令督辦電慰德相俾思麥英館照覆本月二十七
日接准貴照覆內開云云等因准此查米鐵已遵貴
衙門協辦穆之示將第一回所代木料樣子運至神户
交給一個德商并無散在各港之說至第二第三回木料
運到日本亦因貴政府官令斷非自意約據二紙即係
米鐵立傌貴督辦曾與本總領事並米鐵先後面談允准
再憑據內所云船意係洋船也英文內亦如此本總領事
前云此項木料關係責任承認補償等語深曉憑內之
言而刻下辦理非由米鐵自主即准貴督辦之教本總領

第
道

局主事柳興烈
特此爲憑

事榮將來文所云不准前往我鬱陵島裝運木料等
語郎飭米鐵或可免其再來京師耽延時日多用花費
事墨申正月二十八日接奉關飭內開云云等因奉此行
飭仁川稅務司玆據霞稱上年十一月十五日德商世昌
行由肥後船運進胰皂香水式樣一箱并十一月十九日由
敦賀船運進蜜酒一箱十二瓶據該商報單內皆稱實
係式樣云云維時本關查驗該二箱第一次箱內裝胰皂
五十塊估値五元香水二十八瓶估値五元六角第二次箱
內裝蜜酒十一瓶估値五元查稅則進口免稅貨物註各
貨式樣惟數不宜過多又按去年定章凡進口式樣貨物

二月

欲請免稅單內開明實係式樣由關審驗若該樣數目過
多著令照章完稅查該商運來各貨式樣皆不得不謂之
多是以著令完稅該商不願完納該二箱即留關棧且有刷
子椅墊雨布耳環戒指牌鈕火柴顏料珠子金線漿材等
式樣經本關查驗數目不多者免稅多者徵稅該商亦無不
肯據此查條約載各貨式樣惟數不宜過多之文審定多
否當歸稅務司臨時審驗而定之驗數惟多自應完稅今
仁川稅務司驗得世昌行所運進口貨式樣數多著完關稅
實與條約章程并無不符請鑑核事仁監報奧商時咨
被格有難給契請由本衙門移照德領事隨其來覆再行

閔餉以便遵辦事各館復函美英日俄公使書記屆期
趨筵德使與書記守國孝不能陪會俄館來函本月初
六日下午七點鍾請光臨復函初六日芳招容當屆期趨
造陳局覆函早晨昕逓德京電費洋壹百六元二角六分
己餉銷賬事龍安報各國約章一本謄來舉行事
入直鄭敬源
初五日朝雨暮陰協辦姜 參議洪 主事李源兢鄭
秉岐宋達顯孫鵬九徐相奭李台稙鄭敬源金永汶進
畿伯報去月朔濟物港商船出入數爻都聚上送事文
中國湄雲兵船一隻入來留碇於月尾島後洋事

1888년 2월 15일[88]

十五日晴, 督辦趙·協辦朴·主事鄭萬朝·呂圭亨·李源兢·鄭秉夏·金彰鉉·全容默·孫鵬九·朴正源·朴世煥·李羲鳳·李台稙·兪致秉·鄭敬源·金永汶進, …… 關欝島長, 即接英國公署總領事倭照覆內開云云, 只准該商前運木料一百九十七株, 售賣回查賬目外, 再不准前往我欝陵島裝運木料, 立即轉飭米鐵等因前來, 玆將原照覆抄錄發關, 到即將此轉示米鐵, 前此所運木料售賣回查賬目之前, 再不准裝運木料事, ……. 入直 兪致秉

15일, 맑았다. 독판(督辦) 조(趙), 협판(協辦) 박(朴), 주사(主事) 정만조(鄭萬朝), 여규형(呂圭亨), 이원긍(李源兢), 정병하(鄭秉夏), 김창현(金彰鉉), 전용묵(全容默), 손붕구(孫鵬九), 박정원(朴正源), 박세환(朴世煥), 이희봉(李羲鳳), 이태식(李台稙), 유치병(兪致秉), 정경원(鄭敬源), 김영문(金永汶)이 출근하였다. …… 울릉도장에게 관문(關文)을 보냈다. 영국공사관의 총영사가 보내온 조복(照覆)을 접해 보니, 단지 해당 상인이 전에 운반한 목재 197그루를 판매하는 것을 승인하고 장부를 조사하는 외에 다시 가서 우리 울릉도 목재를 실어 운반하는 것을 허락하지 않았다. 곧 미첼(米鐵) 등에게 전해 주도록 하는 일로 이전에 원 조복을 초록하여 관문을 발송하니 도착하는 즉시 이를 미첼에게 전해 보여 주고 일전에 운반한 목재를 판매하여 장부를 조사하기 전에 다시 목재를 운반하는 것은 허락하지 않는다는 일이다. …… 입직자는 유치병이다.

---

88 본 기사의 내용은 『강원도관초』 고종 25년 2월 15일 자 기사 "울릉도(鬱陵島) 도장(島長)에게 하달한 관문(關文)"에 수록되어 있다.

俄使韋貝以陸路章程事来署談辨

營事

入直朴世煥

十四日晴叅議李 主事李源兢鄭秉岐金容默孫鵬九朴正源朴世煥李義鳳李台稙俞致秉金永汶仕進俄館来函本公使擬於明日下午三点半鍾趨赴貴署事覆俄函當於明日下午三点半鍾在署候光事

入直俞致東

十五日晴督辦趙 協辦朴 主事鄭萬朝呂圭亨李源兢鄭秉夏金彰鉉金容默孫鵬九朴正源

二月

華甬德領票電料價中銀錢五千二百五十八元五角外務省公文內七千元合一萬二千二百五十八元五角收到然公文中

朴世瓊 李義鳳 李台植 俞致秉 鄭敬源 金永汶

迋墨館來函海關信差自仁川至富平新塲遇盜去遺失信袋俾得週知事函華甬德電料價零數計將清賬本日下午五点鐘携姜委員來署妥辦可也事照覆袁館照得本月初十日接准貴照會內開云云等語謹已閱悉將此鈔錄原照會即當飭示平安黃海兩道地方官曉諭漁戶遇有違章越界滋擾事端具由馳報本衙門轉照貴總理聽候懲處事照覆陳館照得本月初十日貴總辦來文內開云

七千元受納之日計筭事

云等因前来准此除將来意當飭知沿途各
地方官示諭線路村站巡線鐵单再不得煩便
遞傳外相應照覆請煩貴總辦查照可也事
又照得本月初十日貴總辦来文內開云云等因
前来准此除將来意當徑行飭沿途各地方官
會同胡委員修等綫鈎及桿墩外相應照覆
請煩貴總辦查照可也事 圻牒報今月十一日
始興縣令方時榮領護清國漂人七名自水原
府離發十三日無弊領付于仁川港監理署事
關西路各官西路電務委員鐵山府使李建鎬

二月

行將登途茲以關飭仰沿途各官照例並給
騎卜馬事關鬱陵島長即接英國公署總
領事倭照覆內開云云只准該商前運木料
一百九十七株售賣回查賬目外再不准前往我
鬱陵島裝運木料並即轉飭米鐵等因前來
茲將原照覆抄錄並關到即將此轉示米鐵
前此所運木料售賣回查賬目之前再不
准裝運木料事關京畿江原慶尚沿道各
官鬱陵島長徐敬秀現為禁斫一事自本
衙門派往該島茲以關飭仰沿途各官照例

第　道

發給騎卜馬事關仁監卽據南電局涌詞金
喜淳稟稱本局教師奚來百士薪水自本
年二月起筭二百元式加定等情據此發關該
教師二月三月四月三朔条六百元照數撥交
該電局事又卽據南電局華領班二人正二
兩朔廿薪水共計二百二十九元一角二分關飭仁
川海關照數發交等情據此發關該領班月
金兩朔条二百二十九元一角二分撥交該電局事
又曾奉政府旬諭松蔘價七千元就稅項中
劃償事關飭自應遵照矣玆以更關該松

二月

叅價七千元到即撥交世昌洋行華甫德
將所有情形隨即報來事
入直俞致東

十六日清督辦趙 協辦姜 叅議洪 主事鄭嵩朝 秦尚彥
李源兢 金容黙 孫鵬九 朴正源 趙復永 李義佩 沈相老 李台植
俞致東 鄭敬源 金永汶 進 電局照會朝鮮巡綫兵弁彷照中國章程
凡有勤慎俟兩年期滿予以保奬以示鼓勵予光緒十三年四月 日准貴前
督辦金 照覆在案茲查自長湍至義州巡弁並十六名修繕得法辦事
勤勞自屬期滿與本總局前定奬勵章程相符請貴 督辦查核授照
應升之階稟明

1888년 6월 30일

末庚日, 載暘載陰, 午驟雨少頃, 主事李源兢·宋達顯·朴奎源·朴世煥·李羲鳳·李台稙·尹宅善進, …… 照會日館, 接據欝陵島長徐敬秀牒稱, 近有日本人三十名, 來寓該島, 築室掛旗等情, 據此, 查該島, 係是未通商口岸, 並不准外國人租地羈留, 未審貴國人胡爲來此, 而築室掛旗, 請煩貴公使, 轉達貴政府, 亟令撤回事. 入直 李台稙

30일, 해가 뜨다 구름이 끼었다. 정오에 갑자기 소나기가 잠깐 쏟아졌다. 주사(主事) 이원긍(李源兢), 송달현(宋達顯), 박규원(朴奎源), 박세환(朴世煥), 이희봉(李羲鳳), 이태식(李台稙), 윤택선(尹宅善)이 출사하였다. …… 일본공사관에 조회(照會)를 보냈다. 울릉도장(欝陵島長) 서경수(徐敬秀)의 첩보(牒報)를 접해 보니, 근래 일본인 30명이 울릉도에 와서 집을 짓고 기를 세우는 등의 정세가 있다 한다.[89] 이에 따라서 울릉도를 조사해 보니 미통상 항구이기에 외국인 조계지로 거주를 허락하지 않는다. 귀국인을 살피지 않고 어찌 이곳에 와시 집을 짓고 기를 세우는가. 귀공사에게 청하니 귀 정부에 전달하여 철회하도록 할 일이다. 입직자는 이태식이다.

---

89 이 당시 일본인들이 불법으로 울릉도에 들어온 정황에 대해서는 울릉도장의 보고에서도 확인된다(『강원도관초』 고종 25년 7월 6일, 울릉도도장의 보고). 뒷날 다른 보고에서는 이들이 전복을 채취하고 목재를 구매한다는 점을 알 수 있다(『강원도관초』 고종 25년 7월 10일, 동영의 보고).

畿報英國三
帆兵船月叮倫
一隻入來留碇
於月尾島後洋
事丶今月二十八日

護軍李重
七外務協辦
差下

督辦趙
當日都政
拜北伯

望事 覆昨今兩函均悉一是茲准來意飭知
討應派送議校聽候貴館望即設法指使事
入直朴世煥

末庚日載暘載陰午驟雨少頃主事李 源兢宋達顯朴
奎源朴世煥李羲鳳李台稙尹宅善進 函送袁
館接奉本月十四日函示為廣濟輪船裝來商貨交存
海關棧房被濕虧損一事將來函送示總稅務司墨
轉飭仁川稅務司查核具報茲於本月二十四日接據該
總稅務司申覆另抄一分送呈尚祈覽諒轉飭該商
號將所有濕損貨物照該復辦法事 英館來復

以司謁口傳
下敎曰外務督
辦趙　雖除
外藩差代間
交涉事務姑
爲辦事

昨接來函領悉一是並貴督辦致本國欽差大臣照復
一道俟便投寄中華京城至貴衙門呈褁發照復本署
總領事曾經電報至中華京城矣俟本國欽差大臣將
原照復寄回再行奉繳可也事　折報本道楊州等
十七邑去月朔各國人過去成冊上送坡州等十九邑待
報來追報事　照會日館接據欝陵島長徐敬秀
牒稱近有日本人三十名來寓該島築室掛旗等情
據此查該島係是未通商口岸並不准外國人租地購
留未審貴國人胡爲來此而築室掛旗請煩貴公使
轉達貴政府亟令撤回事

入直李台稙

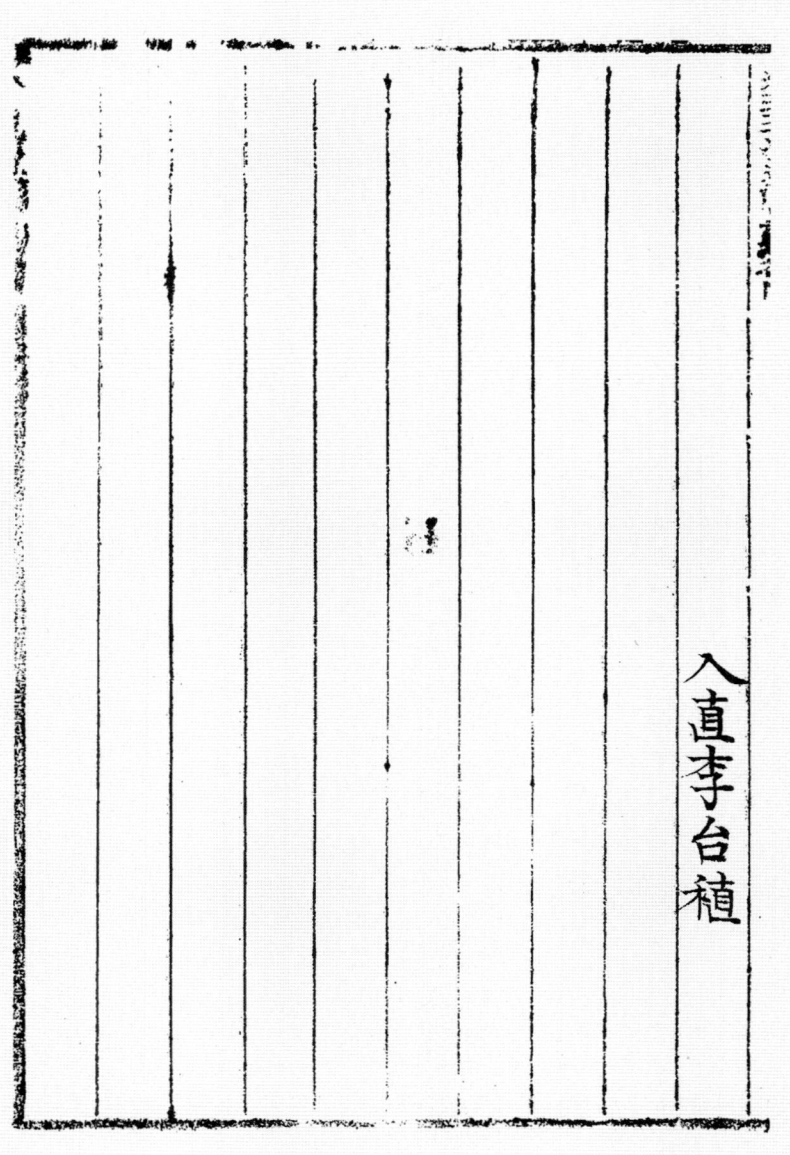

1888년 7월 14일[90]

十四日晴, 主事丁大英·鄭萬朝·李源兢·宋達顯·朴奎源·朴世煥·李羲鳳·李台稙仕進, …… 東營報, 平海郡守兼鬱陵島僉使所報, 據日人菊谷熊太郎·姬野八郎次問情緣由事. 入直 朴奎源

14일, 맑았다. 주사(主事) 정대영(丁大英), 정만조(鄭萬朝), 이원긍(李源兢), 송달현(宋達顯), 박규원(朴奎源), 박세환(朴世煥), 이희봉(李羲鳳), 이태식(李台稙)이 출근하였다. …… 강원감영의 보고에, 평해군수겸울릉도첨사(平海郡守兼鬱陵島僉使)의 보고를 보니, 일본인 기쿠야 구마타로(菊谷熊太郎)[91]와 히메노 하치로지(姬野八郎次)[92]를 문정(問情)한 연유에 대한 일이다. 입직자는 박규원이다.

---

90 본 기사의 내용은 『강원도관초』 고종 25년 7월 14일 자 기사에서 확인할 수 있다.

91 '기쿠타니 구마타로'로도 읽을 수 있다.

92 히메노 하치로지(姬野八郎次)는 『일안(日案)』에 따르면 후루야 토시미츠(古屋利涉)가 사장으로 있는 잠수회사(潛水會社)의 사원으로 등장한다. 그는 4척의 어선에 잠수 기기 2개를 싣고 울릉도에 와서 고기를 잡았다고 한다(『구한국외교문서』 1, 일안 1, 고종 25년 10월 21일).

啓曰本日下午三
點鍾臣與俄公
使韋貝在臣署
陸路通商章程
畫押之意敢
啓
傳曰知道
七月

事
又義州呈以通事李鎮澤另飭跟捉事
入直鄭萬朝
十三日大注未後晴　督辦趙　協辦李石趙
參議鄭洪　主事丁大英鄭萬朝李源兢鄭秉夏
朴永琉金容默朴奎源宋達顯朴安煥李台植俞致東鄭
敬源進　俄公使韋　下三點來署陸路章程盖印畫
押
入直鄭萬朝
十四日清　主事丁大英鄭萬朝李源兢宋達顯朴奎源
朴世煥李義鳳李台植　仕進袁館　兹據分辦仁川商

務委員李稟稱查明前總稅務司署申呈仁川稅司史詳
稱各節另行抄付察照查本總理前此函致貴督辦請
飭總稅司詳詢仁川稅司不設法防範不用心照應各節
該稅司並不明白申復請並查前函來復之意細詢示復
事　復函稅務司之顚錯固可歎而第念海關原無償
完之章程則恐難責償不敢遽然擧論切望稟達李
中堂以爲從公妥辦爲荷　函復美館貴書記廉領事
官建議釗一里瀧前往濟州請發護照一事茲准來意
繕印護照一紙並關文一道送交事（附關濟州及沿道各官）法館來函
近有法國人一名羅姓前往全羅道全州等地遊歷死於該

七月

處護照一紙繳還事 照復日館 我曆四月十五日接准來
文內開海底電線云云 見五月二十四日照復 等因在案茲准來意特
加優待通融辦法除將該郵局需用物料免納進口稅轉
飭我三口稅務司遵辦外相應照復事 仁監 報稱查(本)署
署(理)據印關係綦重而或於旬日之內旋派旋銷非所以重職
守而慎交際擬嗣後另立新章除監理出缺未補或離任
踰月不返外若值暫行離署之時其回任前事件派委妥
員代拆代行只得將代拆代行之由函知各領事勿用照會
至緊要公務仍俟監理回任辦理事 釜港報本月初十一日因貞
洞居朴準祥不帶票憑仍為拘留等因申牒在案今有機器

統理交涉通商事務衙門

局幫辦趙羲淵自願保討帶去據此放還事 東營報

平海郡守兼欝陵島僉使所報據日人菊谷熊太郎姬

野八郎治問情緣由事

入直朴奎源

十五日清 協辦姜 主事李源兢 鄭秉夏 鄭秉岐 朴永旒

全容默 宋達顯 朴奎源 李羲鳳 李台稙 俞致東 鄭敬源

安吉壽 李鉉相 進 議 報本月十四日俄國三帆兵船高麗一

隻直向八尾島外洋事

入直安吉壽

十六日清 主事李源兢 朴永旒 全容默 宋達顯 朴奎源 李

1888년 8월 4일[93]

初四日曬晴, 協辦趙 · 主事丁大英 · 尹顯求 · 李源兢 · 宋達顯 · 朴奎源 · 徐相奭 · 朴世煥 · 李羲鳳 · 李台稙 · 兪致秉 · 鄭敬源 · 李鉉相 · 丁大有進, …… 欝陵島長報, 留島日人, 嚴飭歸送事, ……. 入直 丁大英

4일, 눈부시게 맑았다. 협판(協辦) 조(趙), 주사(主事) 정대영(丁大英), 윤현구(尹顯求), 이원긍(李源兢), 송달현(宋達顯), 박규원(朴奎源), 서상석(徐相奭), 박세환(朴世煥), 이희봉(李羲鳳), 이태식(李台稙), 유치병(兪致秉), 정경원(鄭敬源), 이현상(李鉉相), 정대유(丁大有)가 출근하였다. …… 울릉도장(欝陵島長)이 보고하였다. 울릉도에 거주하는 일본인을 돌려보내도록 엄칙(嚴飭)한 일이다. …… 입직자는 정대영이다.

---

93 본 기사의 내용은 『강원도관초』 고종 25년 8월 4일 자 기사에서 확인할 수 있다.

曜

到付事

入直丁大有

初四日晴協辦趙 主事丁大英尹顯兆李源競宋達鉉
朴奎源徐相頤朴世煥李義鳳李台稙兪致秉鄭敎源
李鉉相丁大有進 照覆袁館七月二十五日來文
内開云云等因准此查別遣官崔錫永採買機械係機
器局所需各件未便預為聲叙務望貴総理將此
轉達北洋大臣轉飭烟台上海等處道台將該員所購
機械各種免驗放行寔為德便事 俄館照覆
所有貴署之缺現為貴督辦署理准此殊為忻悅

八月

事又槭八月初六日恭遇本國 大皇帝聖名吉辰本
公使備具小酌是日午後七點鍾希駕臨事 圻伯報
今初三日申量英國三帆兵船拉得樂一隻直出以尾外
洋事 鬱陵島長報留島日人嚴飭歸送事 并有
日民姬野約證一本 閔漢城府現接仁監報稱日商進藤所
控金炳翰曁鄭載萬債案頗涉斥款并事逃避尚未就
捕現聞金鄭兩姓留在京中祈即文移押解等語到
即押到本衙門以為訣巡捕眼同押解事
入直丁大英
初五日晴協辦沈 主事丁大英呂圭亭李源兢朴奎源

1888년 8월 6일[94]

初六日淸, …… 叅議鄭·洪·主事呂圭亨·李源兢·宋達顯·徐相奭·朴世煥·李羲鳳·金永汶·李鉉相·丁大有仕進, 日館來照, 准貴歷戊子六月三十日照會內稱, 日本人三十名來寓欝陵島, 築室掛旗, 係是未通商口岸, 並不准外國人租地羈留, 請貴政府亟令撤回該人等因, 當經電報我外務省在案, 玆接該省回文開, 遇有我國人在朝鮮國, 違犯該國間行里程及其他條約, 深入內地, 或無故登上不通商口岸, 應由該國政府, 便宜令其退回, 若有不從命者, 即行拿管, 送交於就近我領事收到, 該犯當以國法從事等因前來, 此係貴政府權內應行之序, 合請派遣該管官吏, 下令退回, 或爲拿管, 送交於就近我領事館, 亦可也事, ……. 入直 朴世煥

6일, 맑았다. 참의(叅議) 정(鄭), 홍(洪), 주사(主事) 여규형(呂圭亨), 이원긍(李源兢), 송달현(宋達顯), 서상석(徐相奭), 박세환(朴世煥), 이희봉(李羲鳳), 김영문(金永汶), 이현상(李鉉相), 정대유(丁大有)가 출근하였다. 일본공사관이 조회를 보내왔다. 귀 달력 무자년 6월 30일자 조회를 받아 보니 그것에 의하면, 일본인 30명이 울릉도에 와서 우거하고 집을 짓고 깃발을 세웠다. 이는 미통상 항구로 외국인의 조계 거류를 허락하지 않으니 귀 정부가 해당 사람을 철수시키기를 청한다는 것이었다. 마땅히 우리 외무성에 전보를 보내왔다. 외무성의 회신 공문을 받고 보니, 우리나라 사람이 조선국에 있는데 해당 나라의 국경과 기타 조약을 어기고 범월하여 내지에 깊이 들어갔다. 또한 이유 없이 미통상 항구에 들어갔으니 응당 해당국의 정부가 퇴거를 명령하는 것이 마땅하다. 만약 명령을 따르지 않는 자가 있으면 곧 체포하여 우리 국경의 가까운 곳에 보내도록 하고 해당 범월인은 마땅히 국법으로 일에 따라서 처리하는 것이다. 이전에 귀 정부의 권한 내에서 응당 행하는 차례로 해당 관할 관리를 파견하기를 청하며 철수 명령을 집행하여 혹은 체포하여 근처의 우리 영사관에 보내도록 하는 것이 또한 좋다는 일이다. …… 입직자는 박세환이다.

---

94 본 기사의 내용은 『구한국외교문서』 1, 일안 1, 고종 25년 8월 6일 자 기사에 수록되어 있다.

方長官職權內一部故地方長官而兼監理誠合事宜而今二分之地方
長官職務則地方長官自任之通商事務則另置署理則公事迷歧
反滋繁雜豈得謂之通融辦法又可得符約旨乎以故本使終不能公
認來函所稱署理深爲憾耳云云 釜電日船受傷聞報當日遣巡查
飛閃統營使查拏犯民姑未回 箕牒都京禮部咨已二度平米灣牒今
入直呂圭亭
初六日清是日
大君主
王世子展謁
廟宮署理督辦李 協辦參議諸位堂上陪從

是日下午五點
鐘日使近藤
眞鋤
接見署理督
辦李 入叅

八月

叅班叅議鄭 洪 主事呂圭亨 李源兢 朱
達顯 徐相奭 朴世煥 李羲鳳 金永汶 李鉉相
丁大有 仕進 日館来照准貴歷戊子六月三
十日照會内稱日本人三十名来寓欝陵島築
室掛旗係是未通商口岸並不准外國人租
地覊留請貴政府亟令撤回該人等因當經電
報我外務省在案茲接該省回文開遇有我國
人在朝鮮國違犯該國開行里程及其他條約
潛入内地或無故登上不通商口岸應由該國政
府便宜令其退回若有不從命者即行拿管送

交於就近我領事收到該犯當以國法從事等
因前來此係貴政府權内應行之事合請派遣
該管官吏下令退回或為拿管送交於就近我
領事館亦可也事 華電局來照本總局於本年
二月十五日以巡弁徐昌煥朴子涵等十六名修
線得法辦事勤勞均已兩年期滿所管線
路並未貽誤核與前定獎勵章程相符曾請
貴前督辦趙 查照應升之階 稟請獎敘等
情在案今越七閱月之久未接覆示實為懸
念合亟照催請貴督辦迅賜 稟請給予獎

八月

叙以興觀感事　又照本總局於本年二月二十三日以仁川至平山慈秀凡十一邑巡弁兵没有口粮僅賴本總局些須津貼不敷贍養而顧其情勢枵腹從公情殊可憫前擬自仁川至黃海道屬原有浦港船商往来不絶向無抽税曾請新抽税若干以補十一邑弁兵薪水等情在案今七閱月未接覆音實為懸念請貴督辦迅即　稟請鑒核示遵實為公便事　華甯德函借款條去月朔三千元即速辦償事　日報今初五日辰時日本三

帆兵船磐城艦一隻直出八尾島外洋事 箕
報都京禮部咨賫來中國人五名還歸事 灣
報公
入直朴世煥
初七日晴署理督辦李 協辦趙 主事丁大英李源兢
宋達顯朴奎源徐相奭朴世煥李台植俞致秉鄭敬源
金永汶李鉉相丁大有進俄館來函本署明日派差役
前往仁川迎賓希請貴署飭役預備鞍全善馬一匹上
午四點半鍾捧送本署致候事畿營報今月初六日並
時日本兵船兩隻直出八尾島外洋事嶺營報主事

1888년 8월 29일[95]

二十九日晴, 協辦姜·李蓮·主事呂圭亨·李源兢·朴永旒·朴奎源·朴世煥·李羲鳳·李鉉相進, …… 照會日館, 照得, 我曆八月初六日接准貴公使照會內開, 玆接外務省回文, 見八月初六日云云等因前來, 准此, 凡貴國人之違犯條約, 登上未通商口者, 令其回退, 或行拿交就近貴領事館等事, 均在我政府應行權內, 本署此次另派諳通貴國言語人一員, 將帶本署訓令, 前往欝陵島, 詳查貴國人之在該島者, 諭即回退, 而若有不遵該派員所諭, 不獲已拿交就近貴領事館, 本署派員, 在該島辦事等情, 待該員還來日, 應知照貴公使, 遇有敝政府難行辦事之事, 則亦望貴公使揀派就近貴領事館員, 與本署派員, 共經辦理, 寔爲妥便事. 入直 朴世煥

29일 맑았다. 협판(協辦) 강(姜), 이(李), 주사(主事) 여규형(呂圭亨), 이원긍(李源兢), 박영류(朴永旒), 박규원(朴奎源), 박세환(朴世煥), 이희봉(李羲鳳), 이현상(李鉉相)이 출근하였다. …… 일본공사관에 조회(照會)를 보냈다. 조회를 받았다. 우리 달력 8월 6일 귀 공사가 보낸 조회를 받아 보니, 외무성 회문(回文)을 접하고 8월 6일에 보고 운운하였다는 것을 잘 알았다. 무릇 귀국인이 조약을 어기고 범하며 미통상 항구에 들어가서 퇴거를 명령하고 근처 귀 영사관에 체포하여 넘겨주기를 행하는 일이다. 우리 정부가 권한 내에서 실행하고 본서가 이에 따라 귀국의 언어를 말할 수 있는 한 사람을 파견하여 본서 훈령을 데리고 울릉도에 가서 귀국인이 있는 울릉도를 조사하는 것이다. 퇴거를 효유하는데도 만약 파견 관원의 효유를 따르지 않으면 부득이 체포하여 근처 귀국 영사관에 인계하고 본서의 파견 관원은 울릉도에서 일을 처리하도록 한다. 해당 관원이 돌아오는 날을 기다려 귀국 공사에게 조회로 알리고 귀국 정부가 만약 일을 처리하기 어려운 일이 있으면 또한 귀 공사가 근처 귀 영사관에 관원을 뽑아 파견하기를 바라며 본서의 파견 관원과 더불어 함께 일을 처리하는 것이 실로 온당한 일이다. 입직자는 박세환이다.

---

95 본 기사의 내용은 『구한국외교문서』 1, 일안 1, 고종 25년 8월 28일 자 기사에 수록되어 있다.

署理督辦李 奉
内下照會草
照會日館照得我
歷八月初六日接准
貴公使照會内開茲
接外務省回文(見八月初六日)
云云等因前來准此
凡貴國人之違犯條
約登上未通商口者
令其回退或行拿交
就近貴領事館等
事均在我政府應行

來函奉到朝俄陸章敬謹收執遵守事
入直呂圭亭
二十九日清協辦姜 李蓮主事呂圭亨李源兢
朴永琉 朴奎源 朴世煥 李羲鳳 李鉉相進
照覆法館我歷八月初三日接准貴公使來文
內開云云等因准此查敝國歷年鑄錢只用一文
銅錢逮夫開國四百九十二年始鑄當五銅錢川
行參用至出發多寡及錢法書籍等項戶曹賬
房屢經燒燼檔案蕩然無從稽查現在典圜
局鑄造各樣新錢式樣諸法茲據該局另開

權內本署此次另派
諳通貴國言語人
一員將帶本署訓令
前往欝陵島詳查
貴國人之在該島者
諭即回退而若有不遵
該派員所諭不獲已拿
交就近貴領事館本署
派員在該島辦事等
情待該員還來日應知
照貴公使遇有倣效府
難行辦事之事則亦

款單備文送交請煩貴大臣查照轉達貴國戶
部以備應用事 美館来照貴國人趙尚學賣
屋於美國人谿甫退家契一事既有貴署盖印
實難繳消且據本國律例亦不脗合該家契交
付谿甫収執似屬公便假如片主事所言該家契
果係偽造該房屋還送於片主事可也豈可使本
國人占據有主房屋乎然本國人既已出錢購買者則
貴督辦亦宜諒察公正歸結實屬妥當事 函
覆英館大昨奉到惠詢為電燈所李主事推出
該教師一事准此查明則該教師起初雇約係是

望貴公使揀派就近貴
領事館員與本署派員
共經辦理是爲妥便事

內務府訂立者而現在延雇等情 敝署未嘗與
聞故電燈所事情實〻不知其如何務望貴署
總領事函明我內務府恐妥事 法館來函恭奉
華翰朝俄陸章欣謝厚貺事 釜電監理獄下
後署理可專管港務速禀速教事 鑾報今月
二十八日未時量我國二帆商船海龍船一隻直出
八尾島外洋而轉運御史洪時衡郎廳尹泰駟委
員金友性監官金鳳鶴別賫咨官崔鶴永寫字
官白萬奭一行按騎離發事 美使丹時謨下午
二鐘到署而署理李 辦以子疾未得接晤而去

九月

九月初一日陰參議鄭　主事李　源兢宋達顯朴奎源

入直朴世煥

朴世煥李台稙安吉壽進　法館來函接准貴衙
門照會一件典圜局款單一紙閱覽事　俄報驪州等
九邑各國人過去成冊都聚上送事　錦報道內列邑各國
人持護照過去無乎事

初二日清主事李　源兢全容默朴奎源　朴世煥李

入直李台稙

台稙金永汶安吉壽李鉉相丁大有進　袁館
照覆本年八月二十六日接准貴照會內開云云

1888년 10월 13일

十三日晴, 署理督辦趙·主事丁大英·鄭秉岐·朴奎源·朴世煥·李台稙·金永汶·李鉉相仕進, …… 欝陵島長報, 九月十二日, 本島留假島長金演泰, 去八月十一日所報, 木材願買與採鰒等, 在島諸日人, 依關辭嚴飭, 送歸本國, 而就其中率妻子者, 抵死不去, 六月二十二日, 內務主事尹始炳, 爲宮役伐木, 到付傳令, 斫運之節, 與該主事相議, 卸下載來米粮二百五十石, 恤給民情之遑急者, 每口一斗, 已斫軆木與板子, 一一依令貰民運載, 日人犯採鰒二十餘貼, 亦爲收納, 運材數爻後錄牒報, 日人之願爲島民者, 何以措處, 恭俟回題事, 【後錄南陽洞板子一百九立軆木四株·長與洞板子八立軆木五株·道傍浦板子九立軆木十株·柱木三十七株·大柱木二十株, 已上板子二百十六立軆木十九株·柱木五十七株】入直 朴奎源

13일, 맑았다. 서리독판(署理督辦) 조(趙), 주사(主事) 정대영(丁大英), 정병기(鄭秉岐), 박규원(朴奎源), 박세환(朴世煥), 이태식(李台稙), 김영문(金永汶), 이현상(李鉉相)이 출근하였다. …… 울릉도장(欝陵島長)이 보고하였다. 9월 12일, 본도에 머무르던 가도장(假島長) 김연태(金演泰)[96]가 지난 8월 11일 보고한 바에 따르면, 목재를 사고 전복을 채취하기를 원하던 일본인이 울릉도에 있었다. 관사(關辭)에 따라 엄칙(嚴飭)하고 본국으로 돌려보냈다. 그 중에 처자를 데리고 온 자가 사망하여 가지 못했다.[97] 6월 22일, 내무주사(內務主事) 윤시병(尹始炳)이 궁궐 공사를 위한 벌목(伐木) 때문에 전령(傳令)을 가지고 왔다. 벌목을 운반하는 것은 해당 주사와 상의하고자 한다. 어명으로 가져온 양미(糧米)는 250석으로 황급한 민정을 구휼하는 데 지급하는 것이다. 1구(口)당 1두(斗)이다. 이미 벌목한 예목(軆木)과 판자(板子)는

96 김연태(金演泰)가 울릉도 가도장(假島長)에 임명된 것은 1888년(고종 25) 7월 10일이다(『강원도관초』 고종 25년 7월 10일).

97 1888년(고종 25) 11월 28일 울릉도 가도장 김연태의 보고에 따르면 일본인 1명이 처자를 데리고 와서 울릉도 백성이 되기를 원한다고 하였다(『강원도관초』 고종 25년 11월 28일).

일일이 백성들을 고용하여 운반하여 싣는다. 일본인이 몰래 채취한 전복은 20여 첩(貼)으로 또한 거두어 납부한다. 운반하는 목재의 수효는 후록하여 첩보(牒報)한다. 일본인 중에 울릉도민이 되고자 하는 자는 어떻게 조처해야 하는지 답변을 받기를 기다리는 일이다. [후록. 남양동(南陽洞) 판자 109립(立), 예목 4그루, 장흥동(長興洞) 판자 8립, 예목 5그루, 도방포(道傍浦) 판자 9립, 예목 10그루, 주목 37그루, 대주목 20그루, 이상 판자 216립, 예목 19그루, 주목 57그루] 입직자는 박규원이다.

十月

寶及跟伴朴業同再往春川府省審製藥所形便明發天

行騎馬五曉頭待令事 駐美書記官李采淵憑票

給發事

入直朴奎源

十三日清署理督辦趙 主事丁大英鄭秉岐朴奎源

朴世煥李台稙金永汶李鉉相仕進 日館來函本

國難民高尾子之吉漂流經費一事前於十月十一日函請

將暫納經費內五百九十兩四錢二分二厘退繳等因在

案迄今數旬未奉復示請速繳示復事 又照復戊子十

月初三日貴照會內稱博文局活字機器一部被該局

電釜山世昌
行償款八九
条三即送報
來函商人
許衍堪朱
秉和等欵
往內地採辦
土貨請給
護照前往
江原道事

工匠鄭元性尹宗錫及李明賢等偷賣於貴國商民宮
田處云云請飭貴領事速還所酬之價於該工匠等因查
我政府置領事於貴京城要在辦理此等案則貴政府
理當飭貴國專對官互辦茲准前因督行知照我領事
請貴署督辦按照通例轉飭漢城府尹行文我領事可
也事　護照鎮禦營鼓鑄所監官李鳳岐爲販貿銅
鉛合錫前往日本大坂事　函墨館駐美書記李采
開攜帶公館物料爲要公路由釜山請飭釜山稅司公文
一道撥下以便轉交該員免驗過關事　復函昨未備
釜山公文者意謂駐美書記船經釜山未必登岸茲復承

華甯德票元山
九月條銀壹千
元收到事

十月

教繕呈公文俾得免驗事 鬱陵島長報九月十二日
本島留假島長金演泰去八月十一日所報米村額買
與採鰒等在島諸日人依關辭嚴飭送歸本國而就
其中牟妻子者抵死不去六月二十二日內務主事尹始
炳爲官役伐木到付傳令所運之節與該主事相議卸
下載來米粮二百五十石恤給民情之遑急者每口一斗已
所艚木與板子一一依令貰民運載日人犯採鰒二十餘
貼亦爲收納運材數爻後錄謄報日人之願爲島民者
何以措處恭俟回題事 後錄 南陽洞板子一百九十九立艚木四株 長興洞板子八立艚木五株 道傍
浦板子九立艚木十株柱木三十七株大柱木二十株
已上板子二百十六立艚木十九株柱木五十七株

統署世昌八條間已賫呈九條當待稅入觧次送釜監答電

入直朴奎源

十四日晴署理督辦趙 參議鄭 主事鄭秉岐全容默朴奎源朴世煥李義鳳李台稙俞致東鄭敬源安吉壽丁大有進函復袁館查向據敝邦駐美使臣朴定陽來信該使病甚懇求回國昨已發電允其速回該當不日由美啓行來月內可抵敝境事袁館來函仁川租界分圖一紙已遵照署款茲將原件送還事日館來函仁釜間電價照仁義間電價局價官報半價一案當面相議閣下云與清電局商議妥結不日施行本使答以貴政府與清電局商

1888년 10월 21일[98]

二十一日, 雪深, 署理督辦趙, 主事朴奎源·李羲鳳·丁大有 進, …… 日館來照, 玆據我領事官稟稱, 據本國潛水會社社長古屋利涉稟報, 該會社員姬野八郎次·三宅數矢兩人, 管漁船四隻,搭潛水器二件, 擬於江原道蔚陵島地方浦魚, 該島長稱, 無朝鮮政府關文, 不准從漁云云, 內務府主事尹某稱, 受島長之命, 將所捕之鮑一千二百五十斤, 悉皆入官, 稟請轉行照會査辦等情, 爲此照會貴署督辦, 希即轉飭該島長, 所有入官之鮑, 迅速還給, 後來逢有我國人前往該島捕魚, 毫無不法情事, 不須島長擅禁其業, 以符約旨事, ……. 入直 李羲鳳

21일, 눈이 많이 쌓였다. 서리독판(署理督辦) 조(趙), 주사(主事) 박규원(朴奎源), 이희봉(李羲鳳), 정대유(丁大有)가 출근하였다. …… 일본공사관이 조회(照會)를 보내왔다. 우리 영사관이 보고한 바에 의하면, 본국 잠수회사(潛水會社) 사장 후루야 토시미츠(古屋利涉)가 말하기를, 해당 회사의 사원 히메노 하치로지(姬野八郎次)와 미야케 카즈야(三宅數矢) 두 사람이 관어선(管漁船) 4척과 탑잠수기(搭潛水器) 2기를 가지고 강원도 울릉도 지방에서 고기잡이를 하였다. 해당 울릉도장이 말하기를, 조선 정부의 관문(關文)이 없기에 고기잡이를 허락하지 않았다고 한다. 내무부주사(內務府主事) 윤모[99]가 말하기를, 울릉도장의 명을 받아서 포획한 어물 1,250근을 모두 관에 몰수하였다고 한다. 조회를 보내 조사하여 처리하기를 청하였다. 이에 따라 귀서의 독판에서 조회를 보내며 울릉도장에서 곧 전칙(轉飭)하기를 바란다. 관에서 몰수한 어물은 신속하게 환급해 주고 후에 아국인이 울릉도 앞에서 고기잡는 일을 하는 것이 불법을 저지르는 사정이 아니니 울릉도장이 그 업무를 독단으로 금하지 못하도록 하는 것이 약조에 부합하는 일이다. …… 입직자는 이희봉이다.

---

98 본 기사의 내용은『구한국외교문서』1, 일안 1, 고종 25년 10월 21일 자 기사에 수록되어 있다.

99 윤시병(尹始炳)을 가리킨다.

下午四點法使
来署談辦
日領事館隨員
遊覧
東關
十月

本大臣感謝事 閔墨館現接日本公使來函隨員井上良
智將羊皮包一個至本國大坂做羊裘請轉飭海關免驗等因
准此閔飭仰貴總稅司轉飭仁川稅司照章免稅事 義報
今月十九日我國商船蒼龍號一隻直出八尾島美國駐劄
書記官李采淵一行按騎出去事
入直 李義鳳

二十一日 雪深 署理督辦趙 主事朴奎源 李義鳳 丁大有
進 袁館來照本年十月十六日准 署津海關道劉咨開查朝
鮮駐津督理公館凡有寄朝鮮官電者應蓋用印信送由關
署轉交以昭愼重云云茲查九月分該館所發各處電報自應

義州書記官高
永善差下草記
蒙
允

抄單送核除呈報外相應抄單咨會請煩查照計粘抄單等
因准此備文照會請煩查照施行事 日館來照據我領
事官稟稱據本國潛水會社々長吉屋利浅稟報該會社
員雉野八郎次主定數夫兩人管漁船四隻携潛水器二件擬
於江原道蔚陵島地方捕魚該島長稱無朝鮮政府関文不
准從漁云々內務府主事尹某稱受島長之命將所捕之鮑
一千二百五十斤悉皆入官稟請轉行照會查辦等情爲此
照會貴署督辦希即轉飭該島長所有入官之鮑迅速還給
後來逢有我國人前往該島捕魚毫無不法情事不須島
長擅禁攻業以符約旨事 萊伯報日人飛船一隻美公

曜
十月

館書記建謁劄一里瀧同騎往濟州遊歷回館佛蘭西兵艦三
隻問情後離發事 又日本商販火輪一隻又美館書記建
謁劄一里瀧同騎向元山事 慶左報 上仝 又黑叢巖前洋
佛蘭西火輪船三隻次第問情後水火夫中一名身故埋置於
館後山前此往濟州日本船所騎美館書記建謁劄一里瀧
回館而佛蘭西船三隻發向南濱事 又去月朔內釜山元
山仁川港商販火輪船及兩帆船往來形止都聚蹟報事
入直李義鳳

二十二日晴寒協辦姜 參議鄭 主事尹顯求 井奎源
徐相喬 朴世煥 李義鳳 金永汶 丁大有 進 閔霞

第 道

1888년 12월 16일[100]

十六日 晴, 署理督辦趙·主事丁大英·李源兢·鄭秉岐·李奎源·李台稙·兪致秉·金永汶·李鉉相·丁大有·李在正·趙正夏 進, 日館來照, 照得, …… 蔚陵島長將我漁民所捕鮑魚入官一案, …… 以上名案從速辦理, 實爲公便, ……. 入直金永汶

16일, 맑았다. 서리독판(署理督辦) 조(趙), 주사(主事) 정대영(丁大英), 이원긍(李源兢), 정병기(鄭秉岐), 이규원(李奎源), 이태식(李台稙), 유치병(兪致秉), 김영문(金永汶), 이현상(李鉉相), 정대유(丁大有), 이재정(李在正), 조정하(趙正夏)가 출근하였다. 일본공사관이 조회(照會)를 보냈다. 조회를 받았다. …… 울릉도장이 우리 어민이 잡은 어물을 관에 몰수한 일에 대한 문서이다. …… 이상 각 안을 신속하게 처리하고 실로 공평하게 하는 것이다. …… 입직자는 김영문이다.

100 본 기사의 내용 전문은 『구한국외교문서』 1, 일안 1, 고종 25년 12월 16일 자 기사에 수록되어 있다. 일문과 한역문이 모두 들어 있다.

除月

事亟行知照本署以便轉覆德使事 興陽牒今此餘剩米本
邑果無磨鍊上納之例又無年條之區別自邑舉行莫詳裏許
只切悚悶 題 湖南廿四邑永宗米業蒙 落下劃付本衙以
爲支放已經三年之久該邑豈獨謂無例乎此係丁亥條戊子
納也亦有何裡許之莫詳乎到即查推於該邑刻期來納如
有稽緩難免重究向事

入直金永汶

十六日晴 署理督辦趙 主事丁大英李源兢鄭秉
岐朴奎源李台稙俞致秉金永汶李鉉相丁大有
李在正趙正夏 進 日館來照、得我民甲斐軍

治内田德次郎田中喜左衛門索討貴國舊開拓使
所負匠役駐留支辦等諸費項一案本國難民高尾
子之吉漂流經費一案癈撤元山手越下稅一案蔚陵
島長將我漁民所捕鮑魚入官一案釜山僉使借用我
民佐々木熊吉錢文一案法國公館貴國兵丁毆傷我
民宮田平山一案疊經本使行文貴署督辦作速辦理
在案迄今數十日之久尚未接到何等回復束爲懸案恐
非友國辦公之道本使實有所未解也爲此照催貴署
督辦請煩以上各案從速辦理實爲公便德館來照、
上年五月十四日貴前督辦金送交防備瘟疫章程一則

除月

具禀本政府聽候准否兩復文云有兩條酌改之處請貴
署督辦將該二條轉致貴政府酌核可也 日本仁川港領
事林權助及日人 東關觀光事 電仁監李丙善察七
日限滿盡復德使又遣催立即妥辦照覆 再電俄電
李丙善事何無回電過今日必生梗即辦 即覆
入直 金永汶
十七日 寒 署理督辦 趙 主事丁大英李源兢
朴奎源李台植金永汶丁大有李在正趙正貴 進
照復袁館 照復事 照得本月十三日接准貴總理
來文內開云云等因准此查華商住此日久纖繪

1888년 12월 24일[101]

二十四日 晴, 署理督辦趙·協辦李蓮洞·主事李源兢·宋達顯·朴奎源·金永汶·李鉉相·丁大有·李在正·趙正夏 進, …… 照覆日館, 案查我曆十月二十一日, 接准貴公使來文內開云云等因, 准此, 查業將原照會抄錄, 關飭該島長, 掛築室之日本人幷令撤回, 至漁民所捕獲之鮑一千二百五十斤, 亦即還給該潛水會社, 隨輒具報等語在案, 因海路遶敻, 迄未接到稟覆, 容俟該島長牒到, 再行奉布事, …….
入直 李鉉相

24일, 맑았다. 서리독판(署理督辦) 조(趙), 협판(協辦) 이연동(李蓮洞), 주사(主事) 이원긍(李源兢), 송달현(宋達顯), 박규원(朴奎源), 김영문(金永汶), 이현상(李鉉相), 정대유(丁大有), 이재정(李在正), 조정하(趙正夏)가 출근하였다. …… 일본공사관에 조복(照覆)을 보냈다. 우리 달력으로 10월 21일에 귀 공사가 보내온 공문을 받아 보고 운운하는 등의 일은 잘 알았다. 원 조회의 초록을 살펴보고 울릉도장에게 관칙(關飭)을 내려 집을 짓고 깃발을 세운 일본인을 모두 철회(撤回)하도록 명령하고 어민이 포획한 어물 1,250근에 대해서는 곧 해당 잠수회사에 환급하도록 하는 것을 보고하도록 한 바가 있다. 해로가 멀어서 아직 답변이 도착하지는 않았다. 울릉도장의 첩보가 도착하기를 기다려 다시 말을 전하도록 할 일이다. …… 입직자는 이현상이다.

---

101 본 기사의 내용 전문은 『구한국외교문서』 1, 일안 1, 고종 25년 12월 24일 자 기사에 수록되어 있다.

除月

數帰還使之今此穎倫事

入直李鉉相

二十四日清署理督辦趙 協辦李蓮洞 主事李源兢
宋達顯 朴奎源 金永汶 李鉉相 丁大有 李在正 趙正夏
進照覆美館照得本月二十一日接准貴代理公使來
文內開云〻等因准此當經飭關漢城府轉飭該病
人移住濟衆院治療勿使傳染等語去訖為此照
覆事照覆日館業查我曆十月二十一日接准貴公使
來文內開云〻等因准此查業將原照會抄錄關飭
該島長掛旗等室之日本人并令撤回至漁民所捕

獲之鮑一千二百五十斤亦即還給該潛水會社隨
輒具報等語在案回海路運貿迄未接到稟覆
容俟該島長牒到再行奉布事函送 美館昨准
貴照會內開云云等語當將該教師所稟書抄稟
達我
大君主候到 下教再行以公文奉复也函 袁館 大昨奉
到大函為商人楊正祥內地採辦請領執照飭爲盖
印一事緣從邇今始 赴署茲我上 原复并將會印原
護照一紙送呈祈即查照轉給事 平安道採辦土貨限六個月
函 日館 我曆八月十八日准 貴械內開將手越卜稅設法

除月

妥議所擬方案另單諸案均悉一是查此案以照以
函歷經在梭將貴國商民進出口貨物一概不懲他稅
則足符約旨足慰商情貴公使猶佐佐不已於單祛手
越卜稅屢催以速廢符約然貴公使想未及深燭其情
形也何者除外國貨物進口外凡內地採辦之貨或在出
產之地或在沿途遇有出貨稅是各國皆然今咸鏡道
之手越卜稅其來甚久究其意即不過出貨稅而藉
如貴公使之言不論其貨主為何人凡係進出口貨物
免除該稅則咸鏡道一省所有土貨何莫非出口者乎
又安知不有奸商輩勾結貴國商民將其土貨擬指

為出口貨而求免該稅于總之既准貴商民所帶進出
貨不征該稅則本國內地征稅此係內政在貴公使恐毋
庸俯干事又我曆十月二十九日准貴職內開云云等因到
本署督辦細查該僉使曾以貴國商民山城久案現
遭充配於全羅道珍島未便關飭查辦容俟其宥
還再行轉飭釜山監理提該金完洙到案歸結為妥
望貴公使將此轉飭佐佐木熊吉可也又我曆十月十三日
奉到貴職為難民高尾子之吉等漂費內五百九十兩四文
二分二厘退徵一事業經關飭我濟州牧使去訖想因海
潤船稀至今未接稟覆容俟其來再行奉佈事

除月

俄館來檝玆朝俄陸路通商章程本數缺乏本國邊
界官等亦欲淸領本章閱視因其本公使請維貴
督辦若現成有刷印之漢文章程附給六本俟用如着
貴署欲用俄文刷印本章程本公使亦可呈送事函
复俄館頃奉函示爲陸路通商章程六本附給一事
容俟刷印奉交事閱圻營接准華電局總辦陳
照會內開云云等因前來准此蒙閱到即輪飭電路
各地方官按照上開株數函爲預備即將所有形止
馳報以憑轉復事閱完營即據古羣山島漁民李
喜鎭等呈稱云云等情據此轉照中國總理袁　旌誰

照復并告示一度送來茲特該告示轉給該漁民以憑
往示登島之人合併蕆閲到即飛飭沿途各地方官
轉飭各漁塲遇有中國漁民滋擾情事隨即押
到本衙門以為轉交袁總理聽使嚴辦俾各島
民安堵漁業之地宜當事閲漢城府即准美公
使照會内開云云等語在案為此蕆閲到即轉飭該
病人移徃濟衆院治療毋得傳染事閲濟州牧查
去五月日本漂民經費一千三百五兩四戔六分五里據報
狀推給在案嗣接日使照會内開云云等因准此蕆閲
到即查該漂費中四百三十五兩一戔五分五里即為

是日封印

除月

送 上本衙門以便還交日本公使事關 蔚陵島長

照得十月二十一日接到日本公使來文內開云云等因

准此查九月十三日該島長來牒有日人犯採金鰒

千餘貼亦為收納等情則此係越梱即行還給

所有形止報來事

入直李鉉相

二十五日清寒署理督辦趙 協辦姜 主事李源

兢朴奎源李羲鳳李台稙金永汶安吉壽李鉉相

丁大有李在正趙正夏進 美館照美國人諾甫退妻

時奇在敦妻鳳擧妻此三夫人欲前往平壤而阿扁

1889년 3월 12일[102]

十二日, 乍雨旋晴, 署理督辦趙·主事宋達顯·朴奎源·朴世煥·李台稙·鄭敬源·金永汶·丁大有·李在正 進, …… 日館照會, 甲斐軍治·內田德次郎·田中喜左衛門三人, 勻開拓使索討欠欵各案外, …… 蔚島長將我漁民所採鰒魚入官一案 …… 曾經屢次照催, 未領明答, …… 益昭約旨事, ……. 入直 上同

12일, 잠시 비가 오다가 맑아졌다. 서리독판(署理督辦) 조(趙), 주사(主事) 송달현(宋達顯), 박규원(朴奎源), 박세환(朴世煥), 이태식(李台稙), 정경원(鄭敬源), 김영문(金永汶), 정대유(丁大有), 이재정(李在正)이 출근하였다. …… 일본공사관이 조회(照會)를 보냈다. 가이 군지(甲斐軍治), 우치다 도쿠지로(內田德次郎), 다나카 기자에몬(田中喜左衛門) 3인이 개척사가 빚을 독촉하도록 하는 각 안 이외에 …… 울릉도장이 우리 어민이 잡은 어물을 관에서 몰수한 안 …… 등을 누차 조회를 보냈으나 명확한 답을 받지 못하였다. …… 약조를 더 확인할 일이다. …… 입직자는 위와 같다.

102 본 기사의 내용 전문은 『구한국외교문서』 1, 일안 1, 고종 26년 3월 14일 자 기사에 수록되어 있다.

丁大有

十一日清 協辦姜 主事丁大英全容默宋達顯朴世煥李台稙俞致秉鄭敬源安吉壽李在正趙正夏 進 袁館照復與國人時答被掠在仁川濟浦各國租界內租賃地契事査各國租界事務應由各國公使首特如各國公使意同允准本總理亦視為可先事

入直上仝

十二日乍雨旋晴 署理督辦趙 主事宋達顯朴奎源朴世煥李台稙鄭敬源金永汶丁有大李在正 進 袁館來函商人趙育堂等內地採貨三

華商趙育堂周錫祿朱蔭南黃海平安兩道護照三張印送

三月

紙護照會印送交事 復 蓋印以送 日館照會甲
斐軍治內田徳次郎田中喜左衛門 三人 向開拓使索
討欠款各條外仍有元山手越卜稅 一條 蔚島長將我
漁民所採鮑魚入官 一條 釜山金使借用佐々木熊吉
錢文一條法公館 貴國兵丁毆傷我國民宮田平山
一條將古森兵助妄行管押並將錢米勒措分用
一條等曾經屢次照催未領明答郎希逐加查
閱務期水落石出以恤商困並照約 旨事 華商德
來署晤譚 京兆報自貴衙門 萊關濟府秘捉
安邦賢押付欒府不日督刷以清華債事

趙正夏

十三日清 署理督辦趙 主事秦尚彥全容默宋達顯

入直上仝

朴世煥尹致恒李台稙鄭敬源金永汶安吉壽李
鉉相丁大有李在正進 法館來照本大臣擬於
明日下午二點鍾彰請貴衙門將仁川各國租界章
程刪除草押恭書實押事 箕營報義州呈以在
逃賊漢方士嚴趙仲跟捉取招後馳通于安東縣事
平安兵營報上仝 畿營報今月十二日未時量俄國
三帆兵船高麗一隻二帆兵船及佛来雪一隻入来留碇
於月尾島後洋事

1889년 3월 29일[103]

二十九日, 曜, 晴, 署理督辦趙·協辦姜長洞·李蓮洞·主事丁大英·呂圭亨·尹顯求·全容默·宋達顯·朴世煥·尹致恒·李羲鳳·李台稙·鄭敬源·安吉壽·李鉉相·丁大有·李在正·韓喆重 進, …… 照覆日館, 我曆三月十二日, 接淮貴公使來文云云名案, …… 欝陵島鮑魚入官一案, 此條築室掛旗, 冒犯例禁者, 據尹主事所稟明, 則該漁民妄行不法情事, 拿交駐釜山貴領事之際, 該漁民所帶鮑魚五百五十斤, 爲領護差役所扣充川費, 兩詞自相矛盾, 斤數定不相符, 請飭貴領事, 再提該漁民查核, 務歸從公妥結. 入直 李鉉相

29일, 눈부시게 맑았다. 서리독판(署理督辦) 조(趙), 협판(協辦) 강장동(姜長洞), 이연동(李蓮洞), 주사(主事) 정대영(丁大英), 여규형(呂圭亨), 윤현구(尹顯求), 전용묵(全容默), 송달현(宋達顯), 박세환(朴世煥), 윤치항(尹致恒), 이희봉(李羲鳳), 이태식(李台稙), 정경원(鄭敬源), 안길수(安吉壽), 이현상(李鉉相), 정대유(丁大有), 이재정(李在正), 한철중(韓喆重)이 출근하였다. …… 일본공사관에 조복(照覆)을 보냈다. 우리 달력으로 3월 12일, 귀 공사가 보내온 공문을 받아 보았다. …… 울릉도에서 잡은 어물을 관에서 몰수한 안건이다. 이 항목은 집을 짓고 깃발을 세워서 금지 항목을 범한 것이다. 윤 주사[104]에서 보고한 것에 의하면 해당 어민은 망령되게 불법을 저지른 사정으로 체포하여 주부산(駐釜山) 일본영사관[105]에 인계할 때에 해당 어민이 가지고 있던 포획 어물은 550근으로, 영호(領護)하던 차역(差役)이 구충천비(扣充川費)로 삼아서 두 말이 서로 모순이다. 근수가 서로 맞지 않으니 귀 영사가 다시 해당 어민을 조사하기를 청한다. 공평하게 일이 처리되도록 힘쓴다. 입직자는 이현상이다.

---

103 본 기사의 내용 전문은 『구한국외교문서』 1, 일안 1, 고종 26년 3월 29일 자 기사에 수록되어 있다.

104 윤시병(尹始炳)을 가리킨다.

105 당시 일본영사는 무로다 요시아야(室田義文, 1847~1938)였다.

三月 曜

値等契茲據該士人呈請謄冊盖印
送交事釜報一本港去二月朔出入船隻
搭付本國官商憑票案一件上送事
二本港己丑二月朔出入口收稅實數出
入款實數修成冊二件上送事
入直韓喆重

二十九日淸署理督辦趙 協辦姜長洄李蓮洞 主事丁大英
呂圭亨尹顯求金容默宋達顯朴世煥尹致恒李
義鳳李台稙鄭敬源安肯壽李鍾相丁大有
李在正韓喆重 進英館照本國署理總領事

是日下午七點鍾
袁慰廷唐幇辦英領事暨稅務司四人來署茶宴

[illegible]

福格林在任一年之久現因請假本日回國述奉本國政
府派委駐華 欽使館中漢務參贊禧在明接任
其職查福格林駐紮貴國稱職為本大臣深所
欣悅而禧在明乃本國著有聲望之員甚克委荷
任諒貴國
大君主暨政府必以為本國甚願重保我兩國信敦睦
誼之擧而尤望貴督辦將派委禧在明一節即日趁
便入告并祈代為傳將本大臣敬意
大君主俯念禧在明深信為才識較優處事得宜之
員是為切盼照覆日館我曆三月十六接准照復

三月

來文內云云希棄此條金玉均事情者非我政府所知不必
擧議手越卜規一棄此條抽分於我民者現經屢百年
之久照服要之使所可過聞者辯倭島鮑魚入官一棄
此條等室掛旗冒犯例禁者據尹主事所稟明
則該漁民妄行不法情事拿交駐釜山監領事之
隊詰過或所帶鮑魚五百八斤為領議差役所扣
充用費另詞互相矛盾斤數定不相符請飭監領事
再提該漁民查據稍悔謹以妄結佐佐之木態者向金
完咪索債一案此係捏告詞訟應由漢城少尹審辦
且該金完咪現充雇於全羅道珍島未便解卽查

進家侍寓還另行究辦官田平山被傷於法館兵
丁一案此係公館僱役者透糾查緝應由我地方官
知照該公使確有准據始可拿還者即行飭遵拏
尹特照該公使備行懲警古來兵助詰徵錢米一
案此係手鏡傷人者探詢府使搜供收恤則亦有錢
米而行另付設有詰告表陳詞控控探糾追徵不經
閔傷該府使特該朴夫述再行查詢延達稍知金學問逸
審斷事日緘荷蒙寵祝導即前趨有待在先弗
克分日飭反塞始書記函上仝文蘇准岑啓三月二十八日來
文閔案查於前項照會所開手案出署督辦過案分

三月

美報駐箚美國全權大臣由陸上京書記官李商在騎船內仁川事

辦之意本使約於明日下午三鍾前往貴署面晤屆時稍候事

英館本署總領事剳奉本國欽差大臣致貴督辦公文一件送呈台鑒至請總領事定於明日可抵仁港并此附聞事

墨館屆時即要一晤赴事

仁報德商世昌行拉還欠九千元借款合同底草一稿上送事

題借款合同草稿閱悉而已查四條並即以送仕辦報償後即為相來面可閱完贊匯

士姜南督由本衙門官許令濯設局派送事

入直李鉉相

1889년 4월 25일[106]

二十五日 晴, 主事丁大英·宋達顯·徐相奭·朴世煥·李台稙·鄭敬源·金永汶·安吉壽·李鉉相·丁大有·李在正·韓喆重 進, …… 日函, …… 又古屋利涉等, 被欝陵島長將所採捕鮑魚沒入官一案, 亦于己丑三月廿九日, 照覆內稱云云, 敢問貴督辦, 將該漁民拿交領事時, 領護差役, 妄將該漁民之物扣充川費, 以爲合正理耶, 則尹主事身在官吏, 擅行不正, 其爲人可知, 則其自稱五百五十斤者, 焉知非其揑詞, 請貴督辦再查, 必示其數之確據, 以解原告者之惑可也, ……. 入直 宋達顯

25일, 맑았다. 주사(主事) 정대영(丁大英), 송달현(宋達顯), 서상석(徐相奭), 박세환(朴世煥), 이태식(李台稙), 정경원(鄭敬源), 김영문(金永汶), 안길수(安吉壽), 이현상(李鉉相), 정대유(丁大有), 이재정(李在正), 한철중(韓喆重)이 출근하였다. …… 일본공사관이 함(函)을 보냈다. …… 또한 후루야 토시미츠(古屋利涉)가 울릉도장에게 피해를 입어 포획한 어물이 관에 몰수된 안건이다. 기축년 3월 29일에 조복(照覆)에서 운운하였다. 감히 귀 독판에서 문의하니 해당 어민이 체포되어 영사에게 인계될 때, 영호(領護)하던 차역(差役)이 망령되게 해당 어민의 물건을 구충천비(扣充川費)로 사용한 것이 정리(正理)에 합당한가. 윤 주사[107]는 신분이 관리인데 부정을 마음대로 행하니 어떠한 사람인지 알 수 있다. 스스로 550근이라고 말한 것은 꾀하는 말이 아님을 어찌 알겠는가. 귀 독판이 다시 조사하여 반드시 그 수의 확실한 증거를 보여 주기를 청하며, 원고자(原告者)가 의혹을 풀 수 있도록 하는 것이 좋겠다. …… 입직자는 송달현이다.

106 본 기사의 내용 전문은 『구한국외교문서』 1, 일안 1, 고종 26년 4월 25일 자 기사에 수록되어 있다.
107 윤시병(尹始炳)을 가리킨다.

二十五日晴 主事丁大英宋達顯徐相奭朴世煥李台稙鄭
敬源金永汶安吉壽李鉉相丁大有李在正韓喆重 進 美
館來照本政府來文內開本公使已遞西歷本年四月初三日
以富安德權任本職自本政府使本公使轉代新使到京之
間事文美國人劉甫退既爲買屋於朝鮮人趙尚學西家契
則自漢城府既爲發給而且貴督辦自義州招來趙尚學辦
理虛實之紛尚今想量矣年過一載姑不得留住其家悵恨無
比此事速爲辦理實合本使之曠職也幸乞此家不得推給則以
債清還亦好左右間速爲結末事日館來照彙查仁川口朝鮮
船隻不許泊于我租界海岸須赴萬石洞卸貨一案前于四月

此月

十七日照請速飭收回禁諭以歸舊貫在案又在元山口向我國
商民販運之貨徵收稅餉以及請繳還我商已完稅銀等情一
案前于四月十八日照請速行分別撤底償還在案又在釜山口
抽出口貨物口文錢一案前于四月廿六日照請速行撤廢在案統
查以上各案均為兩國條約攸關並兩國通商盛衰所繫重情本
不應稍涉遲緩而一案未結一案又起竟致耽誤彌月本使無任
焦灼之至而在貴署督辦視此等重要各案一如尋常細故無足
輕重並不見確查核復本使實不能解貴意之所在也夫事關兩
國條約則兩國之大事也一日不守其約則受一日破約之責今如貴署
督辦遲延不理事貴政府所負之責日積益深如此不已則其弊不

[illegible]

第　道

知府底止貴署督辦盍思諸本使前此各案照會業已詳陳事
理不庸多贅惟望貴署督辦特注意於條約速行銷撤以全交
際大局是為啟盼事 日 函古森亦助以手鎗誤傷朴文述之故
杖押在案而該古森被人勒取錢米雖迄今未見送還未可毋
事遷延相應一面先辦誤傷之罪一面稟請照催統署函飭河東
府使將錢米如數繳還給領等情查此案前于四月十八日本使照會
催辦而旋接貴照復内稱各節均不足服本使之心也請試思之古森
之言既不符朴供則其物之授受不合于正法可知既知有其不合正
法則還之原主專待官裁是人民之義也朴之愚昧猶可恕而河東
府使不守正法袒庇朴文述使本案稽留至此是誰之過哉惟既

四月

函飭查詢詐日已逾匝月雇由該府使業經詳復矣未悉如何情
形迅速復示為望又古屋利渉等被欝陵島長將所拏捕鮑魚
沒入官一案已于己丑三月廿九日照覆內稱云云敢問貴督辦將該
漁民拿交領事時領護差役妄將該漁民之物扣充川費以為合正
理耶則尹主事身在官吏擅行不正其為人可知則其自稱五百五十斤
者焉知非其捏詞請貴督辦再查必示其數之確據以解原告者之
惑可也又法廊兵丁一案雖前于照覆內聲明當即行飭等因而在
漢城判尹業經照知該國公使拿還辦罪稟復與否並無所示此非耽
閣而何茲當急欲清理積案不可仍事因循即希從速見覆如何辦法
事又須據釜山我領事稟稱朝鮮電報局應交四月分報費共一千

八百五十一元七十五錢誤期當經向該口監理函催迄今毫無復音而

此事既與成約相違且誤清結册檔之案未可任其遲誤應請轉

行統署嚴飭稽還等因前來查報費一節前于己丑二月廿七日貴

照覆內稱將所欠電費本月內交清後若自我電局未能月杪筭

清當由漢城電局照數筭還貴國〻立銀行以憑轉交釜山貴電局

等因而今釜山貴電局又復筭費誤期自應函請貴督辦即照前

言速飭漢城電報局將該款如數筭還免致日後積欠爲要事又

釜山貴電局遷徙一事前于照覆逐加駁論在案迄今已逾月餘並

未見確核詳復未悉貴督辦終欲如何辦理〻當行函催希速賜

確音事

四月

入直宋達顯

二十六日晴　主事秦尚秀　鄭秉岐　宋達顯　徐相奭　朴世煥　李台稙　金永汶　丁大有　李在正　韓喆重

進陳同書住仁港電報署弟箱使

行李

殿下允免驗放行想

下教貴署乞速電飭海關照辦弟明晨先附尾張丸內渡敝

眷廿九坐富有船勿誤行期為盼速覆事　灣尹報美國人

元杜九三次貸用合計當五錢一千五百四十兩捧標三張粘

上特為劃下事

入直宋達顯

第　道

1889년 7월 27일[108]

二十七日 凉雨, 主事丁大英·秦尙彦·朴夏永·宋達顯·徐相奭·朴世煥·安吉壽·丁大有·李在正·李應翼·沈啓澤 進, …… 東伯報, 越松萬戶兼欝陵島長徐敬秀, 呈以該島搜驗事實, 並採鰒日船, 限三十年禁止之意啓稟事, …… 二, 欝陵島中日人作弊者, 該萬戶, 只報釜山監理, 至於三朔後出島還鎭, 不言其詳, 萬萬踈忽, 該萬戶爲先罷黜事, 並附日人出浦乾鰒數爻册子, 釜山監理去來照會成册兩件, 修正上送事. 入直 上同

27일, 비가 내렸다. 주사(主事) 정대영(丁大英), 진상언(秦尙彦), 박하영(朴夏永), 송달현(宋達顯), 서상석(徐相奭), 박세환(朴世煥), 안길수(安吉壽), 정대유(丁大有), 이재정(李在正), 이응익(李應翼), 심계택(沈啓澤)이 출근하였다. …… 강원감사가 보고하기를, 월송만호겸울릉도장(越松萬戶兼欝陵島長) 서경수(徐敬秀)가 울릉도를 검사한 사실을 아뢰었다. 아울러 전복을 채집하던 일본 선박은 30년에 한하여 금지의 뜻을 아뢴 일이다. …… 두 번째, 울릉도에 있는 일본인 작폐자(作弊者)는 해당 만호가 단지 부산감리(釜山監理)에 보고하는데 3개월 후에 울릉도에서 나와 진(鎭)으로 돌아오는 일에 대하여 상세하게 말하지 않았다. 많이 소홀하니 해당 만호는 먼저 파출(罷黜)하는 일이다. 아울러 일본인은 출포(出浦)하고 건복(乾鰒)의 수효 책자는 첨부하였다. 부산감리가 가져간 조회 성책 2건은 수정하여 올려 보내는 일이다. 입직자는 위와 같다.

---

108 본 기사의 내용은『강원도관초』고종 26년 7월 25일 자 기사에서 확인할 수 있다.

二十七日涼雨主事丁大英秦尚彥朴夏永宋達顯
徐相奭朴世煥安吉壽丁大有李在正李應翼
沈啓澤進德館來照准七月十四日來函經向
世昌行詢將貴政府與該行交涉款項計借項
以及所買物件除還外尚欠洋銀若干元一統
算數送交本領事轉交貴督辦現該行與外
衙門所有交涉尚欠款項算計送來本領事官
附送貴督辦另外有他事為該行與內衙門所
幹者該行說該管官未准之前不可聲明如何
而貴督辦向該官員承准纔可以聲明又願如

電萊伯客主稅
前何嘗停撤今
何為改名仍收
一切隱諱是何
道理

七月

將所欠該項款項速行妥當辦理為荷一前據夏
普理格德國銀行枝店算數於西歷一千八百八十
九年一月一日借款尚欠銀八千七百五十七磅十
三司連一邊呢即由本行稟知趙督辦現尚欠五千
二百零四磅十八司連七邊呢並利錢四百磅共欠
五千六百零四磅十八司連七邊呢一自漢城至釜
山電機料於西歷本年一月一日算數尚欠洋銀
一百八十四元九十一仙司現此款另有利錢一在
仁川富平種桑時朝鮮政府招本行代費於西歷
去年一月一日尚欠洋四千零七十二元九十六仙

統理交涉通商事務衙門

第 道

司後来由麥登司將月銀三回還償為七百五十元
則於十二月底尚欠三千六百六十九元十四仙司內算
利錢而現欠款項并至清楚之日應有利錢 畿報
今月二十六日辰時中國二帆兵船眉雲一隻入来留碇
於月尾島後洋事 東伯報越松萬戶兼鬱陵島
長徐敬秀呈以該島搜驗事實並採鰒日船限
三十年禁止之意 啓稟事 進上物種紫檀香十
二吐青竹三個可支魚皮二令石間朱六升及該
島圖形上送事 二 鬱陵島中日人作弊者該萬
戶只報釜山監理至於三朔後出島還鎮不言其

七月

朴世煥
安吉壽

詳萬〻蹤忽諉萬戶爲先罷黜事並附日人出浦乾
鰒數文冊子釜山監理去來照會成冊兩件修正上
送事

入直上仝

二十八日朝雨晚晴主事丁大英秦尙彥朴夏永宋建顯
徐相奭李羲鳳李台稙李鉉相丁大有李在正
沈啓澤進墨館函前承囑借洋銀壹萬元轉付世
昌行嗣因世昌行云銀票尙未收到云〻此票式送交仁川世昌
行或送至京城等語合將仁川稅司函復情形陳明事函
覆墨館頃奉函詢爲借洋一萬元轉交世昌一事業經關飭

[illegible]

第 道

1889년 8월 11일[109]

十一日 雨終日, 督辦閔·主事朴世煥·李鉉相·丁大有·李在正 進, …… 鬱陵島長報, 依島首金自裕所報, 日人等作弊事論列事, ……. 入直 李鉉相

11일, 종일 비가 왔다. 독판(督辦) 민(閔), 주사(主事) 박세환(朴世煥), 이현상(李鉉相), 정대유(丁大有), 이재정(李在正)이 출근하였다. …… 울릉도장이 보고하였다. 도수(島首)[110] 김자유(金自裕)가 보고한 바에 의하면, 일본인 등의 작폐에 대한 일을 논열(論列)하는 일이다. …… 입직자는 이현상이다.

---

109 본 기사의 내용은 『강원도관초』 고종 26년 8월 11일 자 기사에서 확인할 수 있다.

110 도수(島首) 혹은 가도장(假島長)은 울릉도장을 월송포만호가 겸직한 이후 울릉도에 머무르는 현지의 실력자를 임명하는 자리였다. 도수 혹은 가도장에게 울릉도의 관리를 맡겼던 것으로 생각된다.

仁川港掌簿官林應鎭
啟 派下送現方前往元山美茲以閲飭到即沿道各地
方官替把馬匹飭差校役另加隨護妥為照料至於
宿處則擇以乾淨房屋遇有資粮缺乏均聽該員
所求就其措公錢中先為挪劃捧票上送本衙門以
憑繳還事
入直 同上
十一日雨終日督辦閔 主事朴世煥李敏相丁大有李
在進袁館來照業照本年八月初九日准貴政府照覆
本總理照請查究前駐美使朴 違章[illegible]擅報一案 并同日准

是日下午十二鍾
美公使丹時謨
以礦師事來署
譚辦

貴署照復業同前情業將該照復一併遵飭送還貴政府貴署
查收在案本總理追憶其中語意頗多疑訝並應遵飭送
僑駁詰查該使朴始為堅執未奉文飭冀逞其詐繼而
捏報物情任意飾偽終於查究之時仍以不合體例不明事
体各無稽之談反復捏虛是該使欺誕已為慣計不意
貴政府亦不明事体之當然不查前後之案情遽憑該使
欺詞據以轉照前來查謂該使所陳為宲并寔非故意違
背容有可原又謂回海路修貿易每多偽膜謂該使謬妄岐
異等語希可抹糊前案豈貴政府亦欲附逼該使將以行欺
濟事乎抑真跡忽罔覺而冒昧為此乎然本總理私揣貴政府

統理交涉通商事務衙門 第 道

總司一國政令協理事大誠恐敬自昔及今斷無任重職要
如此而附通以欺人者尤斷無附通以御欺
中朝之理如謂貴政府又非孰忽冒昧則本總理寔所不鮮茲
先即該朴使所陳詳駁之該使云勢不得不據探外邦物議
遵依万國公例故到美后傾意訪詢等語查十三年九月二十
四日文華殿大學士李電開內所訂三端已皆屬邦分內應
行之体制與各國無干各國不能過問等諭該使詎已詳
熟遵迨美傳相已明言為屬邦分內應行之体制與各國無
干何該使身膺屬邦之使而反欲引依万國公例乎未免
悖謬事体傳相已明言各國不能過問何該使不遵傳相

八月

鄭重之明諭而反信外國物議之浮談又未免紊乱輕重且

該使於是年十一月二十六日到美即日照會外部訂期相見遞

無時日得以傾意訪詢訪晉參贊徐道台彭郎中往晤之

時又何以不言訪詢顯係造謊未知將欲誰欺該使又云凡

奉命出使者宜先赴該國外部而若先往他國使署是輕

視該國外部一節查万國通使以來凡到疆使臣於未往外

部前先訪他國使員及友人行為常事從未有以此為輕視

該國外部之例亦未有該國外部即疑為輕視之事且抗

違定章不先赴中國使署報請其情節豈止輕視乎是悖

慢該使甘於悖慢

統理交涉通商事務衙門

第　道

中朝而不肯輕視該國外部即使京有所聞亦妄斷倒亂直冠履況
縱無此例此事乎又未知將欲譏該使又云各國通使之柄向
無與他國使同赴外部藉傳國書副本之公例若不能行修
礼倩人依仿亦慢視該國也交際之道礼敬為主天下自立之國
不應受人輕慢而羞或相加視為恥辱必謂有違公例不接
國書各等語查去年英屬國亦加遣使往英向由駐英公使帶
引謁見英主是尚不止同赴外部傳其國書副本嘗未聞英
廷有不接國書之公例況朝鮮服事中國垂三百年自有体
制天下共知尤与各國情形殊相中國特允朝鮮与各國交
特朝鮮另有照會聲明朝鮮為中國屬邦今內應行各節

八月

與各國毫無干涉此次議定三端自是中韓兩國商情体
制各國又何得過問繼或過該國外署不接國書該使
應即查據聲明照會或呈文或派員或親謁中國與該
外部剖晰理論自必妥帖即查貴政府十三年十二月二
十五日復本總理照內亦云且念該使設過難處尤當
先謁張大臣商情妥辦各語當張大臣照知美國外部
以屬邦遣使挈同來見各節該外部復文毫無異詞
張大臣又親晤該外部據答為韓為中國屬美與立約
亦承中意務推愛相待等語亦初無疑議及徐參贊學
於是年十一月二十八日晤該使時亦明告以已照知該外部

第　道

並反復詢詰而使何等露此一語以相商情惟托病支
吾反自定期請見外部且該使於於去酉年四月初一日呈復
張大臣大內仍尺堅執未奉明文公牘並未將查探物證禀
情相告如謂該使夙有見聞秘不相告張大臣則又與三端立
第三節大相遠碍如謂該國果有此等物證豈有駐扎紮已
久之張大臣嘗聞之而初來之朴定陽還先聞之即該使繼有
所聞亦不應但欲一時修礼於友邦而不顧数百年事大之名
義如謂該外部有不接國書之意又豈有不先詰定章約
東之上國使而先示意於守章奉行之屬邦使乎反復參思
宗无此理是該外部本無不接國書之議惟早存一違章之

八月

見不顧張大臣挈同前往而居心叵測肆意經行直至今日而
仍欲引依万國之公例抑薄兩國之定章掩耳盜鈴豈又臣
以欺天下乎該使又云使美國應之則不特為朝鮮辱而亦中國
羞也又云招他邦之侮貽天下之笑出疆在外計先利國辱君
命乖大違勅令之事小各節尤非情虛詞窘巧語文飾也
說本總理亦先庸瑣碎詳詰第念三端定章中韓体
制所關該使造詞捏謊竟自抗違欲敗損兩國体制謂非
貽中國羞乎三端定章
國王曾咨請轉奏遵辦并分飭該使等各敬厥職遵行
三端久已上達

統理交涉通商事務衙門　第　道

天聽而該使身爲臣下繼以抗違貽朝家欺妄之憂累國
政以矛盾之失謂非辱朝鮮辱君命乎中東之間該使又欲搆
生猜嫌俾狡焉思逞者得有藉口豈非於他邦之至侮貽天
下之大笑乎不知所稱有利於國者何在非可惜者該使既如此
則敗損制財搆嫌中東在貴政府應如何顧籌大局認真
查究懲处方合事體不爲亦隨聲附和與之相蒙蔽則又本
總理之所不能爲貴政府解者也查本總理自十四年六月以
後迭次照、具文牘請貴政府查明該朴使所稱物情有何
確據去後查於是年六月十三日十二日先准貴政府貴署照复內
同閒查前此敝邦使臣朴定陽電禀查探物情有意斥

退國書等語未知該使有何所據又云至三端飭遵一棄、
該使既有認其罪違章其呈復張大臣以前到電飭日字
為證者自因歧異、各等語曰復查十三年九月二十六日二十五日并准
貴政府督署函復內開思朴使所云查探物情等語如非有十分確
證則該使之輕信不審亦可以知矣各等語今貴政府既以
該使所陳為宜必以該使已有可據已有確證望即將該使
可批確證明而見示倘非另有可據確證則不但該使終
歸歧異而貴政府亦自歸歧異矣復查十三年十二月二十五日准
貴政府摠京函開有云未知該使至美如何託詞不遵致此詰
問寔屬驚怪且念設遇難處尤當先謁張大臣商情妥辦

[illegible] 第 道

乃竟託病未往言語支吾滋形謬妄甚非
國王前飭惟事恭謹之本意也
國王聞知惋惜甚為不安敝政府寔憂無以自暴以解中朝
之惑也等語今貴政府忽謂海路修夐亦多隔膜謂該使
謬妄歧異各節豈貴政府前以設遇難處尤當先謀商
請為是者今將以為非乎前以來往言語支吾為謬妄者
今將以為非謬妄乎前以甚為非
國王前飭惟事恭謹之本意今將以為甚是
國王前飭惟事恭謹之本意乎果以則貴政府貴政府欲以此
自暴以解中朝之惑是不但該使多方支吾即貴政府亦在所

八月

不免矣本總理淡為貴政府痛惜之未知貴政府公事尚
足取信於人乎又未知人將何以視待於貴政府明聰之為國之
道無信不立事大之義以敬為先該朴使施詐違章慣為
欺罔固不足以語敬信惟貴政府遇此重案經十數日不能
詳審查究任聽飾詞以該使所陳為人是並為實非故
意違背容有可原轉照前來本總理誠所不解應不外乎
傳相所諭顯為趙使額留地步之言除運飭巡傳駁詰
倣文照請貴政府即查照前函各照會暨該使所陳
確據確覈何以見其實非故意違容有可原一并從速
詳復以便轉詳外相應備文照會請煩

統理交涉通商事務衙門 第 道

貴署并照前屆各照會今别見覆定爲盼切墨函
德國領事稟請貴督辦一節經貴督辦令將覆稿以便
回覆德領事總稅務司令承台函送呈草稿乙件可否
合用請査核事 草稿乙件在存案 閱元港晨表白全元兩
港租界丈量事特派仁川港掌簿官林前往承辦事
務已經閱飭在案現玆該派員前往該港凡係租
界丈量事務均聽該員妥商籌措認眞幇助并
即知照稅務司暨理領事一躰遵照俾爲協同
妥辦期整租務將該派員下往時轎丁費二百五
十両到即就稅銀中扣算酌撥至滞由覆照一

八月

應需用亦聽該員所區隨即攤交修成賬目一竝租稅
務勸先就租價年稅中并行扣除具報本衙門
以便倫察宜當 金報中國兵艦九隻到泊問情事
嶺伯報東萊呈以德國兵艦一隻日本兵艦一隻去
月三十日午時分向東溟事 箕報義州呈以今月
望前巡檢大國人例贈事 灣報仝上 鬱陵島長
報依島首金自裕所報日人輩作蔽事論列事
嶺左道報去月朔內釜元仁港日本商販火輪船
及西帆船往來形止都聚事 嶺左水使報黑巖
前洋到泊中國火輪兵艦九隻問情事 又 本營今

[illegible]

簽

道

枕水採來八月二十一日板串前洋設行事 又去三朔
因衙門公文無到付事
入直李鉉相

十二日晴 督辦閔 參議鄭 主事朴世煥 李羲鳳
李台稙 俞致秉 鄭敬源 安吉壽 李鉉相 丁大有
李在正 李應翼 申泰茂 沈啓澤 日館覆照 釜
元山港租界地段測量來 突應究租稅事等因前來 惟僅
止丈量租界地段一節 本使並無異見 即當飭駐港我國領事官
遵辦事 又來照 查我國商人古森兵助傷河東人朴文述一被該
府官民強取錢米一案 自前年成讞已閱兩載云云 即希逐細核

1889년 9월 19일[111]

十九日 淸, 督辦閔, 協辦姜·主事秦尙彦·鄭秉岐·朴世煥·李羲鳳·兪致秉·安吉壽·李鉉相·李在正·申泰茂 進, …… 照日館, 據鬱陵島長徐敬秀報稱, 日本人三宅收矢[112]等一百八十六名, 駕船二十四隻, 來泊本島道倭浦, 載沙器等物下陸, 交渙豆太等穀物, 確係違章, 將貨入官, 罰五十萬文, 載有明文, 請照日館責徵, 以杜後弊等情, 將該日人等, 拿交就近領事, 照章懲罰斷辦去後, 再據探鰒人三宅收矢·久井友之助等, 來到長興洞及邊嶺, 將居民所種玉秫盡爲竊取而去, 則島民所種玉秫每年所收, 不下十五六石, 歲前之粮, 惟此玉秫, 沒數見失於日人, 難免塡, 該日人數十名, 作黨突入島民裵金周家, 足蹴板屋, 破壞庫舍, 將積置沙器, 沒數攫去, 如此日人之不畏法禁, 不遵條規, 雖有百島民, 實難防遏, 此弊若不除革, 島民末由奠居, 具由呈報, 請鑒核, 轉照日館, 依章懲辦, 責徵罰文等情, 據此照會, 請查照, 將該人等攫去入官沙器, 查追繳納, 並將罰金五十萬文, 照章立徵, 玉秫價四百八十餘兩, 如數償淸事, ……. 入直 兪致秉

19일, 맑았다. 독판(督辦) 민(閔), 협판(協辦) 강(姜), 주사(主事) 진상언(秦尙彦), 정병기(鄭秉岐), 박세환(朴世煥), 이희봉(李羲鳳), 유치병(兪致秉), 안길수(安吉壽), 이현상(李鉉相), 이재정(李在正), 신태무(申泰茂)가 출근하였다. …… 일본공사관에 조회(照會)를 보냈다. 울릉도장(鬱陵島長) 서경수(徐敬秀)가 보고한 것에 의하면,[113] 일본인 미야케 카즈야(三宅數矢)[114] 등 186명이 24척의 선박에 타고 울릉도 왜포(倭浦)[115]에 정박하였다. 사기(沙器) 등의 물건을 육지에 내려서 콩 등의 곡물과 교환하고자 하였다. 장정을 위반하는 것이 확실하니 장차 물화는 관에서 몰수하고 벌금

---

111 본 기사의 내용은 『구한국외교문서』 2, 일안 2, 고종 26년 9월 19일 자 기사에 수록되어 있다.

112 『일안(日案)』에는 三宅數矢라고 기재되어 있다.

113 울릉도장 서경수의 보고는 『강원도관초』 고종 26년 5월 6일 자 기사에서 확인할 수 있다.

114 히메노 하치로지(姬野八郎次)와 더불어 후루야 토시미츠(古屋利涉)가 사장으로 있는 잠수회사의 사원이었다.

115 『일안(日案)』에는 도방포(道傍浦)라고 기재되어 있다.

50만 문을 징수하는 것이 문서에 분명히 실려 있다. 일본공사관에 책징(責徵)하고 후에 작폐 등을 막도록 하는 사정을 조회하기를 청하였다. 해당 일본인 등은 근처 영사가 체포하여 인계하고 장정에 따라 벌금을 징수하고 처리한 뒤에 전복을 채취한 사람인 미야케 카즈야와 히사이 도모노스케(久井友之助)[116] 등은 장흥동(長興洞)과 변령(邊嶺)에 도착하여 거주민이 재배하던 옥수수를 모두 훔쳐 갔는데 울릉도 거주민이 재배하던 옥수수는 매년 거두는 것이 15~16석을 내려가지 않으니 세전(歲前)의 식량은 오직 옥수수뿐이다. 전부를 일본인에게 잃어버렸으니 곤궁을 면하기 어렵지 않겠나. 해당 일본인 수십 명은 작당하고 섬 주민 배금주(裵金周)의 집에 돌입(突入)하여 발로 판옥을 차고 창고를 부수어서 사기를 쌓아두고 전부 가져가려 하였다. 이러한 일본인이 법금(法禁)을 두려워하지 않고 조규를 따르지 않으니 여러 섬 주민들은 실로 막을 방법이 없다. 이 작폐를 만약 없애지 않으면 섬 주민들은 머물러 살지 못하게 된다. 이를 갖추어 보고를 드리니 일본공사관에 조회를 보내 장정에 따라 처벌하고 벌금을 징수하도록 하는 사정을 청한다. 이 조회에 의거하여 조사하기를 청하고 해당 일본인 등이 가져간 것은 관에서 몰수하며 사기는 조사하여 도로 돌려받게 하고 아울러 벌금 50만 문을 징수하여 장정에 따라 거두며 옥수수 값 480냥도 수에 따라 모두 갚을 일이다. 입직자는 유치병이다.

116 히메노 하치로지(姬野八郞次), 미야케 카즈야(三宅數矢)와 더불어 후루야 토시미츠(古屋利涉)가 사장으로 있는 잠수회사의 사원이었다.

九月

李在正進德舘來照世昌洋行稟稱云云等因請將
麥登司住的鄉一段之地畧一千方米突新造家屋七
十二間發給新契塡明穆麟德持憑字樣爲要事
完伯复電穰卜米收刷段設監官下往各邑待上來嚴
餉計料黃海兵營報因閔辭凰山石灘松谷兩浦館
住通詞朴永俊朴吉善及浦主人李根秀蔘校推捉
通詞輩不知去處不得捉來浦主人李根秀捉待故
嚴査取招牒報事
入直安吉壽

十九日清督辦閔 協辦姜 主事秦尙彦 鄭

傳曰密陽
府使鄭秉
夏外務參
議差下

統理交涉通商事務衙門

秉攷朴世煥李羲鳳俞致東安吉壽李鉉相李
在正申泰茂進商表館昨奉為麻浦章程
妥商一事茲准來意改繕呈閱祈即佈諭
華商遵章為荷事再實施日期並准來意
改訂以本年十月初五日事 照日館據鬱
陵島長徐敬秀報稱日本人三尾狄矢等一百
八十六名駕船二十四隻來泊本島道洞浦載
沙器等物下陸交換豆太等穀物確係違
章將貨入官罰五十萬文載有明文請照日館
責懲以杜後弊等情將該日人等拿交就近

九月

領事照章懲罰斷辨去後再據採鰒人三宅
牧矢久井友之助等來到長興洞及邊嶺將居
民所種玉秫盡爲竊取而去則島民所種玉秫
每年所收不下十五六石歲前之粮惟此玉秫沒
數見失於日人難免墳壑該日人數十名作黨
突入島民裴金周家足蹴板屋破壞庫舍將積
置沙器沒數攫去如此日人之不畏法禁不遵條
規雖有百島民實難防遏此弊若不除革島
民末由奠居具由呈報請鑒核轉照日館依章
懲辨責徵罰文等情據此照會請查照將該

人等攫去入官涉器查追繳納並將罰金五十
萬文照章立繳五秫償四百八十餘兩如數償
清事 袁館來照本年九月初八日接奉文華殿
太學士李批以華商潛赴內地緣由均悉並札飭
東海關道東邊道事 又奉李批查明派索越
墾韓民並揑報等情一案各緣由據詳已悉候
咨吉林將軍查照等因事 又准津海關道劉
咨開本年七月分朝鮮駐津公館所發各處電報
抄單送核事 抄单一紙並付
光緒十五年七月分 並亭四電

九月

初三日 寄漢城第一號計二十五字
十三日 二號計十九字
二十三日 三號計二十五字
二十六日 四號計二十一字
日館來照接准來文內據咸鏡道觀察使趙新補云
云均悉惟查本年於該道有何等旱澇天災或
兵戎大禍本使並未傳聞當飭駐元我領事確
查後再當奉復事 日蘭來麻浦章程均悉
實施日期當於各國大臣承允後再候京行知
駐京駐仁我領事事 閔仁監即准育英院移

光緒[illegible]

統理交涉通商事務衙門

牒內謹奉

傳敎該港齊物浦置船陸首客主刱抽營業稅

以徐丙港差定下送等因據此關飭到卽依

節目施行事

入直 俞致秉

二十日淸 督辦閔 參議鄭 主事秦尙彥 李

源兢 朴世煥 俞致秉 丁大有 李在正 進美館來

函本公使與水軍提督本日下午前往候謁事

袁館來函茲據洪仲詳稱仁川北幇商人蕭

子安等欲往內地採買土貨請領護照卽祈印

1889년 9월 26일[117]

二十六日, 朝陰晩雨, 夜大雨風, 督辦閔·主事丁大英·李源兢·全容默·朴世煥·兪致秉·丁大有·李在正·申泰茂 進, 日館來照, 接准貴曆九月十九日貴督辦來文內云, 査此案, 不通商口岸潛商, 及割民粮, 刼官倉重案, 而深惜該地方官, 未能照漁採規則第二條, 拿獲罪犯, 解交附近我國領事, 徹底根究, 以成信讞耳, 然, 案由札飭駐釜山·元山我國領事, 査訪該三宅等, 各把船隻蹤跡, 嚴行弋獲硏訊去訖, 俟禀到, 再行奉覆事, …….入直 上同

26일, 아침에 흐리고 저물녘에 비가 왔다. 밤에 큰 비바람이 왔다. 독판(督辦) 민(閔), 주사(主事) 정대영(丁大英), 이원긍(李源兢), 전용묵(全容默), 박세환(朴世煥), 유치병(兪致秉), 정대유(丁大有), 이재정(李在正), 신태무(申泰茂)가 출근하였다. 일본공사관이 조회(照會)를 보냈다. 귀 달력으로 9월 29일에 귀 독판이 보내온 공문의 내용을 받아 보았다. 이 안을 조사하니 미통상 항구의 잠상과 백성들의 식량을 약탈하고 창고를 부순 것은 중한 사안이다. 해당 지방관에게 매우 애석해하며, 어채조규(魚採條規)[118]를 살피지 못하였으니 제2조는 범죄자를 체포하면 부근 우리나라(일본) 영사에게 인계하여 철저하게 조사한다는 것인데 이로서 진실된 결과를 얻을 뿐이다. 그러므로 주부산(駐釜山)과 주원산(駐元山)의 우리나라 영사(領事)에게 찰칙(札飭)하여 미야케 카즈야(三宅) 등을 조사하고 각 선박의 종적을 엄히 체포하고 조사하여 아뢰기를 기다려 도착하는 대로 알려 드리는 일이다. ……입직자는 위와 같다.

---

117 본 기사의 내용은 『구한국외교문서』 2, 일안 2, 고종 26년 9월 26일 자 기사에 수록되어 있다.

118 '처판일본인민재약정조선국해안어채범죄조규(處辦日本人民在約定朝鮮國海岸漁採犯罪條規)'로 보인다.

稟明我
國王殿下奉
敎俾謝奉此除飭送該難民等各回原籍請貴
總理査照轉咨代俾謝悃爲感事 日館來函
玆因我領事官巡査山碕英夫遊歷楊州積城
等地請轉行發給護照等情前來請貴督辦
循例發給至盼事

入直上同

二十六日朝陰晩雨夜大雨風督辦閔 主事丁
大英李源兢全容默朴世煥俞致東丁大有李

統理交涉通商事務衙門

第 道

在正申泰茂進日館來照接准貴曆九月十九日貴督辦來文內云查此案不通商口岸潛商及劫民粮物官倉重案而深惜該地方官未能照漁採規則第二條拿獲罰杷解交附近我國領事徹底根究以成信讞耳然業由札飭駐釜山元山我國領事查訪該三尾等各把船隻蹤跡嚴行弋獲研訊去訖俟稟到奉復事

華館函來據分辦仁川龍山商務委員稟稱商人籍成洲(京圻)陳洪茂(京圻忠清 伴袁得福)鄧松芝(全羅 平安)李相勤(黃平 伴張克福 劉珣)三南採辦土貨請領護照事

函復日館巡查山

指

崎英夫護照印送事、釜監報統署經費壹仟元滙票上送事、仁監報本港繙譯官沈魯漢以幼學充任多年勤勞請照近例稟啓付職事

入直 上同

二十七日風陰晩晴督辦閔 主事蔡尚彦李源兢鄭秉岐全容默朴世煥俞致秉安吉壽丁大有李在正進 日館照覆來接准來文內新昌錢翼手稟稱云云寄因查長里德伏藉公文希圖訛詐殊堪痛恨業由本使札飭駐京我領事速行

1889년 10월 24일

二十四日 淸, 督辦閔·主事鄭秉岐·全容默·朴世煥·李鉉相·丁大有·申泰茂進, …… 釜電, 欝陵島木賣不賣電示. ……. 入直 上同

24일, 맑았다. 독판(督辦) 민(閔), 주사(主事) 정병기(鄭秉岐), 전용묵(全容默), 박세환(朴世煥), 이현상(李鉉相), 정대유(丁大有), 신태무(申泰茂)가 출근하였다. …… 부산에서 온 전보이다. 울릉도 목재를 판매하는지 안 하는지를 전보로 통보하였다. …… 입직자는 위와 같다.

本衙門
啓曰本衙門主事之
積久勤仕淹滯
可悶三港幫辦
鱗次派送勸加
港務[redacted]
[redacted]以爲定式
何如
傳曰允

二十四日清 督辦閔 主事鄭秉岐 金容默 朴世煥
李鎰相 丁大有 申泰茂進 美來函擬於本月二十
六日下午七點半設尊奉邀 復届期趨造 閔史館照
得玆因貴前總稅務司墨申請告暇業經具
稟特准回國有親將該員同間所有總關事務欽奉我
大君主
勅諭特簡貴署理總稅務司前來接辦將分內應行一切
籌務認真承辦務臻妥洽奉此關飭仰貴署理總稅務
司欽遵辦理悉心對揚俾關規就稽稅務起色爲宜者
關慶全江咸按察照朝日通商章程第四十一款查

十月

兩國人民均准往來捕魚現經七年之久該通漁規則及
稅項迄未妥定本衙門庸是慨歎茲於本月二十日
會同日使近藤將該章程畫押鈐印互相交換并
將實行日期訂以本年十二月二十日聲明妥照在案茲
將該章程照錄一分并行關飭到卽分飭沿海各地
方官一體遵照遇有日本漁船來到本國海濱捕漁
驗其領有准單與否并照此章程分別核辦事
關仁港案照朝日通商章程第四十一款內載查該
通商章程鈐印刊布現經七年日本漁船蔽海而至
漫無限制宜用漁採之未有訂規也茲於本月二十日

統理交涉通商事務衙門　第　道

貴衙門邀与日使近藤將該通商章程互相鈐印
交換并將實行日期訂以本年十二月二十日業經行飭
議定沿海地方官一体遵照在案覆查日本漁船來泊
捕魚無慮數千隻不有派員巡檢則該漁船果否携帶
准單暨私行貿易難保其無就該港所泊轉運局
派商船拍賣中另擇堅緻壯實者兩隻仍卽點定招
延該船匠是須改造掛設風帆以便隨時前往巡檢該
漁船勿任照前偷漏事具由經
稟奉
旨關飭仰貴監理照欽遵辦事 又該港客主

釜電鬱陵島
木賣不賣電示

十月

營業稅納抽事關飭閱月矣仰貴監理查照飭
知一港商民暨往來船隻各商俾各知悉凜遵無違
事 關 箕營美國轄甫退欠債二千兩向趙尚學
責償事關飭灣尹現經四朔一任䟦延致令外人欠
短本銀該國公使照催函督式日踵到寔甚悶沍
關到即時嚴甘灣府及龍川府提該趙尚學嚴行訊
究並將轄甫欠款如數𥴩清免致政府貽累事
關 完營牛痘教授俞鎮華有須未往其代以金仁
濟塡派下送自營關飭自官傳令事 電 完留河
順一興長兩邑条捧並即責捧趕速上納 完伯禧

藥 道

卜徑納吏飭監官不日刷納事 電灣轄甫退欠款

美照日催傳提趙尙學因夜刷上云待 仁監報

本港首客主徐丙浩呈狀據題飭之下其一所舉行

不可少忽玆以仰稟其令首客主均排各邑於三十九

人作業納稅乎抑亦不必排邑使各爲業攤徵於

十八人乎事甚兩難不敢擅便玆將本港客主

姓名開單一分送上恭俟指敎事題從長妥定

事 美使來晤

入直上同

1889년 11월 11일[119]

十一日, 早淸午陰, 主事尹顯求·鄭秉岐·朴世煥·金永汶·李鉉相·丁大有·李在正·申泰茂 進, …… 釜牒四, …… , 一, 欝陵島日人作弊事, 會商于日本公使, 派遣兩國官人于該島, 逐回日人, 以按撫島民事, ……. 入直 金永汶

11일, 새벽에 맑았으나 정오에 흐렸다. 주사(主事) 윤현구(尹顯求), 정병기(鄭秉岐), 박세환(朴世煥), 김영문(金永汶), 이현상(李鉉相), 정대유(丁大有), 이재정(李在正), 신태무(申泰茂)가 출근하였다. …… 부산에서 온 첩보가 넷이다. …… 하나는 울릉도 일본인의 작폐(作弊)에 대한 일이다. 일본공사와 상의하여 양국 관원이 울릉도에 파견되어 일본인을 돌려보내고 울릉도 백성을 위무(慰撫)하는 일이다. …… 입직자는 김영문이다.

---

119 본 기사의 내용은『부산항관초(釜山港關草)』1, 고종 26년 11월 12일 자 기사에 수록되어 있다.

鄭利用前經地方官選送陳総辦驗明飭充亦閔諺

兵營擅將撤換等語查章更易巡弁須有本電

局主管展閱在案并未有據理不得無故撤換請轉飭

該兵營仍着鄭利用充差都巡弁以資熟手等因准

此關飭事元監牒本港十月朔進出口收稅成冊一件

用下時在成冊一件合二件修正上送世昌洋行排償条

一千元滙票一紙粘連上送事

入直金永汶

十一日早清 陰 主事尹顯求鄭秉岐朴世煥金

永汶李鉉相丁大有李在正申泰茂進日館來照

案查濟州島漁業一事曾於貴曆甲申年六月間
前任臨時代理公使島村　任內准　前署督辦金
照稱據島民哀訴以我漁民赴該島採漁恐失生計請
行禁止等因當經奉有我政府札諭聲復全羅道沿海
漁業既經載明條約兩國政府批准於今不可變更惟我政
府體察　貴政府治務情形諭告我漁民暫勿前往採漁
并請　貴政府曉諭該島民約章大旨不得梗頑等因而
金署督辦亦經聲明感念并稱速諭島民以昭約旨等語
已閱六年該島民理應凜遵現經訂立採漁章程請
貴督辦轉達　貴政府預先札飭該島牧使由施行漁採

十三頁

章程之日起即有我漁民前往採漁勿得阻撓可也復英械

詒和行輪艇欠項一事限期已逾未克償清寔緣本政府

財政未敷致此遷就殊切歉仄容圖籌辦迅行算清務

望 貴署總領事轉佈該行爲要 更申竊自光緒十五年

七月初一日起九月二十九日止所有仁釜元三港第貳拾陸結之經費

罰款案由各數目由三港稅司開具前來署總稅務司 覈核無

異一併繕具清摺申送 貴督辦鑒核可也 附經費四罰款清摺七件

釜牒四 一本港警察所支款條另劃下送已借火銅錢四萬餘

兩區劃清賬事 一欝陵島日人作契事會商于日公使派遣

兩國官人于該島逐回日人要接島民事 一本港去年冬間關出入

第　道

鄭秉岐

船隻搭附本國官商票憑案一件上送事 一 十月朔出入口收稅
實數入出款實數條成冊二件上送事 電仁監華電貼
款見督日甚希即辦送

入直 金永汶

十二日早晴午風 參議鄭康齋 主事朴世煥 李
台種 金永汶 安吉壽 李鉉相 丁大有 進 袁館來照
照得本年十一月初四日准津海關道劉 咨開朝鮮駐津督
理公館凡有寄朝鮮官電者應蓋用印信送由閩署轉交
以昭慎重業經按月開單呈報在案 茲查本年九月分該
館所發各處電報自應抄單送核除呈報并分咨外相應

1889년 11월 14일[120]

十四日 陰, 督辦閔·協辦姜·叅議鄭·主事全容默·朴世煥·李台稙·丁大有·李在正 進, …… 越松萬戶報, 十月十八日, 即接本島島首金自裕所報, 據日人等作弊及姜永伯事, 論列牒報事. 入直 丁大有

14일, 흐렸다. 독판(督辦) 민(閔), 협판(協辦) 강(姜), 참의(叅議) 정(鄭), 주사(主事) 전용묵(全容默), 박세환(朴世煥), 이태식(李台稙), 정대유(丁大有), 이재정(李在正)이 출근하였다. …… 월송만호(越松萬戶)가 보고하였다. 10월 18일에 울릉도의 도수(島首) 김자유(金自裕)가 보고한 것에 의하면 일본인 등의 작폐(作弊)와 강영백(姜永伯)의 일을 논열(論列)하여 첩보(牒報)하는 일이다. 입직자는 정대유이다.

---

120 본 기사의 내용 전문은 『동래관첩외안(東萊關牒外案)』 고종 26년 10월 20일 자 기사에서 확인할 수 있다.

函送袁館請
見二事頃已面商
妥當至內府咨本
由該督辦改繕
呈交諒邀台鑒
矣弟亦具由
稟達欽奉
下教內現有
問
寢之憂靡暇接
款稍竢
湯候漸復容再

十四日陰督辦閔 協辦姜 參議鄭 主事
朴世煥丁大有李在正進袁館來照照得
本年十一月十四日據辦理龍山商務唐直
牧稟稱竊照本月十三日據北幇董事姜
延詒稟稱本幇衆商等於十月初八日請
領黃海道護照前赴採辦土貨茲據衆
商稱專函報稱各貨護照前至黃州官
署投照請驗詎黃州官云必須行文至黃
海道署俟其批回旋於十月二十六日黃海道
署回批云中國護照不足爲憑必須另領

佈聞為教奉此
函佈幸賜涵諒
事
德領事口稱來
署面交該國外政
大臣照會照會內開
載初十
日日記
署總稅務司史
樂機來署談
辦

朝鮮通商衙門護照方准採辦土貨伏思
各道護照俱係照會朝鮮官鈐蓋關
防安有不足為憑之理若不亟請整飭而
黃海一道勢必商民裹足為此叩懇恩准
轉詳照會朝鮮政府核查釐定等情據
此查各商請領護照前往朝鮮內地歷經
辦理並無阻滯茲據該董稟稱前情是
否該道地方各官不諳定章合亟據情稟
請鑒核俯賜轉照朝鮮外署迅行飭知該
道地方各官寔為公便等情據此查華商

本衙門
啟曰釜山港書記
官權在衡改差
代別儀申鏞協
差下令該曹傳
下批何如
傳曰允

入內地採辦土貨請領護照由本總理填
明蓋用關防送請貴署會印發給而免
留難阻滯歷經辦理各在案茲據該商
等稟稱相應備文照會請煩查照希即
將遵章妥為不識事体之地方官從嚴申
斥以後並不得留難阻滯致干未便望即
將關飭申斥辦理各情形迅速見覆以憑
轉飭施行事 俄館來照 前者本公使附
十月十七日照會為本國商人木料一事十月
二十二日照會為小輪船遭難一事十月二十八日

至月

呈函為本國商人余維畧行在元山買安
地陵一事査已送照函三件在案本公使
想維貴督辦隨即鑒核茲其為此照會
尚望迅為鑒覆回示為盼事関 史館案照
機器局所用運動器械等特准免税東業
於上月二十五日関飭在案現據該局幫辦
趙 來稱該器械尚不准進 請再飭税司
准免等情據此関催仰轉飭仁港税司
特准該器械免税放行可也関 釜港 案
査該港世昌行價款由戊子十一月起本年

十一月止共計欠款為壹萬參仟元業由本
衙門籌借代清令馬計塞力盡茲特閲
飭將該稅銀存款中參千元兌換月銀紙
稟寅夜上送以便歸償事電釜監世昌
排款屢期拖欠可閲十月稅銀存款中參
千元以日銀紙幣定巡捕寅夜上送勿付銀
行作奸為違釜監報本署書記官權在
衙休官代引儀申鍾協自辟濰報特為
敝稟差下事灣府來電趙尚學在京自
京督刷好越松萬户報十月十八日即接

本島〻首金自裕所報擬日人等作弊及
姜永伯事論列牒報事
入直 丁大有
十五日陰晩乍雨 主事 金容默 朴世煥 李台
稙 安吉壽 丁大有 李春正 沈敵澤 進照覆俄
館照得我曆本年十月二十二日貴來文内開
云〻等因准此查該商民遭難殊深悶惻
當經行飭該地方官并將該漂鍋運送
釜山港交付該船主去訖料應導辦至運工
需費討取一款導當飭知釜山監理核算

1890년 4월 26일[121]

二十六日 夜雨, 書吏崔奎成·朴弘錫·金台鎭·宋奎煥·崔在璜·趙載鳳 仕進, …… 鬱陵島報, 海産會社雇賃次入來日人等, 日氣不順, 海波洶湧, 姑未設網捕魚事牒報來, 題, 知悉向事. 上直 崔在璜

26일, 밤에 비가 왔다. 서리(書吏) 최규성(崔奎成), 박홍석(朴弘錫), 김태진(金台鎭), 송규환(宋奎煥), 최재황(崔在璜), 조재봉(趙載鳳)이 출근하였다. …… 울릉도에서 보고하였다. 해산회사(海産會社)가 임금을 주고 고용하여 들여온 일본인 등이 날씨가 좋지 않고 파도가 높아서, 망을 설치하고 고기잡이를 못한 일을 첩보하여 왔다. 제(題)하기를, 알았다고 한 일이다. 상직자(上直者)는 최재황이다.

121 본 기사의 내용은『강원도관초』고종 27년 4월 19일 자 기사에서 볼 수 있다.

黑靴角牌常
禮服上仝靴去
牌着黑鞋
此文字四月二十三日
公事廳聽令
特來
又去品帶吏爲
烏角帶黑牌
緞磨鍊

二十五日晴 書吏崔奎成 朴弘錫 金台鎮 宋奎煥 崔在瑨

趙載鳳進 當日無事

上直 上仝

二十六日夜雨 書吏崔奎成 朴弘錫 金台鎮 宋奎煥 崔在瑨 趙載鳳進

畿報 花島鎮陪吏文狀所告則以爲今月二十五日申時量美國二帆兵船挑拿士一員入來留定於月尾島後洋事

鬱陵島報 海參會社雇傭次入來日人此日尋不以海波浪湧姑未設網捕魚事

牒報事 題 知悉向事

釜山報 二件 依電飭均社撤銷諸社員

特爲自起送家主蠶業稅委付事與養蠶業事 一 朴得運基仁

白木價七百七十二元付銀行受領票上送事

按撫使報依閱

辭去接收盤纏馬匹照例發給過有根資缺之處其據公術

中量宜擲貨之宜翻餉於各邑事 黃兵報即因安岳無任

載寧郡守牒嗅安岳知縣物嚴浦來泊之異樣船同情由修正

事 題 內查知悉向事 釜山報我千元支撥金之延之金相文上送計

兩紙合爲五万元事 題 我千元撥上向事 慶興監理報現今從羅

零星屬負商屬物薪 條自買 仍未批後事 甚悚向自買到

看殺銀贓目第四一件入下第四四件憧正上送事 題 第四件上向事

又 報俄國人崔鄭高所所求山之岸山所在木料一事 薛林等

與俄國商男發廊木蘆番有請護木料事後 命則未由幫

因審此事 題 內向往札委陵林然後負隨幷此交則爾後形

第 道

統理交涉通商事務衙門

上曹賀出駁務郡安錢向事 林撫 報 去宮旧是理長以去

月十五日後府叢剩已為過去莫下而後署書記崔西員自已

月至三月四朔月俸裁撥損劃因推上樞于衙門考選天文之意今

方是大嚴後署事 題 而員自後無成防送向事 仁港 報本

署警察兼會審官臣李應俊身故所有員缺暫派前書記教習

慶善看任事 題 船隻向事 憑票事本國人隨意往

華徒人從大房廬棧盧意經親以權買土貨事 前往上

海船他事

上直崔在璜

二十七日晴 書吏崔奎成 朴弘錫 金台鎮 宋奎燮 崔在璜 趙載鳳 任進

1890년 7월 23일[122]

二十三日, 早雨暮晴, 書吏崔奎成·金台鎭·宋奎煥·趙載鳳·張起淵 進, …… 東伯報, 越松萬戶呈, 以鬱陵島檢察形止及民戶總數·墾田斗數, 幷牒報事, 幷題, 到付, 上直 上同

23일, 새벽에 비가 오고 저물녘에 맑았다. 서리(書吏) 최규성(崔奎成), 김태진(金台鎭), 송규환(宋奎煥), 조재봉(趙載鳳), 장기연(張起淵)이 출근하였다. …… 강원감사가 보고하였다. 월송만호(越松萬戶)가 보고하길, 울릉도를 검찰한 형지와 민호의 총수, 경작지 두락 수를 모두 첩보하는 일이다. 아울러 제(題)하기를 문서를 받았다고 하였다. 상직자(上直者)는 위와 같다.

---

122 본 기사의 내용은 『강원도관초』 고종 27년 7월 22일 자 기사에서 볼 수 있다.

崔單職家所納錢三千兩作幣一百二十元該族人崔班運
永慶逢授輸上事 題 銅錢三千兩暨作幣一百二十元依數
捧上是在果此係外使借價日必一兩存若是零星將来爲何
時清楚之其在事體尤不覺慨惋即爲嚴督更令數覽
催價等費一并核算不日刷清無至紛拏之地實當面事
上直 趙載鳳
二十三日 早雨暮晴 書吏 崔奎成 金台鎮 宋奎煥 趙載鳳 張起瀾 進
畿營報 今月二十三日戌時中国北洋水師提督丁汝昌南洋統
領吳安康接駕定遠兵船暨豪春兵船等六隻入來留
碇於月尾島事 尹報 美国人武林吉房巨兩人購買家

第 道

端川參五拾兩以六
加計自本衙出表

契及田券做成新契牒呈事十九日報來條 端川府使報東並
沿海查檢官盤費錢參百兩給後修成冊上送事 題 照例
酌撥向事 灣報 告訃使一行渡江先來事 箕營報 告訃
使一行今月十二日渡江入去事 東伯報越松萬戶呈以欝陵島檢
察形止及民戶結數墾田斗數并牒報事 以上并 題 到付 釜營
報本府門吏隷月俸條米劃撥鄉勞苦合事爲事 題 依所
報隨行員送著爲官給向事 又報本港各國進口收
稅成冊二件上送事 題 成冊二件捧上向事 又報本港各國
出入船隻及捧付惣案上送事 題 惣案捧上向事 又報
育英公院經費自三月至七月條五朔條五百元劃撥上送事

題 五百元撥上是在案 當將文于後洗向事 又報 三號

經用條五千元劃撥上送事 題 五千元撥上是在案 當將

放該者無以爲 入用向事 又報 稅務司照會以嚴飭達

費不足銀五百元 來異分有事 題 該稅司所開各節類

本用撥竝見乞 劃之地 恐難再事 妨礙罕違

撥從案撥用置當向事 仁港報 本年五月已前修稅後

經費清冊一件上送事 題 成冊一件撥上向事 又報 旨撥

辦公費清冊一件上送事 題 送案撥上向事 又報 三號

需費五千元銀票撥送事 題 五千元銀票撥上向事 又報

海關第九次定稅清單抄錄上送事 題 到付 又報

駐津公館經費二千元銀票出送事 題 二千元銀票業已撥上

照付並無遲誤書辦收領公館以作經費實爲公事

上直上全

西晴書吏崔奎成 金台鎭 宋奎煥 趙載鳳 張起潤 進

關 元港電局從來無由用無線買貴電料各種現

已據會元港請飭海關免稅並將關後擬分

該港電料亦宜一律准免徵情據此除札

飭總稅務司轉飭遵照外相應照會

貴督理查照轉飭該港稅務司將該

電料將准免稅節是以便需用至要

日使來署

督辦大臣傳接

談論而歸

書據送票呈督辦

摘發軍需以爲生

香港出地 金奎復聽

令書入 金事行

1890년 8월 7일[123]

初七日 晴, 書吏崔奎成·朴弘錫·金台鎭·宋奎煥·張起淵 進, 關東營, 越松萬戶兼欝陵島長徐敬秀, 現已瓜遞, 所有該缺, 欽奉上諭, 以李種仁塡補下送, 飛飭該, 地方官及該島民, 俾即一體遵照事, ……. 上直 宋奎煥

7일, 맑았다. 서리(書吏) 최규성(崔奎成), 박홍석(朴弘錫), 김태진(金台鎭), 송규환(宋奎煥), 장기연(張起淵)이 출근하였다. 강원감영에 관문(關文)을 보냈다. 월송만호겸울릉도장(越松萬戶兼欝陵島長) 서경수(徐敬秀)가 현재 이미 임기를 다 채워서 해당 자리가 비어 있다. 상유(上諭)를 받들어서 이종인(李種仁)을 임명하여 내려 보낸다.[124] 지방관과 울릉도민에게 급히 명령을 내리니 일체로 따를 일이다. …… 상직자(上直者)는 송규환이다.

123 본 기사의 내용은 『강원도관초』 고종 27년 8월 7일 자 기사에서 볼 수 있다.

124 이종인(李種仁)은 이때 월송만호겸울릉도도장이 되었다가 고종 29년(1892) 2월 16일에 체직되었다(『강원도관초』 고종 29년 2월 16일).

義州知府安自依地方吏派差查城視々數所

而差報仍于附函海關道書事

上直朴弘錫

初七日晴書吏崔奎成朴弘錫金台鎮宋奎煥張起淵

進關東營越松萬戶兼鬱陵島長徐敬秀現也

稟遞所有該缺欽奉

上諭以李種仁填補下送飛飭該地方官及該島

民俾即一体遵照事

關仁署監別遣官崔錫永

購買

水庄箱由上海搭附廣濟輪船到該港此係

內用物料轉知該港稅務司特准免稅事

何

本衙門主事徐相奭移
寺內務府內務府主事金
泳書移來本衙門

初四日晴書吏朴弘錫金台鎮宋奎煥趙戴鳳張起淵進

上直宋奎煥

初五日晴書吏崔奎誠朴弘錫宋奎煥趙戴鳳張起淵進

上直宋奎煥

關南營府日本郵便函收費賊半一事理合再報於衙門

慶尚道蔚陵島島長方德 告後俄者無遞信 早者書者 永宗鎭

青絲內外國人來去多事 甚叔件 咸鏡道安邊府

稅斂難不情云云 每日本人甲午 懷向三府文書辨 一度豐當得

信四千餘金 收殺追徵事云云 題 校事 ...

當理多無日後事 以殺難徵向事 本衙門

1890년 8월 17일[125]

十七日, 午陰夜雨, 書吏崔奎成·金台鎭·宋奎煥·趙載鳳·張起淵 進, 東營報, 越松萬戶徐敬秀牒呈, 據日本人欝島過去形止牒報事, …… . 上直 宋奎煥

17일, 낮에 흐리고 밤에 비가 왔다. 서리(書吏) 최규성(崔奎成), 김태진(金台鎭), 송규환(宋奎煥), 조재봉(趙載鳳), 장기연(張起淵)이 출근하였다. 강원감영이 보고하였다. 월송만호(越松萬戶) 서경수(徐敬秀)가 첩정(牒呈)하기를, 일본인이 울릉도를 지나간 형지(形止)를 첩보(牒報)하는 일이었다. …… 상직자(上直者)는 송규환이다.

---

125 본 기사의 내용은 『강원도관초』 고종 27년 8월 17일 자 기사에서 볼 수 있다.

八月

聖意宜當者

十六日晴 書吏崔奎成 金台鎬 宋奎煥 趙載鳳 張起濂 上直宋奎煥

進

啓曰幼學朴容泰濟衆院主事加差下令該曹口傳

下批何如

允

上直宋奎煥

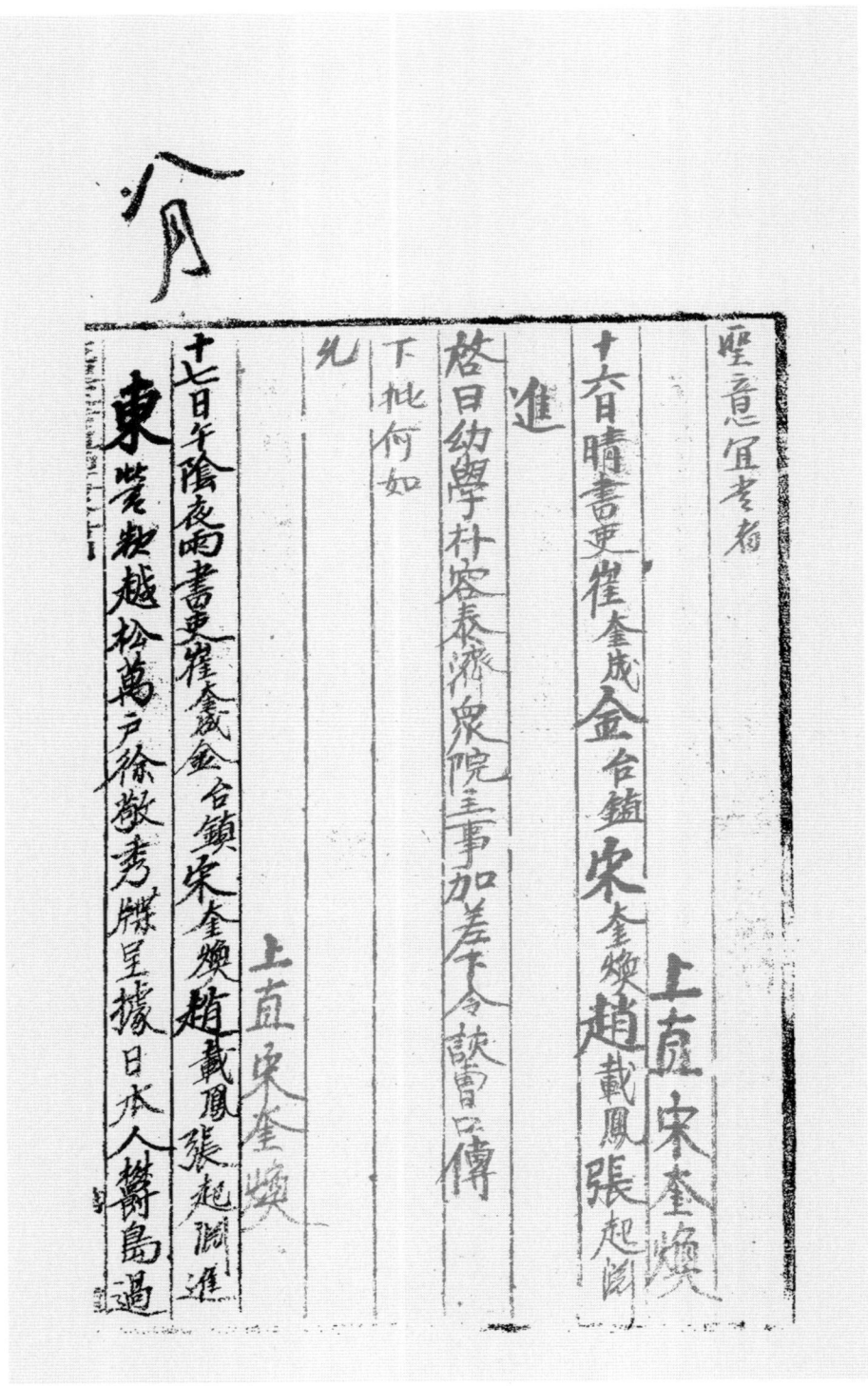

十七日午陰夜雨 書吏崔奎成 金台鎭 宋奎煥 趙載鳳 張起濂 進

東萊報越松萬戶徐敬秀牒呈據日本人鬱島過

去形止牒報事 萊 牧 佛蘭西國兵艇一隻到泊問情後
發向南濵事 慶左水營 牧 仝上 又 牧 去月初內釜山元仁港
商販火輪船及西帆船往來形止都聚牒報而各國人名設豎
及締結匪類作契各年事 嶺 營 牧 東萊呈以德國人所騎
火輪船一隻去月卄日到泊墨岩前洋問情事 又 牧 東萊呈以
墨岩前洋留泊德國兵艦一隻七月初九日發向東濵事 箕
營 牧 義州呈以盛京禮部回咨傳致鳳凰城將處受咨直送事
事 寧 牧 仝上 完 營 牧 興陽康津務安羅州寶城海南順
天珍島靈岩咸平長興茂長等十二邑己丑條稅大同米太元
納并雜費輪船裝發事 題 并 到付 鐵 營 牧 鄭接花島別

八月

將金桂炫所報則今月十六日日本三帆兵艦一隻入來留碇於月尾島後是如乎事 據報

衙門関内乙用美國人亞扁薛羅當日入府而資粮壹百伍拾兩以某樣公錢中捧標挪貸出給事 題 照該亞扁抵京後接票上送以便追徵向事

上直 宋奎煥

十八日晴 書吏崔奎成 朴弘錫 金台鎮 宋奎煥 趙載鳳 張起淵進

關 仁署監照得本年八月十八日接據駐日署理辦事大臣李牒稱云云等據此查人命所關事情重大樣藏偷運跡涉陰曖亟應據此說研訊按辦茲特照飭仰貴署迅將查出迅即會出日候事務該日商溜卯一郎集研訊據該

1890년 9월 13일

十三日 晴, 書吏崔奎成·朴弘錫·趙載鳳·張起淵 進, …… 江原道越松萬戶報, 即接留島首金自裕所報, 據日本人將買木材次上京事, 題, 疊訴之說, 萬萬不當, 查實歸釐向事, 上直 張起淵

13일, 맑았다. 서리(書吏) 최규성(崔奎成), 박홍석(朴弘錫), 조재봉(趙載鳳), 장기연(張起淵)이 출근하였다. …… 강원도 월송만호(越松萬戶)가 보고하였다. 울릉도 도수(島首) 김자유(金自裕)가 보고한 것을 보니, 일본인이 장차 목재를 사려고 상경한다는 일이다. 제(題)하기를, 첩소(疊訴)에 대한 말은 매우 부당하니 사실대로 조사하여 고칠 일이다. 상직자(上直者)는 장기연이다.

指

平事又報自元山回到中國兵船六隻俄國兩帆火輪一隻
閱情事平安兵使報秋季統巡行出來事又報統巡行
撤歸事海營報去月朔營中事德源報去月朔
火輪船出入形止謄報事又本月廿六日戌時法國三
帆軍艦一隻來泊于長德島外洋閱情事又報法
國兵艦一隻發向海參崴事鎭營報平安兵使報
同又報義州呈以今月望前巡檢大國人例贈事
灣報北來家報豊年事以上題并判付
上直張起淵
十三日晴書吏崔奎成林弘錫趙載鳳張起淵進閔泊

迻各官中國電報總局來函內電線於敗修補匠
派送工匠一人旅費了一匹照給發給事 江原道浪
川縣完民家傳利益子鴻起 金城縣完民家人金
瑞正第致等等爭情完民鬱敢云之事 題 該哉
情勢之轉情可臣詳思書文移於此約放害放
朱丹多參圖形以處過向事 算營收差留
海外邑漁權與漁船漁網分稅以為上網令不
乃港稅事 題 閱悉向事 灣收依閱辭美
國人亞爾蘇羅所請藥餅一百五千和持票也給了
題 約亞爾上來持票後償邑為至于今年差遲

有

處矣甚爲難便飭更勿多事納一匹憂矣之地寔是
在江原道伐松萬兵牧節據苗島首金自格所牧
據日本人將置木樹於上之事 題 豈許之從萬之不
者之妄實放擊向事 又 牧節閔請人李文彬子
人尋作弊事 題 者思請表總以爲查辦向事 按
接營牧職居民藉錢事紀郎謄嶽等旨告示事
覆函謄出給冊上送事 題 許閔患向事 仁港
牧前將鵝尾犯警罪人高傳後考段寺並請形
致事 題 嚴懲事截嚴罪犯逃犯極爲痛快即
爲考形勢以杜後弊之地寔者向事 又 報邪

義 道

捐穀項中五千元銀幣出送事 題 上納銀五
千元捐出之事 釜港牧本港募軍都監差以
金鎔基差乳事 題 知悉向事 北監理牒
本署所管今春各稅所收年表一件及春等分記成
冊一件修正上送事 題 年表統冊並將上向事
又 牧牛稅之些全數歸屬本署以爲經費之地事
題 自 廟堂自當措處向事 又 報自七月念
後雨水頻仍川渠漲溢 又乘沴之症在路
遍境人不得通行故本署文報自爾遲滯事
題 知悉向事 慶興監理牒 報稱 留置正二月

九日

本署所收稅銀號目冊一件入呈冊各二件修正上送事

題 此冊五件依收捧上呈矣乎二件反貼呈了送事

又報 會辦稅銀一千五百文移費參來捧事理合

能工開報書由將來更須繳之後保他港為止

以究之後事 題 另正自改為會為如宜為處置

今年 又報 本署事務承辭 呈達國地經紀該

報條叢不可勝算之餘到此為換張正撤後依前

處分之統事 題 此是改為之 令事為論為究

入來署司任所何名另勿除欲本營白事

上直張廷淵

1891년 4월 14일[126]

十四日 晴, 督辦閔·主事秦尙彦·全容默·李鉉相·沈啓澤·金泳圭·柳興弼·沈相弼 進, …… 關鬱陵島, 照得, 英國人米鐵, 曾於癸未·甲申年來, 前往該島, 斫伐木料一事, 現經多年, 尙未經案, 殊屬可悶, 今將計價勘賬, 所有餘在木料實數未詳, 行將派員, 前往踏檢, 撤底審辦是在果, 考諸謄案, 該島前係斫置中, 除本政府輸來者及該米鐵運往日本販賣實數外, 餘存可量爲正百肆拾餘株, 而此外又或有曾往斫置遺漏者, 這這湊合, 從實報來事, …… 關平海, 玆有本衙門送致鬱陵島長關文一度, 事關緊要, 不可暫緩, 玆特同封下送, 到即隨其速便, 飛傳勿滯, 免該公事. 入直 金泳圭

14일, 맑았다. 독판(督辦) 민(閔), 주사(主事) 진상언(秦尙彦), 전용묵(全容默), 이현상(李鉉相), 심계택(沈啓澤), 김영규(金泳圭), 류흥필(柳興弼), 심상필(沈相弼)이 출근하였다. …… 울릉도에 관문(關文)을 보냈다. 조회를 보니, 영국인 미첼(米鐵)이 일찍이 계미년[127]과 갑신년[128]에 와 울릉도에 가서 목재를 벌목했던 일이다. 현재 여러 해가 지났으나 아직 문안이 없으니 자못 민망하다. 지금 장차 값을 헤아려 장부를 마감하고 남아 있는 목재의 실제 수가 상세하지 않으니 관원을 파견하여 가서 답험하게 하고 철저하게 조사하도록 한다. 여러 문서를 살펴보니 울릉도와 관계된 벌채 중에서 본 정부가 가져온 것과 미첼이 일본에 운반하여 판매한 실수를 제외하고 남은 수가 140여 그루가량이 된다. 이외에 또 혹 일찍이 가서 벌채를 하고 빠진 것이 있으면 일일이 수합하여 실수에 따라서 보고할 일이다. …… 평해군(平海郡)에 관문을 보냈다. 본 아문이 울릉도장(鬱陵島長)에게 보내는 관문 1통은 사안이 긴급하니 지체하지 말고, 특별하게 동봉하여 내려 보내니 도착하는 즉시 신속하게 전달하여 지체가 없게 해당 공사를 면할 일이다. 입직자는 김영규이다.

---

126 본 기사의 두 내용은『강원도관초』고종 28년 4월 14일 자 기사와 4월 15일 자 기사에서 볼 수 있다.

127 고종 20년, 1883년을 가리킨다.

128 고종 21년, 1884년을 가리킨다.

四月

十四日晴督辦閔 主事秦尚彥 金容默 李鉉相 沈啓澤 金泳圭 柳興弼 沈相弼 進 啓曰元山港商路日旺事務漸繁本衙門主事玄隱幫辦元山港通商事務加差下本衙門主事有闕仁川港幫辦俞箕煥移差仁川港幫辦之代電報局主事權在衡差下並令該曹口傳 下批何如 闕 欝陵島照得英國人米錄曾於癸未甲申年來前往該島斫伐木料一事現經多年尚未結案殊屬可悶今將計價勘賬所有餘在木料實數未詳行將派員前往踏檢撤底審辦是在果考諸謄案該島前係斫置中除

本政府輸來者及該米錬運往日本販賣實數外餘
存可量爲正百肆拾餘株而此外又或有曾往斫置遺
漏者這〻湊合從實報来事　啓曰會寧監理署書
記官金錫龍改差代副司果金榮浩差下令該曹口傳
下批仍令泒駐麻浦稽察事　電釜監何裴占界事如係民
塚或仍置守護無妨或給価從願自移務從妥宜　電釜
監該港税司申請擇留地址以備將來建閔事殊屬妥
當會商税司看審形便豎立界石仍爲發給地契
免致他人先佔爲宜　電釜監　大内練祀所需条正萬
正千元俄已誤電以六仟元就税銀中撥納事奉

四月

教即為電換日銀行 稟切勿違期免致惶悚 釜監來
電陸軍教師茶伊薪金原留五百元欠款五百元并止
千元式依電飭撥上而至壬辰五月欠款原款俱畢自
六月但原款五百元式撥上計料 釜監來電英人何之以
美人裴元所定界今丈量以本定界外廣占三倍民
塚多入其中准不准詳示 關慶興監理接准俄國公
使韋照會内開本國商人味節高稟稱慶源
前府使申於己丑年託囑本商代買物貨原係
本政府並職員等公用之物本商當經代買交付該
府使收訖今所欠之款通共錢銀正仟三百元並未

付還稟請索討等語在案望請貴督辦查照
追索討償等因前來據此業由本署招將該申負
國遐招來到署備問是否確係當執並有票債理
合索償該申負留京栖屑無路辦給等語到案查
此係外國債案致令該公使屢次究詰倘不趂早歸
結以致貽累敝府准此關飭到即提該申負之姪
到案即速徵索該俄商欠款圡仟三百元不日督刷交
付該商味節高後即為報來事關乎海 兹有本衙
門送致欝陵島長關文一度事関緊要不可暫緩
兹特同封下送到即隨其速便飛傳勿滯免誤公事

練祀時需用仁港稅銀中劃來條壹萬貳仟元
督憲大人呈

內

四月

入直金泳圭

十五日晴 主事李台稙沈啓澤鄭應夔金泳圭李[illegible]柳興弼沈相弼 箕營來電當初防穀非但為鑄本延自春旱甚近尤風損富民專亂貿藏貯貧民無糧不得已只禁亂貿非禁日商安有先期知照稍俟非久兩麥幸登雖富民亂貿自卽撤禁 關史館自上海購買各樣花樹八十九件搭付中國輪船現到仁港此係 御用物料理合特准免稅茲特關飭仰貴署總稅務司查照轉飭仁港稅務司將該各樣花樹八十九件免稅事 關仁港自上海購買各樣花

1891년 11월 14일[129]

十四日 陰, 主事朴夏永·朴世煥·兪箕煥·李秀敦 仕進, 日館來函, 明治廿一年夏, 姬野八郎次·三宅數矢等, 在蔚陵島, 捕魚二百五十斤, 被內務主事入官之案, 業由前任近藤代理公使, 屢經照會在案, 旣至三年之久, 尙未了結, 實所不解, 請按照近藤公使照會, 查辦結案可也, …….入直 兪箕煥

14일, 흐렸다. 주사(主事) 박하영(朴夏永), 박세환(朴世煥), 유기환(兪箕煥), 이수돈(李秀敦)이 출근하였다. 일본공사관이 함(函)을 보내왔다. 1888년(메이지 21) 여름, 히메노 하치로지(姬野八郎次)와 미야케 카즈야(三宅數矢) 등이 울릉도에 있었는데 포획한 어물이 250근으로 내무주사(內務主事)에게 잡혀 관아에 몰수된 일이다. 이 사안에 대하여 전임 곤도 마스키(近藤眞鋤) 대리공사가 여러 차례 조회를 보낸 일이 있다. 이미 3년이 지났으나 아직 해결하지 못하였으니 실로 일을 수습할 수가 없다. 곤도 대리공사의 조회를 살펴보고 조사하여 사안을 마무리하기를 청한다. …… 입직자는 유기환이다.

---

129 본 기사의 내용은『구한국외교문서』2, 일안 2, 고종 28년 11월 14일 자 기사에서 확인할 수 있다.

希即查收關沿道各官華電總辦李 函開平
壤通詞由漢回平馬票壹紙繕發等語前来據此
關飭仰沿道各官將該通詞所騎驛馬一匹暨卜
刷馬二匹隨到即發事 給發本國紳士金源植遊
覽次前往日本東京大坂長崎與香港烟台上海
云云事
入直李秀敦
十四日陰 主事 朴夏永 朴世煥 俞箕煥 李秀
敦 仕進日記来函明治廿一年夏姫野八郎次三宅数矢
等在蔚陵島捕魚二百五十斤被内務主事入官之業業

十一月

由前任近藤代理公使屢經照會在案旣至三年之久尚
未了結實所不鮮請按照近藤公使照會查辦結案可
也釜監電仁京間聞有竊發派巡查領送稅金應無
不到兌換仁銀行自渠上納雖好每千元滙費爲三十元亦不
可擅便回敎事給憑中國人李滔甫前往義州等地
事

入直俞箕煥

十五日清主事朴世煥安吉壽丁大有俞箕煥
仕進唐館照本月初十日奉北洋大臣李批本代理具詳
准貴督辦照覆華商船戶解忠賢等損款如數

1891년 12월 19일[130]

十九日 淸, 主事丁大有·兪箕煥·金泳圭·柳興弼 仕進, …… 日館來函, 玆有左開之公幹數件, 欲擬明日下午, 派杉村書記官, 與貴統理衙門協辦, 若叅議, 面晤一切, 以期妥辦, 以便會商可也, …… , 一, 欝陵島沒收漁物之件, ……. 入直 柳興弼

19일, 맑았다. 주사(主事) 정대유(丁大有), 유기환(兪箕煥), 김영규(金泳圭), 류흥필(柳興弼)이 출근하였다. …… 일본공사관이 함(函)을 보내왔다. 다음의 여러 공문에 있는 여러 건의 일들은 내일 오후에 스기무라 후카시(杉村濬)[131] 서기관을 파견하여 귀 통리아문(統理衙門) 협판(協辦)[132]과 만나고자 한다. 만약 참의(叅議)[133]가 대면하여 일체를 온당하게 처리하기를 기약한다면 만나 의논하는 것이 좋겠다. …… 하나는 울릉도에서 몰수된 어물에 대한 건이다. …… 입직자는 류흥필이다.

---

130 본 기사의 내용은 『구한국외교문서』 2, 일안 2, 고종 28년 12월 19일 자 기사에서 확인할 수 있다.

131 스기무라 후카시(杉村濬, 1848~1906)는 모리오카 출신으로 공사관에 들어오기 이전에는 마이니치 신문사의 기자로 활동했다. 이후에 조선 문제에 관심을 가지고 1880년 서기관의 직위로 일본공사관에 부임하였다. 이후 명성왕후 살해 혐의로 재판에 넘겨졌으나 무혐의로 풀려났으며 외무성 정무국장이 되었다.

132 박용원(朴用元, 1848~?)을 가리킨다.

133 홍순학(洪淳學, 1842~1892)을 가리킨다.

十二月

館業儒生应製
通方外爲之勤奴
及
親临

電內有時急需用云劃即劃撥八百元電換入送駐日公館
以便轉付該辦務後刑止回示該鍊武教師十二月條中扣
除開簿上送爲妥

入直柳興弼

十九日清 主事丁大有俞箕煥金泳圭柳興弼仕進日
函復商民金子關太郎青厖訂約一事查該約款未
經本衙門認準應屬私約容當傳提金彰鉉詢明是否
法函復自近接至查照前來准此閱悉函史館世昌償
款本年十二月條叁仟元現由釜港視到專此送交另附日銀
紙幣三千元
來復送來釜港十二月條日銀紙幣三千元照數

安收轉送仁関事。釜監來電八百元今日電換李辦
務。史館來函世昌行償款元洋十一月条一千元已經仁川税
務司交付世昌行取其正副收據送來漢城茲將正收據送
呈。釜監報十一月朔出入船隻及搭付本國官商票憑案一件上
送事。又辛卯十一月朔進出口收税實數入出款成冊二件上送
又世昌償款本月条三千元定巡査金商炳上送。又報謹
依関飭海龍船修改費七千元劃付金主事鶴羽該票
粘尾上送事。日館來函茲有左開之公幹數件欲擬明
日下午派杉村書記官與貴統理衙門悏辦若參議
面晤一切以期妥辦以便會商可也

十二月

公件

一 明治廿二年黃海道防穀并徵稅之件
一 鬱陵島沒收漁物之件
一 電信代價未償之件
一 海軍用船貫力丸之件

函復日館明日貴公使特派杉村書記官與敝署協辦若參議西晤二三事件即由本督辦札知該協辦若參議以便會商一事現本督辦病狀值寒益肆實難赴公貝恨辦參議兩賓堂俱有實故代以從務主事一員明日下午二點鐘在敝署奉邀另開各件以為會譚可也日館來函本月十五日據仁川林領事稟稱據我商佐藤品吉具申本月十三日敝商由京歸仁之途西距五里洞不遠忽有朝鮮兵丁四名裝兵衣携火器叱止遮路強迫要錢敝

商答以無錢則彼等將携帶包布等物欲行搶奪而衆
寡不敵窺隙逃走該兵丁等追跡数百步注銃脅迫
退維谷偶會日清商旅数人来該兵丁逃去幸得免難歸
仁等語即採明實有此事因以業已照會本港監理後
小心事前以備不虞而仍望由貴公使知照該管以圖善
後為幸等因前来昨又據京城杉村領事稟稱本月十六日
下午由仁川郵便局所齎送郵便物之人馬亦於九峴五里
洞之間為一韓人載兵帽者所脅等由前来本使查京仁
之間行旅来往貨物運輸日增月加絡繹不絶而今白晝
膽大遮路搶奪實甚怪訝况於該賊着兵衣携兵器等

日次儒生以鄭代講
勤政殿 親臨
下午二點鐘日領
事杉村來署談
辦各件事

十二月

即望貴督辦速行関飭該賊嚴拏究辦事
入直 柳興弼
二十日雪 叅議朴 主事俞箕煥柳興弼進 電仁監
李善溥薪金八百元入送事業已電詳尚無回示且年
税条収捧亦已過期并此趕速撥上 又電 榮業税中育
英院所納三千五百両刻飭該頭目上來如過數日該頭
目上使無至延悞 函復日館 函應查緝嚴辦以靖盜風
另飭各該地方官嚴拏賊匪以安行旅事
入直 柳興弼
二十一日晴 主事 丁大有 趙性協 金泳圭 柳興弼 俞

1892년 2월 1일[134]

二月初一日 晴, 主事秦尚彦·丁大有·沈啓澤·李恒冕·金經夏·吳鼎善·安鼎壽仕進, …… 關欝陵島長, 照得該島之三年一搜檢, 係是定例, 而自乙酉年開拓以後, 設置島長, 權令照管矣, 該島民務, 尙屬草刱, 不容不派員前往, 檢察情形, 宣傳官尹始炳, 特爲派送, 使之承辦事宜事, 奉承諭旨矣, 玆以關飭爲去乎, 在前外國人木料干涉事之查搜妥結及該島之魚藿漁採, 以便民業等節, 一從該宣傳官佈諭, 着意擧行, 無或違越事, ……. 入直 安鼎壽

2월 1일, 맑았다. 주사(主事) 진상언(秦尙彦), 정대유(丁大有), 심계택(沈啓澤), 이항면(李恒冕), 김경하(金經夏), 오정선(吳鼎善), 안정수(安鼎壽)가 출근하였다. …… 울릉도장(欝陵島長)에게 관문(關文)을 보냈다. 울릉도는 3년에 한 번 수검(搜檢)을 하는 것이 정례이다. 1885년(을유)에 개척(開拓)한 이후 도장(島長)을 설치하여 임시로 관리하도록 하였다. 울릉도민들의 업무가 아직 군색하여 관원을 파견하지 않을 수 없으니 앞으로 형세를 검찰하고자 한다. 선전관(宣傳官) 윤시병(尹始炳)을 특별히 파견하여 일을 맡아 처리하고 유지(諭旨)를 받드는 것이다. 이로써 관칙(關飭)을 하니 전에 외국인이 목재를 간섭하던 일을 조사하여 처리하는 것과 울릉도의 어물과 미역을 채집하여 백성의 생업을 편하게 하는 등의 일을 선전관이 유시를 반포하여 착실하게 거행하고 혹은 어기는 일이 없도록 할 일이다. …… 입직자는 안정수이다.

134 본 기사의 내용은 『강원도관초』 고종 29년 2월 1일 자 기사에 수록되어 있다.

二月

一隻計價貳仟伍百元內一千元首先給付零款一千
五百元訂以二月廿五日算清永遠交買立有約證
依乞官許給憑以便駛往內地各浦商民等情據
此給憑仰沿途各地方官認真遵照驗查放行
勿令阻滯事
電元監本衙門經費暨世昌公
院條幇辦薪費並即撥上准於關初來納為妥
又
咨電內開世昌償款一千元客臈條定巡查撥送事
趕速上送事
秦尚彥
入直 安鼎壽
二月初一日晴 主事 丁大有 沈啓澤 李恒冕 金經夏 吳鼎善

[illegible]
第 道

初一日

俞主事箕煥

金主事宗植謝

恩

安鼎壽仕進函復日館頃奉大函内為松井交際官

書翰遇賊一事適聞之下不勝驚歎遵即行飭在

右捕廳嚴密查緝務期弋獲事函復法館刻奉大

函内為光臨敝署晤談一事遵當屆期在案蒞候至

陛見一事容俟

稟明奉有

允准訂期函佈尚望照諒為荷又貴大臣及叅贊官推勞第

行李箱隻免税一事遵即飭知海關特准免税尚望

照亮為荷閔史館現接法國署理辦事大臣蒲 函

開云云等因准此閔飭仰貴署總税務司查照轉

飭仁川稅務司將該箱隻均免驗稅事 關 左右捕
廳照得刻接日本公使梶山 書函內開云云等因
准此秘飭到即另飭譏校嚴密緝捕刻期弋獲
事 關 蔚陵島長照得該島之三年一搜檢係是定
例而自乙酉年開拓以後設置島長權令照管矣該
島民務尚屬草刱不容不派員前往檢察情形 宣
傳官尹始炳特為派送使之承辦事宜事奉 承
諭旨矣茲以關飭為去乎在前外國人木料干涉事之查
搜妥結及該島之魚藿漁採以便民業等節一並該
宣傳官佈諭着意奉行無或違越事 關 嶺南轉

[illegible] 第 道

運使照得宣傳官尹始炳現有緊要公幹奉
旨前往江原道蔚陵島矣稅米中五百石劃付該員事有
敎玆以發關 關到即時該稅米中五百石使之劃付俾便不日促
裝抵島少勿遲悞事 關元監 照得該港掌簿官申
珩模嫺熟交際事務在任多年懋著勞勩現聞該員遭
艱卸還云該港事務殷繁難付生手時爲起復視任事
奉有
稟旨謹此關飭仰貴監理査照欽遵將該員薪水由本月起
仍照撥給俾便從公事 慶興報 駐京俄公使抵俄國
廓米薩代公函一件上送即受答下送事

初二日 謝
恩 主事 鄭秉岐
趙鍾萬

二月

入直 安鼎壽

初二日 晴 主事 丁大有 俞箕煥 金經夏 安鼎壽 仕進 日館
來函 本月三十日夜 松井交際官 試補遇賊之事 諸凡
煩心 為謝焉 然而昨已談品查出 為之知照 并望致意
于左右捕廳 為幸 函復日館 頃奉函示 為松井交際
官試補遇賊談查出一事 遵當轉知左右捕廳 代
佈貴意 尚望 元監 報 本港辛卯十二月条 世昌償款
一千元 滙票一紙 上送事 又來電 世昌償款 客臘条
一千元 定延查發送 又前朔收稅 加下懸錄 衙門經費
待稅稍紓 即上伏計 釜監 來電 日本兵艦 自濟州回泊

統理交涉通商事務衙門 第 道

1892년 2월 16일[135]

十六日, 半陽半陰, 或雪, 主事朴夏永·李台稙·丁大有·李寅榮·李恒冕·安鼎壽·趙鍾萬 進, …… 關東營, 該省屬鎭越松萬戶兼欝陵島長李種仁, 現已瓜遞, 所有該缺, 以朴之榮塡補下送, 使之接辦該鎭島事務, 到即飛飭該地方官事. 入直李台稙

16일, 맑고 흐렸으며 혹은 눈이 내렸다. 주사(主事) 박하영(朴夏永), 이태식(李台稙), 정대유(丁大有), 이인영(李寅榮), 이항면(李恒冕), 안정수(安鼎壽), 조종만(趙鍾萬)이 출근하였다. …… 강원감영에 관문(關文)을 보냈다. 속진인 월송만호겸울릉도장(越松萬戶兼欝陵島長) 이종인(李種仁)이 현재 이미 임기를 다 채워서 자리가 비어 있다. 박지영(朴之榮)[136]을 전보하여 내려 보내니 해진(該鎭)의 울릉도 사무를 인수하여 처리하도록 하고, 도착하는 즉시 해당 지방관에게 알리도록 할 일이다. 입직자는 이태식이다.

---

135 본 기사의 내용은『강원도관초』고종 29년 2월 16일 자 기사에 수록되어 있다.

136 박지영(朴之榮)은 이날 울릉도도장에 임명되어 1893년(고종 30) 1월 29일에 체직되었다(『강원도관초』 고종 30년 1월 29일).

十六日半陽半陰或雯 主事朴夏永 李台稙 丁大有 李寅
榮 李恒冕 安鼎壽 趙鍾萬 進美館 來照々 得我
曆本年本月五日接准貴照會內開 濟物浦租界
海岸及碼頭修葺一事 當准來意抄寫來文送示
工部局事 再上年十二月三十日 本大臣照會中派尺量
開拓漲灘基地一事々 係不可緩且現有願租地段
者請專心辦理事 関東營 該省屬鎮越松萬户
兼欝陵島長李種仁現已瓜遞 所有該缺以朴之
榮塡補 下送使之接辦該鎮島事務 到即 飛飭該

入直 李寅榮

二月

地方官事

一

入直 李台植

十七日朝清晩雯主事朴夏永李台植俞箕煥李恒見趙鍾萬

進俄館來函廓米薩爾來信一封收訖旋有復函一

封希即飭送事又本署自用之物木箱等件十九日

運往仁港免驗事復貴館自用木箱理宜免放但

該木箱共計幾件示明後可以行飭事閔釜監

機械經費三百元育英院經費二百元每朔仁釜兩港分

半撥用矣現因仁港稅銀以昨秋邑蔓價十三萬元接

用排充加入爲五萬餘元各項撥用舉皆束手則其於

1892년 2월 23일[137]

二十三日 清, 主事趙性協·閔膺鎬·兪箕煥·李恒冕·趙鍾萬 進, 關史館, 宣傳官尹始炳, 奉旨前往江原道欝陵島, 擬由釜山, 招僱風帆船搭往, 現接該員電請, 要爲電飭該港稅務司, 無碍放行等語前來, 據此關飭, 仰貴總稅務司查照, 立即電飭釜山稅務司, 將該尹員僱搭帆船, 特准放行事, ……. 入直 趙性協

23일, 맑았다. 주사(主事) 조성협(趙性協), 민응호(閔膺鎬), 유기환(兪箕煥), 이항면(李恒冕), 조종만(趙鍾萬)이 출근하였다. 사관(史館)에 관문(關文)을 보냈다. 선전관(宣傳官) 윤시병(尹始炳)이 전지(傳旨)를 받고 강원도 울릉도에 가야 하니 부산(釜山)에서 풍범선(風帆船)을 빌려 탑승하여 가려 한다. 현재 해당 관원이 전보를 청한 것을 접했다. 해당 항구의 세무사(稅務司)에게 전칙(電飭)하여 장애 없이 행할 수 있도록 하는 말이었다. 이 관칙(關飭)에 따라서 귀 총세무사(總稅務司)가 살펴보고 부산세무사(釜山稅務司)에게 전칙하여 장차 윤시병이 빌려 탑승할 범선이 특별히 통행하도록 허가할 일이다. …… 입직자는 조성협이다.

---

137 본 기사의 내용은 『총관공문(總關公文)』 6, 고종 29년 2월 23일 자 기사에 수록되어 있다.

便地段事行飭該港監理遵辦請轉諭該商社
可也函史館 案查上年十二月初九日發交貴總關公
文有刪改字樣另繕一本呈鑒查收備案旋將原關
文繳銷爲荷 關釜監 美商豊裕社願租本港
日本租界北便地段玆特關飭租價准時值收完仍
發印契界內應行事件竢日後議訂界章遵行
無違更換地契事

入直 俞箕煥

二十三日 清主事趙姓 協閔 齊鎬 俞箕煥 李恒
晃 趙鍾萬 進 闕 史館 宣傳官 尹始炳 奉

二月

旨前往江原道欝陵島擬由釜山招僱風帆船搭
往現據該員電請要為電飭該港稅務司無
碍放行等語前來據此函飭仰貴署總稅務
司查照並即電飭釜山稅務司將該尹員僱搭
帆船特准放行事 電釜監傳至尹宣傳始炳風
帆放行事才飭總海關發電 釜電本署支放加
用及經費不足已有牒報未承回題防結錢零自經
理廳又電催洞燭區劃速放 又李善得薪水一百
六十元即撥電換洞燭

入直 趙性協

第 道

1892년 7월 13일[138]

十三日 晴, 督辦閔·主事丁大英·金夏英·李應翼·兪箕煥·安鼎壽·李康夏 進, …… 東伯報, 欝陵島中, 新舊戶與男女人口及墾田斗數成册, 幷皆漂失, 不得修上, 事體悚惶, 進上物種, 今年段, 不爲封送. 入直 李康夏·兪箕煥

13일, 맑았다. 독판(督辦) 민(閔), 주사(主事) 정대영(丁大英), 김하영(金夏英), 이응익(李應翼), 유기환(兪箕煥), 안정수(安鼎壽), 이강하(李康夏)가 출근하였다. …… 강원감사가 보고하였다. 울릉도 내의 신구호(新舊戶)와 남녀 인구, 경작지 두수(斗數)를 기록한 성책을 모두 유실하여 상납할 수 없었다. 사체가 황송하다. 진상물종의 금년조는 봉하여 보낼 수 없었다. 입직자는 이강하와 유기환이다.

---

138 본 기사의 내용은 『강원도관초』 고종 29년 7월 14일 자 기사에 수록되어 있다.

七月

入直李康夏
兪箕煥

十三日晴督辦閲　主事丁大英金夏英
李應翼兪箕煥安鼎壽李康夏進函日
館本月十四日本督辦因事役有碍邀駕
更擬十六日午後二時訂期奉晤函法館前
日由貴公署拿送輔耳已經嚴懲多日滯囚
亦涉矜恤除飭放送再貴國洪敎師致我水
原判官原械送交電釜駐日公署通信費每
朔二十元自上年九月起今七月至合二百四十

統理交涉通商事務衙門
第　道

統理交涉通商事務衙門

元劃交金夏英事有教刻卽撥送立示電灣
尹慶書記想已到府大官条不日質追已經會
辦及追湲電飭各欠戶一齊督償定限上送東
伯報欝陵島中新舊戶與男女人口及墾田斗
數成冊幷皆漂失不得修上事體悚惶進上物
種今年段不爲封進
入直李康夏
兪箕煥
十四日晴主事丁大英李鉉相丁大有沈啓澤
金夏英兪箕煥安鼎壽李康夏進灣電慶

1892년 7월 24일[139]

二十四日 晴, 督辦閔·主事丁大英·秦尙彦·尹顯求·李鉉相·丁大有·沈啓澤·趙性協·金夏英·李應翼·閔膺鎬·兪箕煥·李喬憲·柳興弼·李恒冕·金經夏·安鼎壽·趙鍾萬·李康夏·韓應一·李尙萬 仕進, …… 關東營, 欝陵島檢察尹始炳牒報內, 上納藿正伯貼所載船, 到泊於蔚珍竹津及寧海丑山浦, 越松萬戶, 嗾屬平海官, 無難執留云云等情, 據此, 査該萬戶擧措, 極爲駭惋, 自當稟處是在果, 玆特關飭, 所執船隻, 即爲裝發, 無至生梗事, ……. 入直 尹顯求·丁大英

24일, 맑았다. 독판(督辦) 민(閔), 주사(主事) 정대영(丁大英), 진상언(秦尙彦), 윤현구(尹顯求), 이현상(李鉉相), 정대유(丁大有), 심계택(沈啓澤), 조성협(趙性協), 김하영(金夏英), 이응익(李應翼), 민응호(閔膺鎬), 유기환(兪箕煥), 이교헌(李喬憲), 류흥필(柳興弼), 이항면(李恒冕), 김경하(金經夏), 안정수(安鼎壽), 조종만(趙鍾萬), 이강하(李康夏), 한응일(韓應一), 이상만(李尙萬)이 출근하였다. …… 강원감영에 관문(關文)을 보냈다. 울릉도를 검찰하는 윤시병(尹始炳)의 첩보(牒報) 내에, 상납할 미역 100첩(貼)을 실은 배가 울진(蔚珍)의 죽진(竹津)과 영해(寧海)의 구산포(丑山浦)에 정박하였다. 월송만호(越松萬戶)가 평해관아를 부추겨서 압류 조치를 했다고 하는 내용이다. 이를 보니 해당 만호가 저지른 일이 지극히 놀라우니 조사하여 마땅히 품처할 것이며 특별히 관칙(關飭)을 내려서 압류된 선박은 곧 출발하도록 하여 일이 생기지 않도록 할 일이다. …… 입직자는 윤현구와 정대영이다.

139 본 기사의 내용 전문은 『강원도관초』 고종 29년 7월 24일 자 기사에 수록되어 있다.

七月

釜港報來五千元
紙幣轉送兵曹

入直尹顯求
丁大英

二十四日晴督辦閔 主事丁大英秦尚彥尹顯求
李鉉相丁大有沈啓澤趙性協金夏英李應翼
閔膺鎬俞箕煥李喬憲柳興弼李恒冕金經夏
安昞壽趙鍾萬李康夏韓應一李尚萬仕進
駐津署督理中呈本國人民之潛到中國內地該民輩之不美之
跡種種滋蔓有直隷定州牧因吳天心一事并述本國人從來
情弊聯稟於北洋大臣懇求定章防限嗣後朝鮮民人之不
帶護照擅入內地者遵即拏交解津之意通飭各官現在本國

統理交涉通商事務衙門

第　道

電送仁監三千元
內一六果已電換
於李辦務處餘
系華駐衙需今
天內派校上送

人之留連各處者難揣甚多少如何辦理之處向無定章不可寧
亦創例理合申明以俟裁處茲將津海關道來照二件暨已經
復照二件并此鈔錄附呈云云 函復日館伊藤艦長泊帶同士官
并室田能勢總副領事
陞見一事業經 稟達欽奉
允諭除由我內務府械邊外爰需佈覆 函丈館昨日上午十二鍾
李辦務電報到具協辦館內薪水一千六百元尚不交到云向來
電換事若是遲慢誠甚詫莌須即電飭於稅司亟圖電換
關丈館典圜局所需屋根瓦五千百枚搭由日本平安丸現到仁
港特准免稅事 閔東營斟訂陵島檢察尹始炳牒報內上納

七月

釐正佰貼所載船到泊於蔚珍竹津及寧海丑山浦越松萬戶
喉囑平海官無難執留云云等情據此覆該萬戶舉措極為駭
惋自當
稟處是在果茲特關飭所執船隻即為燒發無至生梗事 關嶺
完忠三道 諭油商永付本衙門管轄事業經関飭依原定節
目施行而近聞挾雜之類冒称任名科外侵索澈底查探別般懲
勘事 再鎮營大邱金松牙致金德三晋州姜大仲冒称諭油姓名
諸多作梗寘以刑配之意業行関飭而尚無如何之報殊甚訝惑即
為嚴囚報來事 濟牧報吳東杓致死日領事閱情即出事
又報吳東杓凡行杓及金寺九看證洪聖訓并起送釜山監理

第 道

署盤費公數中酌給事 又報日船四隻連齊泊西歸鎭廣加譏探

設五箇幕子民情去益騷擾事 關北監理報憑單壹千一百

張照發收領而彼旣停稅此獨收課有礙事體事 又報本署警

察官陳洪九庚寅閏六月 政本職差下仕滿依例限六請移銓書事

又報吉朝交壤自茂山至慶源四百餘里且越處民父母兄弟均在我地

執照之禁姑給發規費之徵收萬難擧擬事

入直 尹顯求

丁大英

1892년 7월 28일

二十八日 晴, 主事丁大英·秦尚彦·全容默·李鉉相·丁大有·兪箕煥·柳興弼·金經夏·安鼎壽·韓應一·李尙萬 仕進, 電完, 行關巨文鎭, 嚴飭欝陵島上納藿裝載該鎭船人處, 刻期發送, 無或遲誤, 辦後形止, 立覆, ……. 入直 韓應一·丁大英

28일, 맑았다. 주사(主事) 정대영(丁大英), 진상언(秦尙彦), 전용묵(全容默), 이현상(李鉉相), 정대유(丁大有), 유기환(兪箕煥), 류흥필(柳興弼), 김경하(金經夏), 안정수(安鼎壽), 한응일(韓應一), 이상만(李尙萬)이 출근하였다. 전라감영에 전보를 보냈다. 거문진(巨文鎭)에 관문(關文)을 보내어 울릉도에서 상납하는 미역을 실은 해진(該鎭)의 선박과 사람들에게 엄칙(嚴飭)하여 조속하게 발송(發送)하도록 하고 혹 지체하는 일이 없도록 하여 처리 뒤에 그 형지(形止)를 회신하도록 하라. …… 입직자는 한응일과 정대영이다.

實無疑非系東洋船便可有收條來到一千四百元事方
議到似可諒

入直韓應一
丁大英

沈啓澤

二十八日晴 主事丁大英 秦尚彥 金容默 李鉉相 丁大有
俞箕煥 柳興弼 金經夏 安鼎壽 韓應一 李尚萬
仕進 電完 行閱巨文鎭嚴飭齎島上納藿裝載
該鎭船人處刻期發送無或遅誤辦後形止立覆
釜電 濟三民到港已久該犯日人勢難拿來業經
電達尚無回敎該民日費從何辦給辦案迅速回

七月

[illegible]

第 道

沈敎澤
李康夏

統理交涉通商事務衙門

敎釜監

入直韓應一

丁大英

二十九日晴主事丁大英李鎰相丁大有趙性協金夏英

俞箕煥柳興秀安鼎壽韓應一李尚萬仕進

英館函玆有本國國會參議大臣固爾甫尊及參贊大

員司並來二君資稱擬赴慶尚江原忠淸京畿等道

游歷囑爲轉請護照與關文前來合行函請發給

護照關文各一紙以便前往爲荷耑此函復英館卽

接貴函爲本國國會參議參贊二君玆將護照關文

1892년 7월 30일

三十日 陰凉, 協辦李, 叅議朴·李·主事丁大英·全容默·朴世煥·丁大有·兪箕煥·沈啓澤·趙性協·李鉉相·韓應一·李尙萬 進, …… 完營假都事來電, 鬱島上納藿事, 方發關巨文鎭, 俾毋暫滯, 紘藿未詳, 回示, ……. 入直 李尙萬·丁大英

30일, 흐리고 서늘했다. 협판(協辦) 이(李), 참의(叅議) 박(朴), 이(李), 주사(主事) 정대영(丁大英), 전용묵(全容默), 박세환(朴世煥), 정대유(丁大有), 유기환(兪箕煥), 심계택(沈啓澤), 조성협(趙性協), 이현상(李鉉相), 한응일(韓應一), 이상만(李尙萬)이 출근하였다. …… 전라감영의 가도사(假都事)가 전보를 보내왔다. 울릉도에서 상납하는 미역에 대한 일이다. 거문진(巨文鎭)에 관문을 발송하였고 잠시도 지체가 없도록 하였으나 채취한 미역을 상세하지 않다. 회신을 바란다. …… 입직자는 이상만과 정대영이다.

當日大政林正洙 弘陵令移去其代尹榮斗来

沈啟澤 帶主去 李建稙来

三十日陰涼協辦李 參議朴 李 主事丁大英全容默朴世煥丁大有俞箕煥沈啓津趙性協李鉉相韓應一李尚萬 進關仁監 案照本年四月初三日因美使照開各等因將本港李可言欠美商陀雲仙貨價洋銀肆拾土元肆角又銅錢土佰陸拾柒兩柒戔即速追完以竟陀雲仙債欠一事業經關飭在案現又美使照詰茲更關飭李可言所欠洋銀及銅錢如數剋充該債欵再勿遲悞 英館来椷茲有本國士人何鯉擬前赴京畿慶尚忠清黃海咸鏡江原等道遊歷請發護照一紙以便轉給 椷复 英館為

史、茵日昨
奉關飭內
以華商同
順泰借款
十萬兩按
月撥還本
息等因當
即轉飭仁
川稅司並
七月

本國士人何鯉擬赴諸道將護照一紙呈交請煩轉給該
士人元監來電即貞月俸今又未撥借款無議處完
營假都事來電辦島上納藿事方發關巨文鎮俾
毋暫滯紹藿未詳回示仁監來電總關海關條由
統署轉商總稅司定奪方有道理下諒速示一千四
百元事確知一千六百元先收到然後續借云給馮董
完桂因商務入大坂長崎等地有夥伴丁致國照夏袁
館照得本年六月十九日接准來文為華商東興號在
仁川海關遺失絲貨一件值洋一百四十元飭速追賠
一案准此除照覆貴總理外并經關飭總稅務司在案

第 道

附去合同一
分在案查核
合同內言明
自交銀之日
起息茲特奉
詢尚祈將交
銀日期示知
以便轉飭仁
川稅司查照

於本月二十日據申覆云云等情據此備文照會閔
筆判案照本年六月初一日據來牒云云等情據此題
飭外再有宋化魚稟狀以本錢督納事題辦各在案尚
未見如何遵辦茲更發閔將宋化魚代貨價三千六百
兩刷充該商債款刑止即為馳報閔閒留美商陀雲
仙欠戶本都崔景九處銅錢九千一百四十一兩四戔督刷
事并更閔飭將崔景九近族嚴督如或遲緩該人及近
族定校押上閔箕伯及成川美商陀雲仙所推成川韓
俊吉處銅錢五萬三百八十八兩九戔五分葉錢一千五百兩
咸達用一萬一千五百四十一兩五戔五分林尚彬三千七

八月

十五兩六戔五分金亨濬一千七百二十四兩一併督刷
事玆更嚴飭將該四名定校押上関到日時舉行形
止先即馳報

入直李尚萬
丁大英

壬辰八月初一日晴主事丁大英丁大有俞箕煥李鉉相柳
興秀金經夏韓應一李尚萬進電完營宣傳尹始
炳承
命前往鬱陵島查檢時劃去嶺南轉運米五百石優給
採民聽雇採藿周恤歛之該船載藿俱是上納條沿

光緖[illegible]月

第　道

1892년 8월 1일

壬辰八月初一日 晴, 主事丁大英·丁大有·兪箕煥·李鉉相·柳興弼·金經夏·韓應一·李尙萬 進, 電完營, 宣傳尹始炳, 承命前往欝島査檢時, 劃去嶺南轉運米五百石, 優給採民, 聽雇採藿, 周恤歉乏, 該船載藿, 俱是上納條, 沿海地方, 罔念公物, 若將抑取, 寧不悚悶, 嚴飭該鎭. 入直 李尙萬·丁大有

1일, 맑았다. 주사(主事) 정대영(丁大英), 정대유(丁大有), 유기환(兪箕煥), 이현상(李鉉相), 류흥필(柳興弼), 김경하(金經夏), 한응일(韓應一), 이상만(李尙萬)이 출근하였다. 전라감영에 전보(電報)를 보냈다. 선전관(宣傳官) 윤시병(尹始炳)이 전지(傳旨)를 받고 울릉도에 가서 검사를 할 때 획급(劃給)받은 영남 전운미(轉運米) 500석은 미역을 채집한 백성들에게 지급하였다. 미역을 채집하는 데 드는 어려움을 구휼하였다. 해당 선박에 미역을 싣고 모두 상납하는 것으로 연해 지방에서 공물(公物)을 잊지 말고, 만약 억지로 취하게 되면 어찌 두렵고 민망하지 않겠는가. 해당 진에 엄칙(嚴飭)한다. 입직자는 이상만과 정대유이다.

八月

十五兩六戔五分金亨濬一千七百二十四兩一併督刷
事茲更關飭將該四名定校押上關到日時舉行形
止先即馳報

入直李尚萬
丁大英

壬辰八月初一日晴主事丁大英 丁大有 俞箕煥 李鉉相 柳
興琇 金經夏 韓應一 李尚萬 進電完營宣傳尹始
炳承
命前往鬱陵島查檢時劃去嶺南轉運米五百石優給
採民聽雇採藿周恤歛之該船載藿俱是上納條沿

[illegible] 第 道

統理交涉通商事務衙門

海地方罔念公物若將抑取實不殊悶嚴飭該鎮

入直李尚萬

丁大有

尹榮斗謝

恩

羅慕理

初二日晴抵夕微雨主事丁大有金夏英李喬憲柳興壽

金經夏李尚萬進執照李熙夏赴和順任時由木浦次

帶去完營假都事來電上納藿船勿侵事甘飭沿海

邑英館來椷本國士人擬赴諸道游歷請領護照一

紙椷覆英館爲貴國士人羅慕理游歷諸道并將護

照一紙發給袁館來照華商東興號在仁川海關廠

房失去貨物一件壹係廠員防範未慎嚴加懲治以

1892년 8월 9일

初九日 晴, 主事丁大英·朴世煥·金永汶·丁大有·金炳勳·韓應一·李尙萬 進, …… 東營報, 欝陵島貿藿監官田士能, 無滯運送, 負褓商頭目朴永西捉囚, 照法重繩事, 關文到付, 故飜飭於該邑事, ……. 入直 金永汶·丁大有

9일, 맑았다. 주사(主事) 정대영(丁大英), 박세환(朴世煥), 김영문(金永汶), 정대유(丁大有), 김병훈(金炳勳), 한응일(韓應一), 이상만(李尙萬)이 출근하였다. …… 강원감영에서 보고하였다. 울릉도의 무곽감관(貿藿監官) 전사능(田士能)[140]은 지체하지 말고 운송하며, 보부상의 두목(頭目) 박영서(朴永西)를 잡아들여 법에 따라 처리할 일이다. 관문이 도착하는 대로 해당 읍에 명령을 신속하게 내릴 일이다. …… 입직자는 김영문과 정대유이다.

---

140 다른 기록에서는 무곽감관(貿藿監官)이 아니라 영선감관(領船監官)이라 표기하고 있으나 같은 직책이다(『강원도관초』 고종 29년 8월 23일).

稱安問壽李尚萬進仁監報一借款三千元中一千六百元已自東京交付於李協辦善得零銀一千四百元繳清交還等語照數詳推另派巡捕送呈事一本年正月至閏六月銀錢所收海關進出口稅銀總數及本署應發應用各經費清冊合七件送上事

入直金永汶

丁大有

初九日晴主事丁大英朴世煐金永汶丁大有金炳勳韓應一李尚萬進函復日館島海艦長伊藤常作前往大同江發給護照及關文一事繕交轉給事

八月

也又海軍大尉武富邦鼎隨帶二名各地游歷護照関
文繕呈事美函本國巡海兵艦瑪瑙岸匪久来泊濟
物浦該艦長將欲暫下月尾島持小砲練習貴大人迅
即轉諭該港監理爲荷閔史館典圜局達等物料
自日本求貿搭付伊勢丸運到仁港照前免稅可也閔箕
營照得日公使梶山函開云云等語准此行関俟該員下陸
另加照料事閔沿途各官照得日公使梶山函開云云等語
准此関飭俟該員到境妥爲照料以符約旨事東營報
欝陵島貿藿監官田士能無滯運送貨褓商頭目朴永
西提因照法重繩事関文到付故翻飭該邑事電仁監五

統理交涉通商事務衙門　第　道

統理交涉通商事務衙門

月朔簿統署經費一千元分兩次等語甚訝三千元条今年
内自春至秋初無撥上亦無銀票覓來到即査明見覆仁
監來電經費自五月期於多少間呈日故其時一千元分爲二張
留置本署俟銀号有晦時覓上矣今銀票姑未納而文簿先呈
此爲錯兩張票日間即當附上釜監來電飭俟憲世昌条三千
元現今銀行主人還國姑俟其來期圖備款併計駐日署七月經
費業已電換

入直 金永汶

丁大有

初十日 晴凉 主事 丁大英 金容默 金泳汶 李鉉相

1892년 8월 16일[141]

十六日 晴, 主事全容默·李鉉相·丁大有·閔膺鎬·李尙萬·尹榮斗 進, 日館來函, 該洛東江重稅及黃海道分稅幷鬱陵島干鮑之三件, 擬于明日午前九點鍾, 令杉村書記官, 前往貴堂面商, 希即待在焉, 爲幸, ……. 入直 閔膺鎬·丁大有

16일, 맑았다. 주사(主事) 전용묵(全容默), 이현상(李鉉相), 정대유(丁大有), 민응호(閔膺鎬), 이상만(李尙萬), 윤영두(尹榮斗)가 출근하였다. 일본공사관이 함(函)을 보내왔다. 낙동강(洛東江) 중세(重稅)와 황해도 분세(分稅), 울릉도의 간포(干鮑) 3건에 대하여 내일 오전 9점종(點鍾)에 스기무라 후카시(杉村濬) 서기관으로 하여금 귀당(貴堂)과 면담을 하고자 하니 바라건대 곧 기다려 주시면 다행이겠다. …… 입직자는 민응호와 정대유이다.

---

141 본 기사 내용은 『구한국외교문서』 2, 일안 2, 고종 29년 8월 16일 자 기사에 수록되어 있다.

八月

竊菁郁另加照料事 閔吏曹照得駐日署繙譯

官金洛駿借日已過三十朔矣依例陞六事

入直閔膺鎬

丁大有

十六日晴主事全容默李鉉相丁大有閔膺鎬李尚萬

尹榮斗進日館來函該洛東江重稅及黃海道

分稅并鬱陵島干鮑之三件擬于明日午前九點鍾令

杉村書記官前往貴堂面商希郎待在爲幸松營報

本府民在逃崔景九之兄宗學捉入其弟之所報來嚴問其

近族可徵者族鮮勢貧外債督償雖有逈異私債徵

第 道

統理交涉通商事務衙門

族係是 國某則同景九捉得後若未辦納期於押上事

金監報壬辰六月朔進出口收稅案數入出款案數修成冊二件上送事又壬辰六月朔出入船隻搭付本國官商票憑案一件上送事又壬辰閏六月朔進出口收稅入出款案數修成冊二件上送事又壬辰閏六月朔出入船隻搭付本國官商票憑案一件上送事

入直閔膺鎬

丁大有

是日下午四點
鍾德使口麟
来署晤譚

十七日朝雨午晴督辦閔 主事丁大英尹顯求李欽相丁大有趙性協閔膺鎬李喬憲李尚萬

尹榮斗進復日椷曩於我曆閏六月二十四日准

1892년 8월 23일[142]

二十三日 晴, 督辦閔·叅議朴·主事全容默·金永汶·李鉉相·丁大有·金夏英·閔膺鎬·兪箕煥·金經夏·李尙萬 進, …… 關東伯, 嚴關平海官, 將欝陵島檢察官上納稅藿一百帖, 定校領納, 在囚田士能, 不日放送, 該作閙褓商朴永西, 嚴律懲治, 越松萬戶駭罔擧措, 亦即査懲事, 關平海, 已所執留欝島檢察官尹始炳之稅藿一百帖, 即爲定校領納, 在囚田士能, 不日放送, 其時作閙褓商朴永西,嚴律懲治, 擧行形止, 火速馳報事, ……. 入直 金經夏·兪箕煥

23일, 맑았다. 독판(督辦) 민(閔), 참의(叅議) 박(朴), 주사(主事) 전용묵(全容默), 김영문(金永汶), 이현상(李鉉相), 정대유(丁大有), 김하영(金夏英), 민응호(閔膺鎬), 유기환(兪箕煥), 김경하(金經夏), 이상만(李尙萬)이 출근하였다. …… 강원감사에게 관문(關文)을 보냈다. 평해관아에 엄히 관문을 보내서 울릉도 검찰관(檢察官)[143]이 상납하는 세곽(稅藿) 100첩(帖)은 교(校)를 정하여 영납(領納)하도록 하고 수감된 전사능(田士能)[144]은 며칠 안에 풀어 주며, 해당 작패(作閙) 보부상 박영서(朴永西)는 율에 따라서 징치(懲治)하고 월송만호(越松萬戶)는 경망하게 일을 처리하였으니 조사하여 처리할 일이다. 평해관아에 관문을 보냈다. 이미 집류(執留)한 울릉도 검찰관 윤시병(尹始炳)의 세곽 100첩은 곧 교를 정하여 영납하고 수감된 전사능은 며칠 안에 풀어 주며, 이때 작패한 보부상 박영서는 율에 따라 징치하도록 거행하여 그 형지(形止)는 조속히 치보(馳報)할 일이다. …… 입직자는 김경하와 유기환이다.

---

142 본 기사의 내용은『강원도관초』고종 29년 8월 23일 자 기사에 수록되어 있다.

143 윤시병(尹始炳)을 가리킨다.

144 세곽(稅藿)을 영선(領船)하는 책임자인 감관(監官)이다.

物何至一直滯思建飭臣文鎮自該鎮催促發船形
止刻圖電覆
入直李尚萬
丁大有

二十三日晴督辦閔 叅議朴 主事金容默金永汶
李鉉相丁大有金夏英閔膺鎬俞箕煥金經夏
李尚萬進電灣尹接袁照爲裕商各欠戶業經
貴督辦會辦但大官洪安條最臣准貴政府稱洪以
職務不可擅離飭該地方使之會同安邦賠償從公查
辦迄此懸案可訴飭該地方迅將洪安兩案各欠款

八月

並利條若干分別據實核報等語前來准此電飭刻
即查覆俾便照答 美館 來函本國艦長工己旨己及
武官三員陛見事 閔東伯 嚴關平海官將欝陵島
檢察官上納稅藿一百貼定校領納在囚田士能不日放
送該作鬧褓商朴永西嚴律懲治越松萬戶駁因舉
措示即查徵事 閔平海 已所執留欝陵島檢察官尹
始炳之稅藿一百貼即爲定校領納在囚田士能不日放送
其時作鬧褓商朴永西嚴律懲治舉行形止火速馳報
事 閔華判 美商陀雲仙貨價久戶宋化蕙零条四千
一百十二兩五錢督刷領納如或有遲延之端押上事 史

第 道

申 自光緒十八年四月初一日起至本年閏六月二十九日止

所有仁川釜山元山三港第三十七結之經費罰款清摺

七件附呈事

入直 金經夏

俞箕煥

二十四日曉霜午晴 主事丁大英丁大有俞箕煥李

恒晃金經夏李尚萬進日館來函洛東沿岸

徵稅撤去事 灣尹來電洪安及欠款戶間嘗

另辦得情盡賣家産不遺什物隨其勢櫛篩

無餘容俟數日方爲清結繕寫牒呈難以電詳

1892년 8월 27일[145]

二十七日 陰, 督辦閔·協辦金·叅議朴·主事丁大英·丁大有·兪箕煥·李鉉相·柳興弼·李寅榮·李尙萬 進, 關東營, 頃接欝陵島檢察官尹始炳牒, 稱平海官與該島長執留藿三百帖價, 爲四十五萬兩, 宜自該營, 徹底査宗, 實趕速輸納, 監官田士能放釋等情前來, 現因右項事由奉諭, 欽此關飭, 到即將該藿三百貼價四十五萬兩, 自該營上納, 監官田士能, 不日放還事, …….入直 李寅榮·兪箕煥

27일, 흐렸다. 독판(督辦) 민(閔), 협판(協辦) 김(金), 참의(叅議) 박(朴), 주사(主事) 정대영(丁大英), 정대유(丁大有), 유기환(兪箕煥), 이현상(李鉉相), 류흥필(柳興弼), 이인영(李寅榮), 이상만(李尙萬)이 출근하였다. 강원감영에 관문(關文)을 보냈다. 울릉도 검찰관(檢察官) 윤시병(尹始炳)의 첩보(牒報)를 접해 보니, 평해관아와 울릉도장이 집류(執留)한 미역 300첩(帖)의 값이 45만 냥이라고 한다. 마땅히 강원감영에서 철저하게 사실을 조사하고 조속히 수납한다. 감관(監官) 전사능(田士能)은 풀어주는 등의 일은 현재 다음 항의 사안에서 유시(諭示)를 받들어서 관칙(關飭)을 내렸다. 해당 미역 300첩의 값 45만 냥이 도착하는 즉시 강원감영에서 상납하고 감관 전사능은 며칠 안에 풀어 줄 일이다. …… 입직자는 이인엽과 유기환이다.

145 본 기사의 내용 전문(全文)은 『강원도관초』 고종 29년 8월 28일 자 기사에 수록되어 있다.

與諸邑賠款十七項并即查究李主事來初發行期圖中路
約會同商資金五十元函請元監署覓用三傳任司事
電姑勿施電金監蒼龍月給三千元此月内撥上方屆指
苦待不須多告北道李任派員資金并八十三元隨褫撥送
入直李寅榮
兪箕煥
二十七日陰督辦閔　協辦金　叅議朴　主事
丁大英丁大有兪箕煥李鉉相柳興弼李寅榮
李尙萬進閔東營須接欝陵島檢察官尹始炳
牒稱平海官與該島長執留藿三百貼價爲四十五萬

八月

兩宜自該營徹底查實趕速輸納監官田士能放釋
等情前來現因右項事由奉
諭欽此関飭到即將該雚三百貼價四十五萬兩自該營
上納監官田士能不日放還事
関咸營以查察商務事
由本衙門啓派主事李鉉相現患身病萬難啓行玆將関
南北一切查察事宜并委任應鎬遵辦俟該員到境延
俟款接等節一遵前関舉行事
関按撫營現查李員
有身病萬難啓行玆將関南北一切查察事宜并委任員
遵辦事
電灣尹洪安及各欠戶另辦得情不日清結甚
幸各欠戶推款切勿給廖定色吏照數上納袁摠理送言

統理交涉通商事務衙門

第　道

大駕王世子詣
永禧殿行酌獻
祀後仍詣
儲慶宮展拜

元監来電辦核行計日似抵吉州波障工匠留費及邊
条統計近為五百元領事已八十四元勢不得妥商辦
給乃已伏悶

入直李寅榮
俞箕煥

二十八日晴主事丁大英尹顯求丁大有俞箕煥柳興秀李尚萬
李寅榮仕進釜監報各國租界繪圖一本上送事日館来函
洛東江徵稅及黃海道重稅商議明天午前九點鐘杉村書記来
署事函德館貴世昌行償款妥清事奉
旨委着具禮協辦前往仁港照亮轉諭該行事元監来電英

1892년 9월 2일[146]

初二日 晴, 督辦閔·主事丁大英·丁大有·閔膺鎬·兪箕煥·柳興弼·李尙萬 進, …… 日館來函, 擬于再明日午前九點鍾, 欲令杉村書記官, 前往貴宅, 面議欝陵島干鮑等諸案, 先此佈達事, …… 函覆日館, 頃接大函, 爲明天欲令杉村書記官, 面議欝陵島干鮑一事, 備悉一是, 査該尹員, 尙此委頓床玆, 萬難面究, 容俟該員病可, 擬即佈聞, 照亮爲荷, ……. 入直 閔膺鎬·兪箕煥

2일, 맑았다. 독판(督辦) 민(閔), 주사(主事) 정대영(丁大英), 정대유(丁大有), 민응호(閔膺鎬), 유기환(兪箕煥), 류흥필(柳興弼), 이상만(李尙萬)이 출근하였다. 일본공사관이 함(函)을 보내왔다. 모레 오전 9점종(點鍾)에 스기무라 후카시(杉村濬) 서기관이 귀댁에 가서 울릉도의 간포(干鮑) 등에 대한 사안을 만나 논의하고 싶으니 먼저 이를 전달하고자 하는 일이다. …… 일본공사관에 함복(函覆)을 보냈다. 보낸 함을 보니 모레 스기무라 서기관이 울릉도 간포에 대하여 논의하고자 하는 일이다. 모두 사정을 살피고 해당 윤(尹) 관원[147]을 조사하려 한다. 아직 이를 살피지 못하여 만나서 논의하기가 어렵다. 해당 관원의 병이 낫기를 기다려서 곧 문의드릴 것이니 사정을 알아주시기 바란다. …… 입직자는 민응호와 유기환이다.

---

146 본 기사 내용은『구한국외교문서』2, 일안 2, 고종 29년 9월 2일 자 기사에 수록되어 있다.

147 윤시병(尹始炳)을 가리킨다.

九月

初二日晴督辦閔 主事丁大英丁大有閔膺鎬俞箕煥柳輿弼李尚萬進袁館來照本年八月二十六日奉北洋大臣李 札開八月初六日准總理衙門咨開前於本年三月初六日接准咨開此後朝鮮各口稅司如有更調添派應先由總稅務司呈報以便轉行朝鮮政府等語當經本衙門札行總稅務司遵照在案茲於七月三十日據總稅務司申稱管理朝鮮各口稅務司史納機請假回國所遺之缺揀派仁川關稅務司英國人馬根充補並派二等幫辦英國人阿滋本署理仁川關稅務司等因前來相應

[illegible] 第 道

咨行貴大臣查照轉行可也等因並據總稅務司
赫德申同前事合行札飭札到該道即便照會朝
鮮政府知照等因奉此相應照會貴督辦請煩查
照施行事 日館來函擬于再明天午前九點鍾欲令
杉村書記官前往貴宅面議欝陵島干鮑等請禁
先此佈達事 函復華電局頃展來函為准於明日
派人赴平查看電線之繕發馬票一事閱悉茲
將關文乙件送交、祈查領轉發事 函復日館
頃接大函為明天欲令杉村書記官面議欝島干
鮑一事備悉一是查該尹員尚此委頓床茲萬難

九月

面究容俟該員病可擬即佈聞照亮為荷
閔轉運署貴局駛用輪船價值妥清一事擬貸
華商廣幫商會董事同順泰號庫平足色實
銀十萬兩本年八月十九日同貴總務官赴會袁總理
公署業經訂約在案同月二十五日接准袁總理來函
內開云云等因准此業閔到即向該商號將所寄庫
平足色銀十萬兩取回仍即詳明收銀日期呈報本
衙門以為憑案事閔沿途各官接准華電局來
函為敝局准於明日派人赴平查看電線之責署
繕發馬票一紙計騎馬二匹駄馬三匹遞發所有馬

統理交涉通商事務衙門

第 道

費及供饋均照章自行發給不與沿途衙門相
干等語前來准此業閱仰沿途各官遵照即將
該局派人貯需騎馱馬共五匹遞發毋延事 華電
局來函敝局准於明日派人赴平查看電線乞貴署
繕發馬票一紙騎馬二匹馱馬三匹沿路馬價及供
饋均照章自行發給不與沿途衙門相干事 俄館
來函日奉尚切欣感恭請大人氣候連亨康重慕
仰伏切第明日午正鍾千萬俯臨以求一日之叙暢
事 開城府經歷報在囚罪人崔鍾學今以染疾
苦痛不得上送而待差道領將校即爲上使計

九月

兪箕煥

料事文報本月二十日豊德月巖所在蔘圃一千四
百間京居孟致元者率日人五人等無難採出作爲
二十一負船運以去故擧實牒報事
入直閔膺鎬
兪箕煥

初三日載陽載陰夜雨督辦閔 主事丁大英 秦尚彥 金容默
李鉉相 丁大有 金夏英 閔膺鎬 金經夏 李尚萬
進美館來照本國人辱禮節商社物價償還一事自我
歷一千八百九十一年正月十九日爲始照催暨面辦
非止一再屢於面辦時貴大人言明方爲所備錢

第 道

1892년 10월 13일[148]

十三日 晴, 督辦趙·協辦金·主事丁大英·金永汶·李鉉相·丁大有·李應翼·兪箕煥·李康夏·金炳勳 進, …… 欝陵島長報, 檢察使載藿船隻執留及田士能捉囚放送緣由, 論列事, ……. 入直 李鉉相

13일, 맑았다. 독판(督辦) 조(趙), 협판(協辦) 김(金), 주사(主事) 정대영(丁大英), 김영문(金永汶), 이현상(李鉉相), 정대유(丁大有), 이응익(李應翼), 유기환(兪箕煥), 이강하(李康夏), 김병훈(金炳勳)이 출근하였다. …… 울릉도장(欝陵島長)이 보고하였다. 검찰사(檢察使)가 미역을 실은 선박의 집류(執留)와 전사능(田士能)을 가두고 풀어 준 연유를 나열하여 설명한 일이다. …… 입직자는 이현상이다.

148 본 기사의 내용은 『강원도관초』 고종 29년 10월 13일 자 기사에 수록되어 있다.

金炳勳
下午三點鍾
接見日公使
督憲入叅
仍進日館
敍別繳還

本港駐中國理事吳仲賢本年五月請暇回籍今九月十六日
還任視務事

入直 金永汶

十三日晴督辦趙 協辦金 主事丁大英金
永汶李鉉相丁大有李應翼俞箕煥李
康夏進日椷本大臣因公歸國帶回行李七
拾五件轉飭海關稗免查驗事 復當經關
飭總稅務司免放事 又椷送公使領事暨書
記官本日下午七點鍾畧具小酌奉邀文駕事 至十五日繳還
復俄照薩巴丁欠款另飭仁監務期本月九

日挪清事關馬館日公使帶回行李七拾五件
免放事永宗鎭報延安漁民尹承華所使
船隻及漁網價合為三萬八千餘兩徵捧於本鎭
民張成甫等處關到擧實論報事鬱陵
島長報檢察使載雇船隻執留及田士能捉囚
放送緣由論列事元電本港銀行借款外華
日各商民處借貸条皆重邊今於銀行三千元
輕邊請貸報彼重邊而無關則不聽以隨用請
貸後税金中排朔報給㕘關速送總税司專
便立俟又電公院經費閏六七八条三百元与本

十月

衙門經費五百元合八百元兑票弍紙已擲上敎師
条港税未敷俟稍饒卽上
八直李鉉相
十四日晴督辦趙 協辦李 主事丁大英李鉉相
李應翼俞箕燮李康夏金炳勳李寅榮進法
照尹定植一案限期已滿飭速歸還事在日本
李辦務善得函謹呈同封三書第一號書
是日本外務大臣陸奥所送僕書蓋答本年六月六日
及八月十日僕所記案件送彼書也第二號書是去
月二十八日經具禮協辦電呈

1892년 10월 24일

二十四日, 晴寒, 督辦趙·協辦李·金·叅議李·主事丁大英·秦尙彦·朴世煥·李鉉相·丁大有·李應翼·兪箕煥·李康夏·金炳勳 仕, …… 東伯報, 欝陵島檢察官尹始炳藿船執留委折, 嚴査馳報事. 入直 兪箕煥

24일, 맑고 추웠다. 독판(督辦) 조(趙), 협판(協辦) 이(李), 김(金), 참의(叅議) 이(李), 주사(主事) 정대영(丁大英), 진상언(秦尙彦), 박세환(朴世煥), 이현상(李鉉相), 정대유(丁大有), 이응익(李應翼), 유기환(兪箕煥), 이강하(李康夏), 김병훈(金炳勳)이 출근하였다. …… 강원감사가 보고하였다. 울릉도 검찰관(檢察官) 윤시병(尹始炳)이 미역을 실은 선박을 집류(執留)한 이유를 엄히 조사하여 치보(馳報)할 일이다. 입직자는 유기환이다.

十月

二十四日晴寒督辦趙 協辦李 金
叅議李 主事丁大英秦尚彥朴世煥李鉉相
丁大有李應翼俞箕煥李康夏金炳勳仕
堂上泊郞官丁英秦彥并仍宿 函日館洛東沿
岸三浪龜浦勿禁如水海院洞龍塘各處收稅雖不向
日商酌抽寔於我商有所不便業由該各管稅衙門知照
飭該道觀察使一併撤廢又洛東沿岸撤稅事函
有正誤字樣祈即繳送東伯報欝陵島檢察官尹
始炳雇船執留委折嚴查馳報事
入直俞箕煥

1892년 12월 4일[149]

初四日 晴暄, 主事丁大英·秦尙彦·金永汶·丁大有·兪箕煥·李康夏 進, 日館來函, 欝陵島干鮑價及利銀, 於一二日內, 償給參百四十壹元貳拾八錢八厘, 以淸舊案事, ……. 入直 丁大有

4일, 맑고 따뜻했다. 주사(主事) 정대영(丁大英), 진상언(秦尙彦), 김영문(金永汶), 정대유(丁大有), 유기환(兪箕煥), 이강하(李康夏)가 출근하였다. 일본공사관이 함(函)을 보냈다. 울릉도 간포(干鮑)의 값과 이은(利銀)은 1~2일 안에 341원(元) 28전(錢) 8리(厘)를 보상 지급하여 구안(舊案)을 청산하는 일이다. …… 입직자는 정대유이다.

---

149 본 기사 내용은 『구한국외교문서』 2, 일안 2, 고종 29년 12월 3일 자 기사에 수록되어 있다.

遇袁詰執防是否回示又協辦金主事李爲
接日使明曉發行
入直上同
初四日晴暄主事丁大英秦尚彦金永汶丁大有俞箕
煥李康夏進日館來函爵陵島干鮑價及
利銀於一二日内償給參百四十壹元貳拾八
錢八厘以清舊案事德館來函仁川租界全
年〻稅及與民船隻放還兩條事不貽以函
未知尊意幸乞示明事馬館函同順泰兩
次貸款由仁釜兩關按月呈報償還洋銀

臈月

數目及交付日期經總稅司轉申係屬呈請
備案之意也此後毋須再行関覆以歸簡便
事
入直丁大有
初五日晴主事丁大英秦尚彥朴世煥金永汶丁大有
俞箕煥李康夏進釜電李主事鉉相閱覽諸島
方懈順到日艦留此不還仁口待十四商輪搭去洞燭仁
電同順泰借款每月初稅司先除則少無涉於今借而詰
劇無慮乞即蓋印下送又來電日公使令天下午七点抵
港病篤明獲接晤再明擬發淹留可闊協辦灣電向
電中洪鍾大族徵非本府事自箕營屢関督刷八萬餘兩

1892년 12월 6일[150]

初六日 晴, 主事丁大英·朴世煥·金永汶·丁大有·兪箕煥·李康夏 進, 函覆日館, 昨展來函, 爲干鮑原價利銀共計三百四十一元二十八錢八厘, 全額妥償一事, 業飭尹員, 使迅速償還, 即據該員面稱, 旣經憲結, 函應償妥, 但該促償甚迫, 實難立辦, 懇恩知照, 轉諭該原告, 展限備還等情, 據查, 所告確係實情, 本督辦再難强督, 希轉飭該原告, 寬展限期事, …….入直 金永汶

6일, 맑았다. 주사(主事) 정대영(丁大英), 박세환(朴世煥), 김영문(金永汶), 정대유(丁大有), 유기환(兪箕煥), 이강하(李康夏)가 출근하였다. 일본공사관에 함복(函覆)을 보냈다. 어제 보내온 함(函)을 받았다. 간포(干鮑)의 값과 이은(利銀)을 합하여 341원(元) 28전(錢) 8리(厘)로 전액 보상하는 일이다. 윤(尹) 관원[151]에게 신칙하여 신속하게 보상하도록 하고 해당 관원이 면전에서 말하길 이미 헌결(憲結)하였으며 응당 상환을 해야 하나 다만 상환의 재촉이 너무 촉박하여 실로 처리하기 어렵다고 한다. 이러한 사실을 알아주기를 바라며 해당 원고(原告)에게 보상금을 돌려주는 기한을 늦출 수 있도록 전해 주기를 바란다. 조사해 보니 알려온 바의 실정이 이러하다. 본 독판이 다시 강독(强督)하기가 어려우니 해당 원고에게 전해 알려 주고 기한을 늦추어 주기를 바라는 일이다. …… 입직자는 김영문이다.

150 본 기사 내용은『구한국외교문서』2, 일안 2, 고종 29년 12월 6일 자 기사에 수록되어 있다.
151 윤시병을 가리킨다.

當日繳到懇恩
以下陜以將五十元
先於本月十五日
批報下餘式百玖
拾式元二十八錢
八厘兒換於釜監

故初恐民寃不刷矣至有下教何敢不刷矣債主雖到洪歲
更無徵物洋人善防之策詳示
入直金永汶
初六日晴主事丁大英朴世煥金永汶丁大有俞箕煥
李康夏進函復日館昨展來函爲千鮑原價利銀
共計三百四十一元二十八錢八厘全額妥償一事業飭尹貢
使迅速償還即據該員面稱既經寃結亟應償妥但
該從價甚迫實難立辦懇恩知照轉諭該原告展限
儲還等情據查所告確係實情本督辦再難強督希
轉飭該原告寬展限期事馮函錬武教師仁時德薪金

使該漁民推究妥
賬等語據此函知
函丶初九日送致日
館

臘月

已有積欠本年七月初九日本関接到貴前任督辦関 送來銀
五百元當經史總税司分給茶伊三百元仁時德二百元此後另
無欵來以致積欠愈鉅仁時德屢次來索史總税司無可推
卻另外借撥二百元付給擬俟貴衙門有付該欵到來再行
扣還本意至今尚無欵到另借之二百元尚未能還請前呈
仁時德薪金欠欵之清單先爲賜下以便注明再當送呈可也送呈日本新郵
七分元電港税現無親營軍需有促関本港税司有不虞貴
二千元而若無總税司之言莫可奈何云懇囑總税司姑先
借給俟待税司用時即推之意使總税司電致於税司代墊
以此意亦電於安洞此外更無他籌又自庚寅至壬辰漁採領

日本辦理公使
大石正己申時
抵館

稅合九十一元 電釜 日漁民古屋代人竹內毅史今十五日請
十四隻免稅准單雖無該漁船進港必發給無悞限六
年特施次輪回當發關釜來電十四輪無違向仁白使初
三申刻發釜洞燭李鉉相
入直金永汶
初七日晴督辦趙 主事丁大英秦尚彥朴世煥金
永汶丁大有俞箕煥李康夏進俄照照得十一月初
十日接准貴照覆內開十一月初六日慶興監理牒稱云云
等語該監理具稟穩城府使所辦以上一切認作應宜
之事本公使不能免准再請從重參辦該府使之罪援

1892년 12월 9일[152]

初九日, 陰曀, 夜雪大下, 督辦趙·主事丁大英·秦尙彦·朴世煥·金永汶·丁大有·李應翼·兪箕煥·李康夏 進, …… 關東營, 欝陵島搜驗, 復舊例, 以平海郡守趙鍾成, 奉敎派送, 到即飭遵, ……. 入直 朴世煥

9일, 흐리고 구름이 꼈으나 밤에 눈이 많이 내렸다. 독판(督辦) 조(趙), 주사(主事) 정대영(丁大英), 진상언(秦尙彦), 박세환(朴世煥), 김영문(金永汶), 정대유(丁大有), 이응익(李應翼), 유기환(兪箕煥), 이강하(李康夏)가 출근하였다. 강원감영에 관문(關文)을 보냈다. 울릉도의 수험(搜驗)은 구례(舊例)를 복구하고[153] 평해군수(平海郡守) 조종성(趙鍾成)[154]이 교(敎)를 받들어 파송(派送)하고 도착하는 대로 따를 일이다. …… 입직자는 박세환이다.

---

152 본 기사의 내용은 『강원도관초』 고종 29년 12월 9일 자 기사에 수록되어 있다.

153 울릉도는 평해군수와 월송만호가 번갈아가며 3년에 한 차례 수험(搜驗)을 하였다(『강원도관초』 고종 29년 12월 9일).

154 조종성(趙鍾成)은 1887년(고종 24) 친군전영 초관에 임명된 이후 수문장이 되었다. 1889년(고종 26)에는 연원도찰방을 지냈고, 영평군수를 거쳐 1890년(고종 27) 8월, 평해군수가 되었다.

貴國水軍教師中
練熟軍制一員將
為訂約邀催期
有實效
箕電係電教洪
族徵之意申飭
灣尹
灣覆電係教
臈月

劃定限界以備將來之用庶免臨時棘手海關驗貨
廠房棧房税司公館等處坐落地址應歸本國政府
管轄作為官用之地不宜歸於各國租界之內請關飭
元港監理按照施行 電箕向電傳徵洪族以防外
債主覩圖覆電中反教洪族排徵想未達電意幸
停洪族之徵 電灣尹暗電初試將發緊秘暗通節
使立覆 東伯報越松呈以檢察官雚船任裝出送
雚船上納措徵有處云云
入直朴世煥
初九日陰曀夜雪大下督辦趙 主事丁大英奏

日使大石 來署
晤談該使初到
後先來本署
會面

尚彦朴世煥金永汶丁大有李應翼俞箕煥
李康夏進 袁照本年六月十一日據辦理仁川
商務洪守禀稱華商東興號在仁川海關厰失
去綠貨一件置洋一百四十元該稅司並不查賠
勒究稅項一案送經照會轉飭查追迄今數月
尚未接覆希即分別訊懲該商血本得歸以免
虧累 關東營鬱陵島搜驗復舊例以平海郡
守趙鍾成奉
敎派送到即飭遵 電釜營向以李東明買朝陽
北挨知無答何故立示 覆朝陽北都無買賣事

臘月

元電己丑日商貿易道內時成給護照在案將
整成冊上送
入直 朴世煥
初十日清暄 主事丁大英 秦尚彥 朴世煥 金永汶
丁大有 李應翼 俞箕煥 李康夏 進 袁照奉
北洋大臣李 電開 准吉林將軍函開九月二
十八日會寧府使被亂民毆逐逃回王京冬月間
鍾城府使又被民聚衆逐回王京該兩府使均因
貪虐致犯衆怒實處民嘯聚生事俄人從傍生
心請致該國擇賢明慈惠善制吏役者派為該兩

1892년 12월 17일[155]

十七日 晴, 主事丁大英·秦尚彦·朴世煥·金永汶·丁大有·李應翼·兪箕煥·李康夏 進, …… 日館答函, 昨接來文, …… , 又, 欝陵島干鮑價妥償一事, 貴十二月十五日訂期償欵洋銀五十元, 已經查收, 轉交該漁民收取, 另送收單, ……. 入直 李康夏

17일, 맑았다. 주사(主事) 정대영(丁大英), 진상언(秦尚彦), 박세환(朴世煥), 김영문(金永汶), 정대유(丁大有), 이응익(李應翼), 유기환(兪箕煥), 이강하(李康夏)가 출근하였다. 일본공사관이 함(函)을 보내왔다. 어제 온 공문을 보았다. …… 울릉도 간포(干鮑)의 값을 보상하는 일이다. 귀 달력 12월 15일 정해진 기한에 보상한 양은(洋銀) 50원(元)은 이미 받아서 해당 어민에게 전해 주고 별도로 수단(收單)을 보낸다. …… 입직자는 이강하이다.

155 본 기사 내용은 『구한국외교문서』 2, 일안 2, 고종 29년 12월 15일 자 기사에 수록되어 있다.

註字義另蓋本署圖章一分送監署一分留銀行存憑

臘月

照會開吳令禮堂地基料房(韓民擬造拆讓云云)未回准此關催郎將該人
地段借搭草房一律讓空關馬關向元山稅務司籌
借二千元關飭元監及貴署總稅司一体認遵

入直丁大英

十七日晴主事丁大英秦尚彥朴世煥金永汶丁大有李
應翼俞箕煥李康夏進照英館本政府擬練水軍
另要貴國水軍教師一員特薦前來教習催期訂以
二年薪俸每年定為五千元來回盤費由本政府籌
撥撥捧處由總海關承辦至合同擬稿再行面商
函復馬關昨奉台函為兵餉貸銀式仟元一事認

悉之下寔如來意除將行飭元山監理洎貴總稅務司
一體遵辦外理合函覆 袁館來函本年六月間批
發空白護照二十張現已發完將發給商人姓名
及所往地方繕具清摺抄送再懇發給會印空白
護照二十張以備轉發 日館答函昨接來文仁川
貴監理借款約契已經閱收轉致駐仁領事 又欝
陵島干鮑價安償一事貴十二月十五日訂期償款洋
銀五十元已經查收轉交該漁民收取另送 收單 電
釜監自閏六至九月執照規費徑除葉錢二百七十
兩暨十月起十二月条併歲內輸納免致生梗 又仁監

臘月

執照規費累催關電恬若不聞是何事體刻將發行日起至本月条統共定巡查囘夜納上免致大生稄合數立示 元監來電 本衙經費零欵二千元中一千元朔啓便充上而今朔稅収不滿幾百元洋貟經費不得已借欵撥給隨所用借欵之意速發敽文仗望立俟復教 仁監來電 內港暫廢一事已有本衙門與日公使議定云是否復教仗望

入直李康夏

十八日陰而不寒積雪融解簷溜有聲宛是立春後天氣也 督辦趙 協辦金 參議李 主事丁大英

1893년 2월 10일

初十日 晴暄, 督辦趙·叅議朴·主事朴世煥·丁大有·金夏英·趙性協·李應翼·兪箕煥·李康夏·金炳勳 進, …… 又完營, 査鬱陵島開拓不久, 居民奠接, 商貨來往, 合有格外照顧, 比聞雜類漂到該島, 勒買訛索 , 以致殘氓呼寃, 誠極痛歎, 玆先關飭該島長, 以此知委該島各民, 俾得依前來往, 交易奠接, 嗣後倘有挾雜輩, 復蹈前習, 一味逞蠻, 另加嚴戢可也等因, 到關, 務須將關文內辭意, 眞諺飜揭于道內各地方並島, 成使知悉, 遵照無悞, 又東營, 査鬱陵島長, 以越松萬戶兼帶, 現該島長朴三榮瓜遞, 所有該缺, 以李完早選充赴任, 使之接辦該鎭該島搜檢事務, 玆特關飭, 到便飜飭該地方, …… 並諭該島民, 一切遵照可也, …….
入直 金夏英

10일, 맑고 따뜻했다. 독판(督辦) 조(趙), 참의(叅議) 박(朴), 주사(主事) 박세환(朴世煥), 정대유(丁大有), 김하영(金夏英), 조성협(趙性協), 이응익(李應翼), 유기환(兪箕煥), 이강하(李康夏), 김병훈(金炳勳)이 출근하였다. …… 전라감영에 관문(關文)을 보냈다. 울릉도를 개척(開拓)한 것이 오래지 않아서 거민(居民)들이 살 곳을 정하고 상품이 왕래하였다. 그러나 규정을 벗어나 오는 경우도 있다. 들으니 잡류(雜類)가 울릉도에 표류하여 늑매(勒買)를 하고 물건을 빼앗는다고 하니 백성들의 호소와 원망이 일어나게 되어 진실로 놀랍고 통탄스럽다. 울릉도장(鬱陵島長)에게 관칙(關飭)을 내려서 울릉도의 각 백성들이 이를 잘 알도록 하고 전처럼 왕래하도록 하여 교역이 잘 진행되도록 하고 이후에 혹시 잡류들이 끼게 되면 다시 이전의 습속을 밟게 되니 자행을 저지르는 일당을 달리 엄하게 다스리는 것이 좋겠다. 관문이 도착하는 대로 관문 안에 있는 말의 뜻을 도내 각 지방과 섬에 한자와 언문으로 빠르게 게시하는 데 힘쓰도록 한다. 이를 잘 알아서 잘 따르고 착오가 없도록 한다. 또한 강원감영에 관문을 보냈다. 울릉도장은 월송만호(越松萬戶)를 겸대하는 자리로 현대 울릉도장 박삼영(朴三榮)은 임기를 모두 채워서 자리가 비어 있다. 이완조(李完早)가 뽑혀 부임하였으나, 해진(該鎭)과 해도(該島)를 수검(搜檢)

하는 사무를 맡도록 하였으니 특별히 관칙을 내려서 해당 지방에 빠르게 알리도록 하라. …… 아울러 울릉도민에게 유시(諭示)하였으니 일체 잘 따르는 것이 좋겠다. …… 입직자는 김하영이다.

二月

請開缺之間不視其職云云凡例國欠其職有玷事體彼此
懸案延宕不結況何時釀何等事端未可知也是本使所憂
慮不能措也故請 謁見奏明不可一日欠其職之事至。貴
恙開缺如何本使非敢知也違約悖理之案件本使斷不姑容
焉玆將該原文再特返還查收可也苟一政府之大臣言行不
可不重卽希貴督辦履約再會妥辦爲要幾多案件日久
不至妥結實非敦隣交之誼也望卽明天再明天兩日閒貴督
辦枉駕本署或本使赴貴署當卽一切商議妥辦見覆可也
入直金夏英

初十日晴 督辦趙 叅議朴 主事朴世煥丁大有金夏英

趙性協 李應翼 俞箕煥 李康夏 金炳勳 進 袁照現據
辦理仁川商務劉直牧電称華商十數名帶照前往江華地
方因與韓役爭執被官吏提拿枷押內有一人重傷等語茲
派委將陳恭交馳往該處核辦請飭知江華地方官遵照點
交並關飭沿途預備夫馬接站更換 要為照料望將二項關
文馬票等件迅送前來以便轉給寔為公便 華電局
准於明天發專差前往義州電送材料所需騎卜馬各壹匹
請發馬票一紙並關飭沿途隨到隨給毋少停留為要 覆
日館接奉兩函暨另錄乙冊並附繳原履文及抄單前來本
督辦尤為詫異另議新案之說初不為然倘如貴云何至再

二月

三追送原文只知照此辦法最為公允貴使如視為未公固應
駁復乃再三繼退殊非和衷出于情理之外誠如來示不但似
兒戲耳查貴函係卞另冊駁論均由本暨辦原文中摘錄者
也繼照辦駁未譜憑何起見是即無表之影無根之流及理
悖謬吁亦甚矣似此案件斷難收受茲將原函暨另冊返還
再查貴使既不欲妥結此案前送轉訴照會自成一面之詞
亦未便復存案經聲明仍將該文件合併檢還查収為要至
約賠一事俟該原文收取聲覆後方可訂期萬望見諒示覆可
也美館照以敝商陀雲仙向洪鍾大全道一追索貨價事頃准
貴文徵族原係邦禁等因現據洪鍾大於仁港監理署供稱由

灣府剛欠箕營公貨捏因洪族替徵巨欵推知西俗與京相殊
也再據洪鍾大致陀雲仙面開伊兄鍾萬在十年前於全州崔
儀煥尹光五處換給葉錢共計柒仟叁佰肆拾兩只以子母例加
息數至萬金現該兩姓家勢稍裕頓不償完等情玆將供單信
函手票共五帋送呈請飭灣尹筭詳洪族處所收成冊多少
報来以便分股償還陀商再裁斷文壹紙送交敝署委派清
人陶宗顯帶往完營追索崔尹兩姓之欠欵可也 關仁監
據陸運會社稟稱購到太平車拾輛就該港另設會社自港
至京一切官私荷物專任輸運懇恩等情准給官許茲以
關飭即便遵行知照中國理事及電局嗣後運物並委該社

二月

照例給雇㴞前所有泒牛泒馬并弊一並痛禁聽民自由
俾公私兩便可也又完營查欝陵島開拓不久居民奠
接商賃来往合有格外照顧比聞雜類漂到該島勒買訛
索以致殘氓呼冤誠極痛歎玆先關飭該島長以此知委
該島各民俾得依前来往交易奠接嗣後倘有挾雜輩復
蹈前習一味逞蠻另加嚴戢可也專因別關務須將關文
内辭意眞誥飜揭于道内各地方並島咸使知悉遵照無
悞又東營查欝陵嶋長以越松萬户兼帯現該島長朴
三榮爪遞所有該缺以李完甲選充赴任使之接辦該鎭該
嶋搜檢事務玆特關飭到便飜飭該地方並諭該嶋民一切

道

遵照可也 金監電 赴美一行八日到港旋即開輪 馬館函
奉到貴衙門送来寄釜公文一度理應速遞惟往釜輪船須二
十天方可帶投如由尊署差人送文往釜尚祈示知以便將原文
送還總稅務司並有寄釜信件即可一同附寄也
入直金夏英
旬一日晴暄主事朴世煥秦尚彦丁大有趙性協金夏英
李應翼俞箕煥李康夏金炳勲進 照覆袁館華
商在我江華地方與官役爭執被該地方官拿提枷押身
受重傷各等情均已閱悉驚訝實深除關飭該地方官
先將被押華商點交貴差員並核明因何事端逐一具

1893년 3월 12일[156]

十二日 晴, 督辦趙·主事丁大英·秦尙彦·朴世煥·丁大有·趙性協·金夏英·李應翼·兪箕煥·李康夏·金經夏·李尙萬 進, …… 關東營, 鬱陵島檢察情形事, 曩奉上諭, 以平海郡守趙鍾成, 委派檢討, 越松萬戶入島一事, 今姑置之, 須勿疊派, ……. 入直 秦尙彦

12일, 맑았다. 독판(督辦) 조(趙), 주사(主事) 정대영(丁大英), 진상언(秦尙彦), 박세환(朴世煥), 정대유(丁大有), 조성협(趙性協), 김하영(金夏英), 이응익(李應翼), 유기환(兪箕煥), 이강하(李康夏), 김경하(金經夏), 이상만(李尙萬)이 출근하였다. …… 강원감영에 관문(關文)을 보냈다. 울릉도 검찰(檢察)의 사정에 대한 일이다. 상유(上諭)를 받들어서 평해군수(平海郡守) 조종성(趙鍾成)이 검토(檢討)하기 위하여 파견되었으니 월송만호(越松萬戶)가 울릉도에 들어가는 일은 지금 우선 그만두고 첩파(疊派)하지 말도록 한다. …… 입직자는 진상언이다.

---

156 본 기사의 내용 전문은 『강원도관초』 고종 30년 3월 12일 자 기사에서 볼 수 있다.

所報合同二件盖印下送又本衙門主事兼幫辦李
年四二兩朔辛金合八十元呈納題下隷系五元何不發
上年既有關飭置若不聞是何委折刻即輸納毋煩
更促關元、釜嶺營東北沿海各官現准俄公
使照會內開云云等因查通商章程第八款第一条及
第四条內載云云等語在案此次俄國兵艦沿海測水均
應照准仰認真遵辦出力幫助
入直秦尚彥
十二日晴督辦趙 主事丁大英秦尚彥朴世煥丁
大有趙性協金夏英李應翼俞箕煥李康夏金

三月

經夏李尚萬進袁館照會本年二月二十五日准貴照會
云云等因茲據唐守稟稱解到韓差李尚文賊犯張允
西供稱與華商所供相符乃該韓官反將原告之華商捉
去枷因藐視法紀除將該賊犯笞責一百發交少尹外合
將所供呈鑒轉照外署立即撤去擅行枷因之中軍及堯
毆之韓一併追辦追還貨價等情查該供稱各情實相符
自係該江華中軍違章妄爲抄供照會查照 來文内事
逕速追辦並追還貨價 又 本月初七日准津海關道盛
咨開駐津督理公館寄朝鮮官電號數字數按月呈報
在案查本年二月分共計發電十二次抄單咨會等因准

此照會另有粘單美館照會荼伊仁時德房臣薪水未發事
擬於次輪便報我政府知照責署際有荼伊來言二千
元業已推覓仁時德來言沒有所捧本大臣不得不稟我
政府房臣薪水久零不小并即發交馬關函須接鍊武
教師仁時德函開擬月薪水積欠未發甚爲拮据請代陳
速發等語查該教師薪金壬辰一年所發無幾務望酌
撥賂千元轉交再本年二月元港徵稅六千餘元請飭催
撥關東營鬱陵島檢察情形事彙奉
上諭以平海郡守趙鍾成委派檢討越松萬戶入島一事
今姑置之須勿疊派關馬關上月二十七日接准來申內

三月

主事徐鶴淳
市主去 姜敎錫 宜陵令去
代許烒 崔象永

開云云詳載二月廿七日記據此除將貳萬元票如數收存該收單壹紙蓋印發還 此關始於十六日印送

入直秦尚彦

十三日晴督辦趙 主事丁大英秦尚彦朴世煥丁大有

趙性協金夏英李應翼俞其煥 德館照現因本國人高率基与貴國人民等及日人等違法設稧今擬聽審此案請煩謄抄向日提去人等供辭一本送交本館轉聞該人等互訂合同云非但合同勿論何件文字有關於此稧并即送交以便審斷

函 馬關現據本國商民劉大俊稟称購買日本風帆船壬辰丸駛往內地販運貨物請飭海關准

第 道

1893년 5월 10일[157]

初十日, 朝雨午陰, 入夜又雨, 主事秦尙彦·朴世煥·丁大有·趙性協·金夏英·李應翼·金炳勳 進, 袁館來函, 玆有津來開平礦局委員劉潤廷·鍾道生兩人, 擬·前往江原道·欝陵島等處遊歷, 請發關文, 妥爲照拂, 覆, 繕關送交, 關沿途【自京至欝陵島】, 現淮中國總理袁函開, 開平礦局委員劉潤廷·鍾道生游歷云云等因, 淮此發關, 妥爲照料事, ……. 入直 丁大有

10일, 아침에 비가 오고 정오에 흐렸다. 밤이 되자 다시 비가 왔다. 주사(主事) 진상언(秦尙彦), 박세환(朴世煥), 정대유(丁大有), 조성협(趙性協), 김하영(金夏英), 이응익(李應翼), 김병훈(金炳勳)이 출근하였다. 원세개(袁世凱) 공관(公館)에서 함(函)이 왔다. 개평광국(開平礦局)의 위원인 유윤정(劉潤廷)과 종도생(鍾道生) 두 사람이 강원도와 울릉도 등으로 유람한다고 한다. 관문(關文)을 내려 주기를 청하니 잘 보살펴보기를 바란다. 원세개 공관에 함복(函覆)을 보냈다. 관문을 잘 발송하였으며 서울에서 울릉도에 이르는 연도(沿道)에 관문을 보냈고, 현재 중국의 총리(總理) 원세개의 함을 열어 보니 개평광국의 위원 유윤정과 종도생이 유람한다는 등등의 내용이었다. 이에 따라서 관문을 발송하였고, 잘 보살펴 줄 일이다. …… 입직자는 정대유이다.

157 본 기사의 내용은『구한국외교문서』9, 청안 2, 고종 30년 5월 10일 자 기사에 수록되어 있다.

是日館學儒
生應製
親臨景武臺
試取

分稅名目一併革罷另定節目關飭布諭該各浦
永久凜遵
入直上仝
初九日早清晚陰雨點或墜主事丁大英秦尚彥朴
世煥丁大有趙性協金夏英李應翼金炳勳
進是日辦無一事紙接仁電一道即駐日公館經
費稅司電換日本銀行云
入直上仝
初十日朝雨午陰入夜又雨主事秦尚彥朴世煥
丁大有趙性協金夏英李應翼金炳勳進袁

五月

館来函茲有津来開平礦局委員劉潤
廷鍾道生兩人擬前往江原道欝陵島等
處游歷請發關文妥為照拂復繕關送
交關沿途(自京至欝陵島)現准中國総理袁函開
〻平礦局委員劉潤廷鍾道生游歷云〻等
因准此發關妥為照料事仁牒謹將存備
金款送交公司收存其餘者俟稅徵齊分別
劃交事元監来電俄提督船昨日發往海
参崴十六後更来云而破船今為役未知何日
出末

[illegible] 第 道

入直丁大有

十一日朝陰午晴叅議朴 主事丁大英秦尚彦朴世煥丁大有

趙性協金夏英李應翼金炳勳進 仁電昨申以駐日

費先挪釜關何項千伍百元飭馬稅司閱稿具函專足

祈即繕送馬關轉札釜關遵辦開船在即必飭立復辦

事金復函與閱稿尚未到隨到即辦 閱 馬關本國駐

劄日本公使金 往赴日本任事道經釜港由該關稅司不拘

何項内籌撥洋銀壹仟伍百元交付 金公使查收應用即

於本年四月分該公署之經費扣除壹千元再於本年五月分

該公署之經費内扣除五百元均於届期照質分別呈報合

1893년 9월 21일[158]

二十一日 淸, 叅議李·總務八員 進, …… 東伯報, 平海呈, 以欝陵島搜討後, 圖形一本·紫檀香原封二吐·加封十吐·靑竹三個·石間朱六升·可支魚皮二領, 監封上送于內務府, 民戶墾田, 成册修整上送. 入直 朴世煥

21일, 맑았다. 참의(叅議) 이(李), 총무(總務) 8원(員)이 출근하였다. …… 강원감사가 보고하였다. 평해군수가 아뢰기를, 울릉도를 수토(搜討)한 뒤에 도형 1부와 자단향(紫檀香) 원봉(原封) 2토(吐), 가봉(加封) 10토, 청죽(靑竹) 3개(個), 석간주(石間朱) 6승(升), 가지어피(可支魚皮) 2령(領)을 감봉(監封)하여 내무부(內務府)에 올려 보냈다. 민호와 경작지를 성책하여 수정하고 올려 보냈다. 입직자는 박세환이다.

---

158 본 기사 내용은 『강원도관초』 고종 30년 9월 20일 자 기사에 수록되어 있다.

二十一日清參議李 總務八員進 覆日函昨
展台東謹悉陽曆十一月初三日恭遇
貴國
大皇帝天長聖節是日下午九點鐘見蒙
盛速屆期自當趁赴慶遙虔奉祝觴也日函
洛東江院洞稅所廢撤一事函請飭撤在案現
又據駐釜總領事室田稟稱各項稅所概已撤
罷惟院洞須弟島以及營繕富民等未至全撤
殊為不合等因准此查此項稅所均係違章傷
碍貿易屢經縷陳既罷靈山臨海沿稅以下十四

九月

項無名襍稅獨院洞須弟島富民營繕稅所漏未
撤罷本使潑以爲憾請一併撤廢以昭公允又
貴國各通商口內禁釜山元山兩口出米一節面
晤商定擬卽將此禁米事由彼此同時或發電
或專价札飭駐二口領事及貴監理並將先是或
未經准知照轉示在口商民則更由各該領事或
見電文或在价到之日起算三十日後方可實施
禁米之令又如應禁出之穀當遵條約明文專指
稻米一項其外各穀不在禁出之列等因一併商
議明確旋卽送公文在案此事旣屬彼此商議

妥確自應着實照行豫防日後枝節紛生請飭
兩口稅務司及各該地方官一體遵照以期內外
一律施行 關仁監該港營業稅短納一事歷
經關飭迄未來納該頭目監董輩固當提上嚴
刑徵捧姑為安徐到即嚴飭該港客主等處勒
限刷清不日上送 關釜紳商執照規費若干
按朔修簿四季領納一事業經飭遵在案該
港朔簿由七月起迄不修上該規費由正月起
一直久納誠甚詑異到即將三朔成冊及三季所
收規費中上納條同夜上送 執照一千一百一号至二千一百号共千号刊發

九月

箕電清人已去不得依教悚初欲禁其盜賣捉
囚盜賣漢該清人突入幕府拔刀恐喝卽請電局
員言之則極口謝過而去量此可辨曲直 覆彼雖
悖擧不必與較若至空還有損和誼亟圖招還
使卽載回以鮮袁愠公館所用不宜計價多少
東伯報平海呈以鬱陵島搜討後圖形一本紫
檀香原封二吐加封十吐青竹三個石間朱六斤
可支魚皮二領監封上送于內務府民戶墾田成
冊修整上送

入直朴世煥

1893년 11월 8일[159]

初八日, 淸寒, 署理督辦金·叅議朴·閔·主事丁大英·朴世煥·丁大有·趙性協·李康夏·金炳勳 進, …… 關東營, 欽奉上諭, 將平海郡守趙鍾成, 欝陵島査檢官差下, 使之前往稽察, 奉此關飭, 俾即欽遵辦理, ……. 入直 仍

8일, 맑고 추웠다. 서리독판(署理督辦) 김(金), 참의(叅議) 박(朴), 민(閔), 주사(主事) 정대영(丁大英), 박세환(朴世煥), 정대유(丁大有), 조성협(趙性協), 이강하(李康夏), 김병훈(金炳勳)이 출근하였다. 강원감영에 관문(關文)을 보냈다. 상유(上諭)를 받들어서 평해군수(平海郡守) 조종성(趙鍾成)이 울릉도의 사검관(査檢官)으로 차하(差下)되어 앞으로 계찰(稽察)하게 한다. 이 관칙(關飭)을 받고 곧 명령에 따라서 처리할 일이다. …… 입직자는 그대로이다.

159 본 기사 내용은 『강원도관초』 고종 30년 11월 8일 자 기사에 수록되어 있다.

緣由申呈 釜電日電費借款事議及銀行答曰統
署關辦前借雖未畢電費清案乃已向銀行議借
等語裁關下送似可遵行洞燭 錦電防穀事其說
不一舉行甚眩更詳示之漣所防穀事亦電飭否

入直仍

初八日清寒 署理督辦金 參議朴 閔 主事丁
大英朴世煥丁大有 趙性協 李康夏 金炳勳 進 日
照本年貴國年形除慶尚全羅兩道偶有被風旱偏
災之地外其餘各道被害甚輕尤如忠清京畿黃海
三道稻田豐穰收成饒足近來京城穀價因而大跌

啓曰平海郡守
趙鍾成鬱陵
查檢官差下
使之前往稽
察何如

現聞東幕麻浦等沿江倉廩米穀充實船載運到
者源源不絕至具源委備載另附報單即希核鑒務
將禁出米之令速行撤銷 又函我商西原友保往
商水原开山等地該地方官不准貿穀運出請速繕關
文俾得貿運免致虧累 覆袁函空白護照二十紙
會印送交 覆華電局准與來意繕呈馬票仍
關沿途各官准發馬疋 關東營欽奉
上諭將平海郡守趙鍾成鬱陵島查檢官差下使之
前往稽察奉此關飭俾即欽遵辦理 電仁署
俞營業稅三萬兩已納春坊該票主秦姓頑拒不納

云昌故姜昌喜同夜上送以爲督納免致大惶悚
完電今見釜監電報黃尖兩島日人戕害犯隻
尙不弋獲日領事督急轉甚必將起釁云自本
營非不屢飭於兵水營及各沿邑尙不拿捕漏
網兩犯必不在於此道令雖連飭捕獲難期自
衙門亦別飭於嶺南各營邑鎭恐好給照京
居紳士尹榮升因公前往東萊日館雇役李聖吉
退免以金光植換交在案
入直仍
初九日陰署理督辦金 參議閔 主事丁大英

1894년 1월 6일[160]

初六日 晴, …… 督辦趙·協辦金·總務九員 進, …… 關平海, 欝陵島開拓未久, 賦稅徭役 , 一槪割免, 朝家之軫念民情, 至矣盡矣, 現聞該邑另派吏校, 常駐該島, 逐戶收斂麥太幾包, 至該吏衣資酒債草鞋各費, 幷責島民, 將至莫保云, 玆庸關飭, 提該吏校押上嚴處, 所收麥太, 這這還給, 形上馳報, 又欝陵島所產各穀, 不足以裕民之食, 況該島原非通商口岸, 各國航舡之不得擅行, 載在章程, 而近聞流民裵尙三·裵致兼·李雲景等, 串通外國人, 私將穀物潛載帆船, 運出外洋, 殊極駭惋, 玆特關飭, 提拿三民押上候辦, 欝陵島長, 平海吏校來留者, 一一逐送, 嗣後无論某人, 不帶本衙門公文, 及京司營邑下隷之侵討者, 拘留馳報, 又串通外國人, 潛運穀物之兩裵一李押上, ……. 入直 李應翼

6일, 맑았다. …… 독판(督辦) 조(趙), 협판(協辦) 김(金), 총무(總務) 9원(員)이 출근하였다. …… 평해군수에게 관문(關文)을 보냈다. 울릉도 개척(開拓)은 오래지 않았다. 부세와 요역은 하나같이 나누어 면해 주도록 했다. 조정에서 민정을 생각하였으니 완전하게 하고자 했다. 현재 들으니 해당 읍에서 이교(吏校)를 파견하여 울릉도에 상주하는데 매호마다 보리와 콩을 몇 포씩 수렴하고 해당 서리의 의자(衣資)와 주채(酒債), 초혜(草鞋) 등의 비용에 대해서는 모두 울릉도 백성들에게 책임을 지우니 보호하지 못할 지경에 이르렀다 한다. 이 관칙(關飭)을 내리니 해당 이교는 압송하여 엄히 처벌하고 거둔 보리와 콩은 일일이 환급하여 그 형지를 치보(馳報)한다. 또한 울릉도에서 생산되는 각 곡물은 백성들이 넉넉하게 먹는 것도 부족하다. 하물며 울릉도는 원래 미통상 항구이어서 각국의 선박들이 맘대로 항해할 수 없다는 내용이 장정(章程)에 실려 있다. 그러나 근래 유민(流民) 배상삼(裵尙三), 배치겸(裵致兼), 이운경(李雲景) 등이 외국인과 내통하여 사사로이 곡물을 몰래 범선에 싣고 외양(外洋)으로 운반하니 자못 지극히 놀랍다. 특별히 관칙을 내

---

160 본 기사 내용은 『강원도관초』 고종 31년 1월 7일 자 기사에 수록되어 있다.

리니 세 명의 백성을 잡아 압송하여 처벌하며, 울릉도장은 평해 이교로 와 머무르는 자를 일일이 쫓아낸다. 이후에 어떠한 사람을 막론하고 본 아문의 공문을 가지고 가지 않고 경사(京司)와 영읍(營邑)의 하예(下隸)가 침학을 하는 자는 구류(拘留)하여 치보하고 외국인과 내통하여 몰래 곡물을 운반한 두 배씨와 이씨는 압송하게 한다. …… 입직자는 이응익이다.

主事尹榮斗謝
恩

上幸
太廟行春
享祭

事可記　　入直李康夏

初六日晴是日開纂督辦趙　協辦金　總務九員進闕
三港每年本衙門經費例於歲首劃納又有他款之
按月撥上者過期拖延每患窘絀不容不預先籌撥
以需急用茲將各項實數點錄閱飭仰查照准於月
內上送　仁原經費三千五百元加撥条每個月一百三十五元
十二個月共一千六百二十元　外辦色条八十元
又四百五元癸巳九十至加撥条欠款釜原經費四千元　搃務經費每個月四十
九元十二個月共五百八十八元　外辦色条八十元　又癸巳欠八十元
元原經費四千元內五百元已捧　搃務經費每個月四十九元十二個月
共五百八十八元　外辦色条八十元　又搃務經費癸巳欠款四十九元
關平海鬱陵島開拓未久賦稅繇役一槪劃免

正月

朝家之軫念民情至矣盡矣現聞該邑另派吏校常駐
該島逐戶收斂麥太錢包至該吏校衣資酒債草鞋各
費並責島民將至莫保云茲庸關飭提該吏校押上嚴
處所收麥太這這還給形止馳報 又 欝陵島所産各
穀不足以裕民之食況該島原非通商口岸各國船舡之
不得擅往載在章程而近聞流民裵尚三裵致兼李雲
景等串通外國人私將穀物潛載帆船運出外洋殊極駭
惋茲特關飭提拿三民押上候辦 關 欝陵島長平海
吏校來留者一一逐送嗣后毋論某人不帶本衙門公文
及京司營邑下隸之侵討者拘留馳報 又 串通外國人潛

運穀物之兩裵一李押上關三陟平海蔚珍據
轉運局函開本局輪舡駛往各地等情查該舡係我
國輪船駛入不通商口岸搭載人貨自應無碍用特
関飭聽便勿阻以暢銷售而捷遄來電仁本衙經
費洎各款遵例發関今明可抵需用甚急茲先電飭
刻即撥上加撥条九十至三朔共四百五元日行盤費
下餘一百元通詞費十五元并係昨年欠款迅納完
延歲簿未勘一時爲悶又執費由臘初一歸警
察管發業經関飭迄无擧行之報甚訝由壬辰六
月起癸巳十一月至所發執費係是該署欠款按簿

正月

檢査官夜輔納

入直李應翼

初七日晴寒督辦趙 總務秦尚彥丁大有趙性協

金夏英李應翼李康夏金炳勳 進袁奠

去十二月二十五日准貴照洪州地店主金濟民等呑

欠華商舒元謨韓秉順等貨價不符云云等

因准查例應將原被兩造人證提案會訊請煩

閱飭迅將金濟民等五名提解來漢以憑照章

派員會訊結案 函復 日館我曆癸巳十二月十

二日接展來函為正金銀行索討還金一事據釜

1895년 5월 20일

二十日 暘, 大臣金允植·局長趙重應·趙性協·叅書陸鍾允·金敎獻·金珏鉉·繙譯玄映運·申泰茂·主事丁大有·安吉壽·崔名煥·李啓弼·卞鼎相·金觀濟·李琦·鄭衡澤·兪兢煥·高羲敬·張起淵·印東植·沈鍾舜 進, …… 內部來照, …… 日人攔入鬱陵島, 剝伐樹木, 兼又作弊, 島民難支, 請知照日館, 一切禁斷事, …….

20일, 맑았다. 대신(大臣) 김윤식(金允植), 국장(局長) 조중응(趙重應), 조성협(趙性協), 참서(叅書) 육종윤(陸鍾允), 김교헌(金敎獻), 김각현(金珏鉉), 번역(繙譯) 현영운(玄映運), 신태무(申泰茂), 주사(主事) 정대유(丁大有), 안길수(安吉壽), 최명환(崔名煥), 이계필(李啓弼), 변정상(卞鼎相), 김관제(金觀濟), 이기(李琦), 정형택(鄭衡澤), 유긍환(兪兢煥), 고희경(高羲敬), 장기연(張起淵), 인동식(印東植), 심종순(沈鍾舜)이 출근하였다. …… 내부(內部)가 조회(照會)를 보내왔다. …… 일본인이 울릉도에 난입하여 수목(樹木)을 벌채해 가고 겸하여 또한 작폐를 일으켜서 울릉도민이 지탱하기 어렵다. 일본공사관에 이를 알리고 일체 금단하기를 청하는 일이다.

交涉衙門

進出口稅實數表冊各二件洎四月朔稅銀在銀一百二
十元滙票四張及一元四角三分七里磨勘件送事 又
本港警務署役費條五百三十一元票依飭繳交該署
事 釜監報本部派員盤費及滯留費依飭撥交該
該員票紙粘上事
直 安吉壽
二十日晴 大臣金允植 局長趙重應 趙性協 參書陸鍾允 金
教獻 金珏鉉 繙譯玄暎運 申泰茂 主事丁大有 安吉壽 崔
名煥 李啓弼 卞鼎相 金觀濟 李琦 鄭衡澤 俞兢煥 高
義敬 張起淵 印東植 沈鍾舜 進 美館來復 照得本月

十八日來照內開以僱在外國公館及商棧之朝鮮人暗
吸鴉片其在搜捕一事閱悉並已佈告本國人民等由
內部來照日人武久克造以警務廳顧問事務勸辦間
多勤勞若非斯人該廳事務難以成就請轉照日館延聘
定俸為要又日人攔入鬱陵島剝伐樹木兼又作弊島
民難支請知照日館一切禁斷事又來移各國公使領
領事姓名及職啣錄交復各公領事姓名及官啣錄呈
事照度支以敝部月俸一事屢經知照在案預筭表
不足實數並合算呈將此提出閣議俾為預算外支
出事再使令甚屬窘碍以為加定該費一切妥辦事又

以敝部月俸事第三十一号第三十四号知照以後既無
來復而再行照明則上項兩号原照作為廢止請前着
二照繳交事 又 元港四月朔港稅時在銀壬佰二十壬
元四角三分七里內一百二十元以滙票四張兌送壬元四角
叁分七里以銀貨呈交請收訖票據繕發事 又 本部
局長趙重應仁釜兩港巡審旅費取見釜牒旅費
四十八元三十二錢以稅款中挪撥故將此款銀繳算
請收訖票據繕投為妥

二十一日 晴雨 大臣金 局長趙重應 趙性協 參書陸鍾允 金數獻
金珏鉉 繙譯玄映運 申泰茂 主事丁大有 安吉壽 崔名煥

1895년 5월 21일[161]

二十一日 微雨, 大臣金·局長趙重應·趙性協·叅書陸鍾允·金敎獻·金珏鉉·繙譯玄映運·申泰茂·主事丁大有·安吉壽·崔名煥·李啓弼·卞鼎相·金觀濟·李琦·鄭衡澤·兪兢煥·彭翰周·高羲敬·張起淵·印東植·沈鍾舜幷 進, …… 函日館, 刻接我內部來照內開, 日本人攔入欝陵島, 剝盡樹木, 又多作弊, 島民難支等因, 准此, 查外國人攔入不通商口岸伐木害民, 殊屬詫異, 尙望轉飭該地方附近駐在貴領事另飭, 俾勿再犯, …… 照覆內部, 昨接貴照內云云【欝陵島日人伐木事】, 當經知照日公館, 照亮可也, 又, ……. 直 李啓弼

21일, 비가 조금 내렸다. 대신(大臣) 김(金), 국장(局長) 조중응(趙重應), 조성협(趙性協), 참서(叅書) 육종윤(陸鍾允), 김교헌(金敎獻), 김각현(金珏鉉), 번역(繙譯) 현영운(玄映運), 신태무(申泰茂), 주사(主事) 정대유(丁大有), 안길수(安吉壽), 최명환(崔名煥), 이계필(李啓弼), 변정상(卞鼎相), 김관제(金觀濟), 이기(李琦), 정형택(鄭衡澤), 유긍환(兪兢煥), 팽한주(彭翰周), 고희경(高羲敬), 장기연(張起淵), 인동식(印東植), 심종순(沈鍾舜)이 출근하였다. …… 일본공사관에 함(函)을 보냈다. 방금 우리 내부(內部)에서 온 함을 보니, 일본인이 울릉도에 난입하여 수목(樹木)을 벌채하고 또한 작폐를 많이 일으키니 울릉도민이 지탱하기 어렵다는 것을 알았다. 조사해 보니, 외국인이 미통상 항구에서 벌목하는 것은 의아하기만 하다. 해당 지방의 부근에 주재하는 귀국 영사에게 전하여 칙령을 내리기를 바라며 다시 범하는 일이 없도록 하는 것이다. …… 내부에 조복(照覆)을 보냈다. 어제 귀 조회(照會)의 내용을 접하였는데 울릉도의 일본인 벌목에 대한 일이었다. 일본공사관에 조회를 보냈으니 잘 알아주는 것이 좋겠다. …… 입직자는 이계필이다.

161 본 기사 내용은 『구한국외교문서』 3, 일안 3, 고종 32년 5월 21일 자 기사에 수록되어 있다.

以敝部月俸事第三十一号第三十四号知照以後既無
來復而再行照明則上項兩号原照作為廢止請前者
二照繳交事 文 元港四月朔港稅時在銀壹佰二十壹
元四角三分七里內一百二十元以滙票四張兌送壹元四角
叁分七里以銀貨呈交請收訖票據繕獲事 文 本部
局長趙重應仁釜兩港巡審旅費、取見釜牒旅費
四十八元三十二錢以稅款中挪撥故將此該銀繳算
請收訖票據繕投為妥

二十一日微雨大臣金局長趙重應趙性協叅書陸鍾允金敎獻
金珏鉉繕譯玄映運申泰茂主事丁大有安吉壽崔名煥

外務衙門

李啓藩下鳥涔相金觀濟李 琦鄭衡澤俞兢煥彭翰周
高羲敬張起淵印東植沈鍾舜并進之照覆英館英
國醫士巴德克所有買得漢城駱洞尾家茲將該家新契送
交請轉給該醫士以便收執日館覆照云云等因 鴉片禁斷事 查一
朝鮮民人犯有本國例禁在外國商民住寓等處隱匿一節所有辦
法載在各國條約宜由地方官照知其國領事官應由領事官設法
將隱匿之人查拏交出審辦領事官尚未照諾除寓主自行依允外
朝鮮官役概不得擅入其國商民行棧寓所等處約旨憭然亦無稍
存疑乃貴警務使牒稱與前開約旨大相背馳實屬不能應允
也函日館刻接我內部來照內開日本人攔入欝陵島剝盡樹木又多

第 道

作弊島民難支因准此查外國人擅入不通商口岸伐木害民殊屬詫異
尙望轉飭該地方附近駐在貴領事另飭俾勿再犯又我警務廳
延聘日本人警視武久克造仍爲該廳顧問官妥定年俸以便該廳事
務之助辦本因尙望貴臨時代理公使轉知該警視武久克造以爲延聘
館來復貴警務廳初欲延聘我國武久警視作爲顧門官惟貴衆內未
見示明年俸若干聘用年限幾何丞署使來復商量因此函詢貴大臣俟
將警務廳擬定各節併請示明以便轉商該員爲幸又來函日前承
詢我國帆船三好丸航往未開港口岸一事當經電飭駐元領事[illegible]
開轉據駐釜領事咨復該船雖爲釜山居日本人村山所有船而現係僱入
與朝鮮人雇用即由該雇主隨便駛航未通商口岸固屬無稍妨礙等

情為特函覆請查照施行 照覆内部 弗接貴照内開云云 [illegible] (日人代木ゲ)

當經知照日公館照亮可也 又貴照内開云云 (日人武久作爲聲斤顧問中) 業經知照日公

館照亮可也 度支部来通 義州平壤日本戰亡士卒塚直土價二百元

償還日館事豫筭外支出件閣議決定後謹上

奏經

裁可接總理大臣指令 調製別紙數項茲以備遞牒 又來照 外部咨議趙重應 (不監牒補)

視察各港日費轉費与水陸費由仁港稅款中劃發事奉遵外部閱飭

從自撥着擊撥銅錢爲二百七十七兩一錢 (銀貨五十五元四十二錢) 故茲特具由稟達

鑒亮題下將稅款中發充恐合重宜亦因此項貴部所管旅費中會減妥

當右項五十五元四十二錢撥出給命令臣支本大臣充完該稅款務望 照內閣

別紙數項

開國五百四年度

歲出臨時部

外部所管

第一款 日本戰亡士卒塚直土價償還日

費二百元

第一項 日本戰亡士卒塚直土價償還日館費二百

元

部告
駐箚美國公使館繙
繹官補朴鎔奎 駐
箚日本公使館隨員
韓永源 劉燦 并以
書記生陞補 駐箚
日本公使館書記官
金思純 駐箚美國公
使館參務官李玄稙
免本官

外務衙門
記錄局長現由報告事件另抄呈交 漢城府來牒 英國醫士巴德
克家稷改繕牒呈 又 清商百餘人不受仁監准單直爲上京一事 抬諭清
商董事陳德濟則補以直上京者約計數十人而彼等均係在漢城營業或前
往外道收賬故逆來漢城請領准單以免轉折 又 貴部應將顧問官
或雇員姓名居住洞名家号一一開錄迅即送交且日後該員中遇有進
退出入隨時移知本府 申 閣 來移本日下午一點鍾各部大臣內閣會同之意
奉總理大臣句敎稟明于貴部大臣屆期命駕 公移 度支部 照會二
本繳還事 度支來照 以貴部月俸事貴照原本上紙茲以繳還 又來移
銀營電碼送交打發爲荷 直李啓弼
二十一日 晴 大臣金 局長趙重應 趙性協 參書官崔鍾

1895년 5월 30일[162]

三十日 晹, 大臣金·局長趙性協·趙重應·叅書陸鍾允·金教獻·金珏鉉·繙譯官玄映運·申泰茂·主事丁大有·安吉壽·李啓弼·卞鼎相·金觀濟·彭翰周·李琦·鄭衡澤·兪兢煥·印東植·張起淵·沈鍾舜 進, 日館來函, …… 又來覆, 曩准大械內, 日人攔入鬱陵島, 剝木作弊, 請行禁斷事, 移飭元 ·釜兩領事, 加意處辦, 查此案, 宜由貴地方官, 照約押解人犯, 移交附近領事, 遵章妥辦, ……. 直 魚益善

30일, 맑았다. 대신(大臣) 김(金), 국장(局長) 조성협(趙性協), 조중응(趙重應), 참서(叅書) 육종윤(陸鍾允), 김교헌(金教獻), 김각현(金珏鉉), 번역관(繙譯官) 현영운(玄映運), 신태무(申泰茂), 주사(主事) 정대유(丁大有), 안길수(安吉壽), 이계필(李啓弼), 변정상(卞鼎相), 김관제(金觀濟), 팽한주(彭翰周), 이기(李琦), 정형택(鄭衡澤), 유긍환(兪兢煥), 인동식(印東植), 장기연(張起淵), 심종순(沈鍾舜)이 출근하였다. 일본공사관이 함(函)을 보내왔다. …… 다시 조복(照覆)을 보내왔다. 일본인이 울릉도에 난입하여 벌채하고 작폐하여 금단(禁斷)하기를 청하는 일이다. 원산과 부산의 두 영사에게 관칙(關飭)을 내렸고 더 주의하여 처리하도록 했다. 이 사안을 살펴보니, 귀 지방관에서 약조에 따라 범인을 호송하여 부근의 영사에게 인계하고 장정에 따라 온당하게 처리할 것이다. …… 입직자는 어익선(魚益善)이다.

162 본 기사 내용은 『구한국외교문서』 3, 일안 3, 고종 32년 5월 30일 자 기사에 수록되어 있다.

三十日暘

大臣金 局長趙性協趙重應參書陸鍾允

金敎獻金珏鉉繙譯官玄暎運申恭茂主事

丁大有安吉壽李啓弼卞鼎相金觀濟彭翰周

李 琦鄭衛澤俞兢煥印東植張起淵沈鍾舜進

日館來函 醉漢馬辰治途遇閣下乘輿膽敢行暴當

逐出京城解還本國 又來函 義州平壤兩處另置碑

直禁護一案貴政府於此案除碑直免役一項外一

概准允矣據情報請我外部大臣移會陸軍省 一切

請批遵辦接到銀貨二百元暫行存寘本館統俟

一 批覆再行妥商又来覆我商人滿圖及通詞上
肥丙戌在開城各設庖業請轉飭撤去一案嗣
經移咨駐開城我兵站官確查旋據来覆土肥
爲駐黃州兵站所雇應徵前往未曾有設庖之
事滿圖特爲本司令部專事屠肉充供食需
并非由他等由又来覆畧裏准大械內日人攔入
欝陵島剝木作弊請行禁斷移飭元釜兩
領事加意嚴辦查此案宜由貴地方官照約
押解人犯移交附近領事遵章妥辦德賴思
德來函朝鮮巡檢二人犯背約條擅入本館總

相指令外國人雇聘訂約請議但依左開標準可
也度支来照駐日公館俸給經費幾何必由貴
部酌量磨鍊知照獎部然後當電通日本銀
行就借款中劃交再日本遊學生李秉武魚
允迪朴義秉俱是政府派遣而其隨留貫與公
使館月額一體磨鍊閔警務使郎接德館来
函等因見上該巡檢二人接章懲辦札駐日公使
刻接學部来照日本留學、徒寓心玩嬉等因在上
俾勉學業又刻接學部来照遴選學生五人前
往日本留學該學生保護之節另為周全度支

來移嶺營所去電信解碼送交即爲打撥軍

部來移再昨日本部所去釜山電信送交於貴部

代爲寄遞矣其間回電未到否即示明回移内

部來移閱悉而各國約章冊已借於内閣顧問官未

得送呈回移警務廳昨接來移而洋服等

物料免稅事現自度支所管則有難發關水原

留守來牒昨年夏間日兵往來牙山時擲用公錢

二萬二千八兩而轉移日舘以爲推還事水原判

官來牒謹按通商章程日本商民密行買

賣者其商貨入官罰船長五十萬文而近日

日本商民嵐德市爲名人列肆於本邑境市無難賣
買云故招致其友考其憑票則只有視察商情四字而
已責其越越約章逐出於他處事狀馳報事題辦法甚
好使地方官人〻若此何憂乎貽着他國哉刻已送示日
館再擬騰飭各道以為照辦之地長湍來牒自昨年七月
日本兵站處在於本邑而全無調給稅錢故欲為推尋則
外部公使館之指揮不為應給緣由帖報題日兵站既往
租稅為民田補實而設法非官地之謂也今聞日兵站寬
於該邑客舍云然則官地非民田也不當論稅其官地民
田與否更為詳報宜其營來牒察邊統巡事題會哨

曜

等節和約更成後事也彼亦無强要之理如或强要

以姑無朝廷知委不敢擅行之意答之爲可而注覆

之際勿失和意又牒漂民李完忠等十人自本營

成給公文依例護送計料玆先馳報倒電元監

德源郡守移住港署掌交際又將貨海關長掌

稅務司官勿動候下回又電嶺營八道監兵

水鎭僉万戶均簽簿書印信可傳本官又電

箕營傳印本官不必須代

直魚益善

閏五月初一日陰雨 傳公

1895년 윤5월 2일

二日 陰, 大臣金·局長趙性協·趙重應·叅書陸鍾允·金敎獻·金珏鉉·繙譯官玄映運·申泰茂·主事丁大有·安吉壽·崔名煥·李啓弼·卞鼎相·金觀濟·李琦·鄭衡澤·兪兢煥·印東植·張起淵·沈鍾舜·魚益善 進, …… 照內部, …… 又以欝陵島日人攔入作弊事, 業經照覆在案, 現接日館覆凾內開, 云云等因在上, 准此, 備文照會, 請煩轉飭該地方官 …….

2일, 흐렸다. 대신(大臣) 김(金), 국장(局長) 조성협(趙性協), 조중응(趙重應), 참서(叅書) 육종윤(陸鍾允), 김교헌(金敎獻), 김각현(金珏鉉), 번역관(繙譯官) 현영운(玄映運), 신태무(申泰茂), 주사(主事) 정대유(丁大有), 안길수(安吉壽), 최명환(崔名煥), 이계필(李啓弼), 변정상(卞鼎相), 김관제(金觀濟), 이기(李琦), 정형택(鄭衡澤), 유긍환(兪兢煥), 인동식(印東植), 장기연(張起淵), 심종순(沈鍾舜), 어익선(魚益善)이 출근하였다. …… 내부(內部)에 조회(照會)를 보냈다. …… 울릉도에 일본인이 난입하여 작폐를 일으킨 일에 대하여 협의하고 조복(照覆)을 마련하였다. 현재 일본공사관의 함복(函覆)을 열어 보고 운운한 등을 알았다고 보고하니, 문서를 갖추어 조회를 보낸다. 해당 지방관에서 속히 전칙(轉飭)하기를 청한다…….

崔名煥

直魚益善

二日陰

大臣金 局長趙性協趙重應參書陸鍾允金教獻

金珏鉉繙譯官玄暎運申彩茂主事丁大有安吉壽

李啟弼卞鼎相金觀濟李 琦鄭衡澤俞兢煥

印東植張起淵沈鍾舜魚益善進總關來函英語

教習輅治臣五月分薪水二百五十元房租三十元封帋辨教習

金弼熙五月分薪水二十元均由總關撥付各取收单存案

該收单各一紙呈交照日館刻接内部來照據警務使李熈

稱五〻在工査外國人犯之拿交領事官載在約條該警務廳豈

欲故違定章所欠者稍遲時刻耳至貴國巡查等擅執本國
官員必非領事官之所知此非徒約章所無寔為貽羞他國不可
使聞者也請煩貴臨時署理公使飭知貴領事官到底查
明嚴行懲辦以全我兩國之體面也 又函 醉人有馬懲辦事當
經閱悉查醉人橫逆本不足深責若緣此而知悔改行易遷則未始
不為有馬之藥石也 箭 此嚴懲忠亦感戢難名 箕營來電旬
內勘簿即欲 搭輪有內部公文可起身中軍帶欲同行免本職如
何詳示 嶺營來電此營勘簿未知在何日而印簿之傳于本官有
難擅行方電質內閣而安東東萊晋州觀察誰邪幸詳教 照內部
以開城地日本人設庖事業經照覆在案現接日歸覆函內開云云等

公移內閣 自三月廿五至五月晦日官報各二件擲付去乎以便轉致駐日美兩公館

因准此備文照會 **文** 以鬱陵島日本人攔入作弊事業經照覆在案現接日館覆函內開云云等因在上准此備文照會請煩轉飭該地方官 **學部** 來照日本留學女人金蘭史以官費學員例一視監督之意札知駐日公使 **度支文書課長** 來照敝部公文發送字号規則紊亂自今朔爲始改以第一号塡充事 **內閣** 來移明日上午十二点各大臣會同 **文** 三月廿五至四月初旬官報現無餘存未克奉副 **宮內府** 來移今日酉時貴大臣入對事奉 勅 **軍部** 來移 所去電碼卽爲打發 **農商工部** 來移此去元山電碼刻卽打發 **漢城府** 來移轉知借居貞洞家屋日人再勿讓空移去 **內閣** 來移自貴部或有印出文蹟囑本課購用本課所存印紙 **警務使** 來牒懲辦擅入德舘巡檢一事之涉犯條故

懲勘該処檢茲以控報閔箕伯灣尹日本戰亡士卒聚葬地碑
直身役戶役來為勿侵一事有関稅政遽難准許由日兵站給銀
買田以為碑直食料之資故自政府將該銀貨三百元送附日館
使之轉償該日兵站

| 색인

ㄱ

가이 군지(甲斐軍治) 29, 205, 311
강영백(姜永伯) 372
개척사(開拓使) 28, 29, 56, 57, 97, 184, 205, 223, 311
개평광국(開平礦局) 502
거문진(巨文鎭) 436, 439
경상좌수사 45
고베(神戶) 50, 132, 192
곤도 마스키(近藤眞鋤) 56, 132, 407
금벌감관(禁伐監官) 226, 231, 232
기쿠야 구마타로(菊谷熊太郎) 270
김연태(金演泰) 289
김옥균(金玉均) 20, 56, 57, 139, 195
김자유(金自裕) 333, 372, 395

ㄴ

나가사키(長崎) 45, 50, 226
나가사키 재판소 232
나가사키현(長崎縣) 231

ㄷ

다나카 기자에몬(田中喜左衛門) 208, 212, 311
다무라 쇼타로(田村正太郎) 223
다카스 겐조(高須謙三) 139, 195, 198
다카하라 고고로(高平小五郎) 61
덕국양행(德國洋行) 50, 51
동래부(東萊府) 38, 39, 106, 114, 118, 150
동래부사 122

ㅁ

마쓰야마 재판소(松山裁判所) 154
묄렌도르프(穆大人) 50, 68
무곽감관(貿藿監官) 447
무라카미 도쿠하치(村上德八) 132, 154
무로다 요시아야(室田義文) 315
미야자키현(宮崎縣) 184
미야케 카즈야(三宅數矢) 295, 349, 350, 357, 407
미첼(Mr. Mitchell; 米車尼; 米鐵; 米銕) 38, 45, 106, 114, 147, 150, 158, 159, 164, 168, 172, 177, 180, 216, 220, 231, 238, 241, 246, 249, 252, 253, 259, 401

ㅂ

박삼영(朴三榮) 489
박영서(朴永西) 447, 454
박지영(朴之榮) 422
반리마루(萬里丸) 50, 132
배규주(裵奎周) 226, 231, 232
배금주(裵金周) 350
배상삼(裵尙三) 515

배치겸(裵致兼) 515
백춘배(白春培) 57, 61, 87, 97, 103, 184, 185, 198, 205
부들러(卜德樂, H. Budler) 87
부산(釜山) 38, 425
부산감리(釜山監理) 328

ㅅ

삼사환(三社丸) 241
상하이(上海) 38
서경수(徐敬秀) 220, 266, 328, 349, 388, 391
세창양행(德國洋行) 132
순원(順源) 103
스기무라 후카시(杉村濬) 410, 451, 462
스즈키 카츠노죠(鈴木勝之丞) 226, 231

ㅇ

아카마가세키(赤馬關) 106, 180
애스턴(Aston, William George, 阿須頓) 61, 75
어채장정(漁採章程) 32
어채조규(魚採條規) 357
에히메현(愛媛縣) 28, 29, 154, 159
오사카상회(大坂府商會) 20
와타나베 스에키치(渡邊末吉) 184, 185, 192, 205, 208
요코하마(橫濱) 83
우치다 도쿠지로(內田德次郎) 205, 208, 212, 223, 311
울릉도장(欝陵島長; 鬱陵島長) 24, 114, 154, 220, 259, 266, 275, 289, 295, 299, 303, 321, 333, 349, 401, 458, 468, 489
원산항 16
원세개 502
월송만호(越松萬戶) 372, 383, 391, 395, 431, 454, 489, 497
월송만호겸울릉도장(越松萬戶兼欝陵島長) 328, 388, 422
유윤정(劉潤廷) 502
유키 아키히코(結城顯彦) 198
윤시병(尹始炳) 289, 295, 315, 321, 416, 425, 431, 444, 454, 458, 462, 472, 477
이규원(李奎遠) 56
이노우에 가오루(井上馨) 50
이완조(李完早) 489
이요(伊豫) 28
이운경(李雲景) 515
이장오(李章五) 106, 110, 118
이종인(李種仁) 388, 422
인천 38, 122
인천은행(仁川銀行) 159
인천항 45, 92
일본공사관 32

ㅈ

장영환(長榮丸) 241
전사능(田士能) 447, 458, 468
제물포 87
제주도 32
조일통상장정 231
조종성(趙鍾成) 481, 497, 511
종도생(鍾道生) 502
주일동남개척사(駐日東南開拓使) 24
지운영(池運永) 184

ㅌ

타운젠드(Walter D. Townsend, 陀雲仙; 淡于孫; 他雲仙) 68, 83, 87, 92, 97, 139
탁정식(卓挺埴) 28

ㅍ

파커(莊) 45

평해군수 216

평해군수겸울릉도첨사(平海郡守兼欝陵島僉使) 270

ㅎ

하계록(河桂祿) 114, 118, 150, 216

하야세 이와헤이(早瀨巖平) 16

호자환(胡子丸) 241

후루야 토시미츠(古屋利涉) 295, 321

후쿠오카현(福岡縣) 16

히메노 하치로지(姬野八郎次) 270, 295, 407

히사이 도모노스케(久井友之助) 350

일제침탈사 자료총서 02

일제의 독도·울릉도 침탈 자료집(1)

-통서일기(1883~1895)

統理交涉通商事務衙門日記

초판 1쇄 인쇄 2021년 3월 24일
초판 1쇄 발행 2021년 3월 31일

엮은이 동북아역사재단
펴낸이 이영호
펴낸곳 동북아역사재단

등록 제312-2004-050호(2004년 10월 18일)
주소 서울시 서대문구 통일로 81 NH농협생명빌딩
전화 02-2012-6065
팩스 02-2012-6189
홈페이지 www.nahf.or.kr
표지디자인 역사공간
제작·인쇄 역사공간

ISBN 978-89-6187-624-7 94910
978-89-6187-567-7 (세트)